大学生学习与创新研究

DAXUESHENG XUEXI
YU CHUANGXIN YANJIU

苗玉青 ◎著

图书在版编目（CIP）数据

大学生学习与创新研究/苗玉青著．—南昌：江西人民出版社，2017.6

ISBN 978-7-210-09631-3

Ⅰ.①大… Ⅱ.①苗… Ⅲ.①大学生–学习方法–研究 Ⅳ.①G642.46

中国版本图书馆 CIP 数据核字（2017）第192049号

大学生学习与创新研究

作者：苗玉青
责任编辑：徐明德　饶芬
出版发行：江西人民出版社
地址：江西省南昌市三经路47号附1号
总编室电话：0791—86898965
发行部电话：0791—86898815
邮编：330006
网址：www.jxpph.com
E-mail：xpph@tom.com　web@xpph.com
2017年6月第1版　2017年6月第1次印刷
开本：710毫米×1000毫米　1/16
印张：16.75
字数：251千字
ISBN：ISBN 978-7-210-09631-3
赣版权登字：-01-2017-605
定价：44.00元
版权所有　侵权必究
承印厂：北京万友印刷有限公司
赣人版图书凡属印刷、装订错误，请随时向承印厂调换

前　言

为了系统总结大学生学习与创新教育教学经验及科研成果，本人在深入研究的基础上，精心撰写了《大学生学习与创新研究》。

本书分上、下两篇，共计 7 章：上篇——大学生学习研究，包括 4 章：(1) 大学生学习概论；(2) 大学生学习心理；(3) 大学生学习方法与策略；(4) 大学生学习的潜能开发与自信心提升。下篇——大学生创新研究，包括 3 章：(5) 大学生创新概论；(6) 大学生创新原理与原则；(7) 大学生创新技法。

本书对大学生学习与创新问题进行了较为深入、系统的专题研究，全面阐述了大学生学习与创新的一系列理论、方法、策略和技巧。本书具有理论联系实际、学术性强、前瞻性强、针对性强、指导性强和适用面广等特点。本书对我国高等学校开展大学生学习教育、创新教育及其科研工作，都具有较高的应用价值。

本书在撰写和出版过程中，承蒙临沂大学和江西人民出版社等单位的大力支持，还参考了大量的有关文献资料。在此，我一并深表衷心的感谢！

由于时间关系，加之作者水平所限等原因，本书可能还会存在一些错漏或不足之处，敬请读者批评指正。

苗玉青

2017 年 5 月

目　　录

上篇　大学生学习研究

第一章　大学生学习概论 …………………………………………… 3

　　第一节　大学学习 ………………………………………………… 3

　　第二节　大学生的现代学习观念 ………………………………… 23

第二章　大学生学习心理 …………………………………………… 47

　　第一节　影响大学生学习心理的因素 …………………………… 47

　　第二节　大学生常见的学习心理问题及调适 …………………… 62

　　第三节　大学生健康学习心理的培养 …………………………… 78

第三章　大学生学习方法与策略 …………………………………… 89

　　第一节　大学学习各环节的学习方法 …………………………… 89

　　第二节　大学课程的学习策略 …………………………………… 121

第四章　大学生学习的潜能开发与自信心提升 …………………… 132

　　第一节　大学生学习的潜能开发 ………………………………… 132

　　第二节　大学生学习的自信心提升 ……………………………… 136

下篇 大学生创新研究

第五章 大学生创新概论 ……………………………………… 159

    第一节 创新概述 ………………………………………… 159

    第二节 创新型人才培养 ………………………………… 165

第六章 大学生创新原理与原则 ……………………………… 176

    第一节 大学生创新原理 ………………………………… 176

    第二节 大学生创新原则 ………………………………… 188

第七章 大学生创新技法 ……………………………………… 192

    第一节 创新技法概述 …………………………………… 192

    第二节 智力激励法 ……………………………………… 197

    第三节 组合型技法 ……………………………………… 204

    第四节 设问检查型技法 ………………………………… 215

    第五节 联想类比型技法 ………………………………… 227

    第六节 分析列举型技法 ………………………………… 236

    第七节 卡片整理型技法 ………………………………… 243

    第八节 常用的创新技巧 ………………………………… 250

主要参考文献 …………………………………………………… 259

上篇 大学生学习研究

第一章

大学生学习概论

大学是人生的关键阶段，对于身处这一阶段的学生来说，学习是大学生活的主要任务和主要活动，是获得广博知识和提高自身素质的重要途径。大学生不仅要学习知识、掌握技术、培养能力、提高素质，更要掌握学习规律和学习方法，进行科学、有效的学习。学习作为人类社会永恒的主题，贯穿于每一个人的一生。在当今世界，学习已成为一项基本的生存能力。特别是在倡导学习型社会、处于知识经济时代和网络时代的今天，学习不仅是"学会"，更重要的是"会学"。

大学生的学习有其自身的特点，大学生的学习心理处在一个不断变化的过程。研究大学生学习心理，尤其是不正确的学习心理，有针对性地采取措施来提高学习动力和效率，是至关重要的。

第一节 大学学习

一、学习的概念

学习是一种十分复杂而又普遍的心理现象。"学习"这个术语，似乎是人们都很熟悉且经常使用的，但在心理学中，却代表了一个很复杂的概念。它在不同层面上具有不同的内涵，人们对它的定义至今未有一致的公认。学习的概念有广义、次广义和狭义之分。

（一）广义的学习

广义的学习，是指个体在活动中由经验引起的行为或心理的相对持久变化的过程。它是人和动物在生存和发展过程中后天获得经验的过程。广义的学习，既包括人类学习，也包括动物学习。在这一广义的学习概念中内含了几方面的含义。

（1）学习必须使个体自身产生在行为或心理方面的某种变化，并且是指引起这种变化的活动过程，而不是指变化所获得的结果。

（2）这种变化不是个体由于发育成熟、本能表现、疲劳、药物等所导致的，而是由于经验引起的，这种经验即是人通过实践活动反映客观现实的过程，体现了个体与环境的交互作用。

（3）这种变化不是暂时的，而是相对持久地保持着的。

（4）这种变化可以是外显的，表现为行为上的变化，但也可以是内隐的，表现为心理上的变化，即认知性变化和情感性变化，如认知结构上的变化、能力上的变化或好恶倾向上的变化等。

（二）次广义的学习

广义学习中的个体包括人和动物。其实，动物学习无论多么高级和复杂，都与人类学习有着本质的区别。因此，次广义的学习概念仅指人类的学习，它有以下几个基本特征。

（1）从根本上说，人类的学习是一种自觉的、能动的过程，具有明显的意识性，不仅是为了人类能适应环境，而且还为了人类能改造环境。而动物的学习，则是被动的，只是为适应环境而发生的。

（2）人类学习除了通过直接经验的方式获得个体经验外，还可以在与他人交往过程中通过间接经验的方式获得个体经验，从而大大扩大了个体经验获得的范围。而动物的学习，则基本上都局限于直接经验。

（3）人类学习是以语言为中介来进行的。这不仅扩大了个体掌握社会历史经验的可能性，而且也为个体掌握概括、抽象的经验，由感性认识上升为理性认识创造了必要的条件。而动物，即便是最高级的灵长类动物——黑猩猩，经过特殊人工驯养也只能习得一些零星的手势语言和词汇，其语言的运用数量和水平都与人类相距甚远，更不用说自然状态下的低级动物了。

（三）狭义的学习

狭义的学习，则是仅指学生的学习，即学生在教师的指导下，有目的、有计划、有组织地获得知识、形成技能、培养才智的过程。学生的学习不同于一般的人类学习，这是在学校这样一个特定的环境中的一种文化继承的行为，也是高度组织化了的社会行为。它是人类学习的一种特殊形式，又具有一系列的特点。

与人类其他学习相比，学生的学习具有以下特点。

（1）学生学习是有目的、有计划、有组织、有系统地进行的。学校通过课程设置、教学计划安排，对学生的学习进行控制，学生必须在规定的、有限的时间内完成一定的学习任务并接受考核。因此，学生学习十分强调其过程的目的性、有效性和高效率。

（2）学生的学习是集中统一进行的。一般来说，同一年龄段、同一层次的学生总是被集中在同一集体（通常为班级或年级）中进行学习，学习内容、学习材料、学习任务、学习要求以及学习条件基本上是相同的、一致的。

（3）学生的学习是在教师指导下进行的，教师的传道、授业、解惑作用非常重要。

（4）从根本上说，学生学习是以学生掌握间接经验为主要任务的，以便能在较短的时间内接受人类社会历史经验，虽然学校或教师也要组织学生参加一定的实践经验活动，以取得一定的直接经验，但毕竟是辅助性的、验证性的抑或是练习性的。

（5）学生的学习内容是多方面的，大致可分为三个方面：一是知识的掌握和技能的形成；二是智能的开发和非智力因素的发展；三是行为规范的学习和道德品质的培养。

大学学习是人类学习的一种特殊形式，属于更为狭义的学习，但也是更高层次的学习。

二、大学学习与中学学习的区别

大学学习生活，是中学阶段学习生活的继续，但是二者相比，又有显著的区别。这主要表现在以下几个方面。

（一）培养目标不同

教育的本质是为了传授知识，提升人的素质，延续人类文明。但是，中学是基础性教育，它本质上是为中学生的继续学习做一般性的基础文化知识准备。中学教育强调学生掌握书本知识，让学生经过一系列的严格训练，顺利通过升学考试，进入更高阶段的学习。

大学则不同，它是一种瞄准未来社会经济发展的需要，尽可能照顾到大学生未来职业的专业性教育。大学要培养能够担当大任、引领潮流、为社会经济发展做出贡献的高素质人才。因此，大学教育不仅注重知识的传授，更注重能力和素质的培养与提高，强调学以致用。

（二）培养模式不同

中学是封闭式教育，主要培养"考"生；大学是开放式教育，主要培养"学"生。由于追求目标不同，中学与大学教育、培养学生的模式也不同。中学教育质量高低的衡量标准是高考的上线率和重点率，因此，中学是以培养取得高分的"考"生为主要目标的"应试教育"。"应试教育"的模式是封闭的，所有中学都按照高考考试大纲的要求，按照"老师讲授—解题示范—课外解题练习"的教学模式来组织教学，"分数"成为衡量学生优劣的唯一标准。

大学则不同，它是一种开放式的教育，除了教师传授知识以外，更重要的是要让大学生主动地进行探究性的学习，让大学生懂得如何用批判性思维去辨别真理。通过前瞻性、高效性、多维化和综合化的学习过程，使大学生转变理念，开阔视野，提升能力。大学教育强调大学生不仅仅要"学会"，更重要的是要"会学"。因此，倡导"学生合格基础上的扬长教育，全面发展基础上的各项发展"也就成为许多大学的培养理念。

（三）学习内容不同

在中学时大家一样地忙，在大学里大家不一样地忙。英国著名哲学家怀特海说："在中学阶段，学生伏案学习；在大学里，他应该站起来，四面观望。"这就是说，在中学，学生课内课外只忙一件事，就是把精力集中在高考要考的几门课的学习上，对高考要求以外的东西不想也没精力过多地去关注。

大学则不同，它是一种职业性的素质教育。一方面不同专业有着不同的课程设置和学习要求，学习内容、教学模式和学习方法都会有所不同。另一方面，大学不仅要求重视课堂学习，也要求重视实践训练，不仅学习理论知识，更要培养各种能力。因此，大学生必须明"目"扩"胸"，需要想"每一步该怎么走"。大学生"醒"着，还是"睡"着，其人生轨迹会因此而大相径庭。

(四) 教学方式不同

中学教师"赶"着学生走，大学学生"追"着教师走。中学阶段，教师既是学生学习上的指导者，有时也是生活上的"保姆"。他们天天围着学生转，时时"赶"着学生朝着考上大学这一明确具体的目标不遗余力地拼命往前走。

大学则不同，大学教师希望培养大学生自主学习的能力，需要放手让大学生自己去学会独立思考，提高分析和解决问题的能力。因此，大学教师不可能天天围着学生转。从这一意义上来讲，在大学应该是学生"追"着老师走，谁"追"到的老师多，谁就能学到更多的知识。

(五) 学习方式不同

中学阶段老师帮你掌控，强调标准；大学阶段则需要大学生自己经常"反省"，鼓励创新。在中学阶段，学生习惯于老师"填鸭式"教学，上课速度慢，解题示范多，当堂消化所学内容，而且有经常性的考试检查。为了避免学生考试失误，教师会对解题步骤、书写格式提出"规范"标准。中学生似乎成了学校这座工厂培养出来的"标准件"。

大学则不同，大学老师讲课是精、少、快，而且一般只讲重点、难点、整体结构等一些关键问题，许多课程内容需要大学生自学完成。因此，大学阶段的学习需要大学生经常"反省"，投入足够的自学时间。同时，大学有倡导学术自由、鼓励学术创新的氛围。所以，在大学里，大学生不仅要获得"鱼儿"，更要学会"打渔"。

（六）学习状态不同

中学是被控式学习，要求服从；大学阶段则强调自主性学习，倡导个性。中学阶段，教师对学生的管理非常严格，有的还采取"半军事化"管理模式，学生少有自由时间、自主安排。因此，中学阶段，老师发挥着主导作用，学生的学习计划、学习内容、学习时间都由老师安排，学习方式、解题步骤、书写格式也按老师的规定去做，学生成为一台被动学习的"机器"。

大学则不同，它强调的是大学生自主、自觉的学习，因此需要大学生有自我加压的意识和自我管理的能力。大学给大学生提供了自主发展、张扬个性的空间，而这又给大学生一份考验。一些大学生之所以会在学习上"掉队"，并不是缺乏理想和基础实力，主要是缺乏学习的自主性、自觉性和持之以恒的态度。另外，也有一些大学生理解不了大学这种"自由"的真实含义，以致自己这艘小舟还没出海就被"自由"之风吹得晕头转向、东倒西歪了。在失去外界强制约束的情况下，他们一开始就放松自我，最终走向失败。

（七）发展道路不同

中学更多地靠别人帮助规划，大学需要自己学会规划。在中学阶段，学生是在老师的帮助下来规划学习生涯的，例如，上什么课、做什么作业、怎么样复习，考什么大学，甚至填报志愿，等等。大多数情况下，学生没有太多的选择权，是在走被规划好的道路。

大学则不同，一切都由自己做主。因此，规划好自己的学习生涯，是每个大学生必须自己去面对的新问题。大学生在做任何事之前，一定要对自己及周围的环境有清晰的定位、深刻的了解，然后在此基础上，再下决心选择自己要走的路。大学阶段走得顺不顺利，主要取决于大学生是否有一份好的生涯规划书。

三、大学学习的特点

大学生正值智力发展高峰，良好的记忆力、创造性的学习加上专业化的教育，使大学生的学习活动与普通中小学学习教育活动既有共同之处，又有明显不同的特点。它既不同于中小学的学习活动（主要为了掌握基础知识），也不同于一般职业家的活动（完成一定的职务职能）具有一定的职业方向，而是有一定的专业性、目标性和研究方向，同时有深刻的意义、广泛的兴趣和各种方式方法。

（一）知识的专业性

大学阶段是学生成长由求学型向成才型、创造型过渡的关键期，是步入社会前系统、集中、全面学习的最后阶段。高等教育是专业教育，学习具有较高层次的职业定性。在我国现行教育管理体制下，大学生在入学前或入学之初就确定了专业方向。而这一专业性的特点是区别于中学生学习活矾的根本特点，也是由我国大学要为社会培养各级各类专门人才的任务和目标决定的。专业性不仅体现在大学的学科体系、课程结构、教学内容、教学实践和学习方式方法上，而且还体现在培养大学生的知识结构、智力结构、能力结构和心理品质结构"四大结构系统"中。因此，专业性是大学生学习的显著特点之一。

强调大学生学习的专业性，要处另好三个关系。

1. 专业性与基础性的关系

大学的课程设置包括基础课、专业基础课、专业理论课、专业技能和毕业设计（或毕业论文）。基础性包括前两者，它是由科学的、基本的、系统的知识组成，包括基础知识、基本概念、基本原理和基本方法等。没有系统扎实的基础性，便谈不上专业性。

2. 专业性与多元性的关系

教育体制改革改变了大学生在学习选择上的意向性，学有余力的大学生，可以选修其他专业，获得第二学士学位；或可修满学分提前毕业；有的大学生还可把专业作为基础工具，毕业后转行涉入其他领域，实现从单一专业向多元专业转化，从单学位向多学位的转化。

3. 专业性与综合性的关系

现代科学技术发展的一个重要表现就是专业种类愈分愈细，但从事任何一项专业所需的知识技能的综合性、渗透性又很强，这就要求大学生在打好基础，学好专业的同时，又要注重边缘学科、交叉学科的学习，注重综合能力的培养。事实证明，成果往往出自边缘学科、交叉学科、学科前沿、空白领域以及综合学科等方面。

（二）外延的开放性

开放性是现代教育的一大特征，同时又是现代大学学习的一大特点。开放性体现在正常课堂教学以及学习的多途径、多渠道、多方式性等方面。拓展学习内容，掌握博大精深的知识、技能，提高综合能力，这是由大学活而不乱、松而不疏的特殊管理方式，以及宽松的学习环境、充裕的教学资源、宽裕的学习时间等因素决定的。

开放性主要表现在三个方面。

1. 拓展学习内容

学知识，不应局限于教学计划所规定的范围，而要根据自己的兴趣爱好及专业学习，涉猎大量的文献资料和参考书，不断拓展交叉学科、前沿学科、边缘学科以及综合学科，了解学科前沿动态，提高实践和应用能力。

2. 拓展时空范围

"范围天地不尽范"，大学校园优越宽松的学习环境，为大学生的学习生活创造了良好的客观条件。大学生自由支配时间在50%以上，可以保证大学生学习大量有用的知识。同时大学空间环境优美，学术风气浓厚，可以利用的学习资源充足，学习空间很大。

3. 拓展学习途径和方式

大学生不仅可以在教室、实验室、图书馆学习，还可参加各种学术报告会、专题研讨会、学生团体活动，也可到校外的科研基地、生产实习基地，开展实践活动。

（三）运作的自主性

自主性是指大学生在大学学习的某一阶段，自觉地确定学习目标，决定个人发展方向，制订学习计划，采取有效措施加以实施。其目的是在教师的指导下，努力提高自己独立获取知识的能力，训练独立思考问题的能力，进行独立发展尝试，为将来迎接挑战、独立胜任工作打下基础。这既符合大学生身心发展规律，又符合大学学习规律，还符合大学生成才规律。

自主性是大学生与中学生学习的主要区别。中学生甚至是不少大一学生，往往存在被动学习的现象，中学生习惯了"老师讲学生听"，依赖老师，围绕书本，一切为了高考，把所有精力和时间都用在记忆死的知识上边，初入大学的学生沿用高中的学习方法，上课记笔记，下课补笔记，考试背笔记；学校开设什么课，自己学什么课；老师教什么，自己学什么，把自己当成了"容器"，而没能成为"学习的主人"。随着年龄的增长和文化程度的提高，自主性也逐步发生着变化。度过适应期后，学生们会发现正确答案不是唯一的，有的问题本来就是没有标准答案，再没有绝对的学术权威，也不必承受巨大的考试压力，自己能够自主地阐释和选择学习内容，个性可以得到适度释放。他们不再是单纯而又抽象的学习者，而是有丰富个性的行为主体，大学生作为一个独立的个体存在，具有不可重复性和不可替代性，具有无限的发展潜能。他们与知识的关系也不是机械被动的固定关系，他们不仅被视为知识的消费者，同时也是知识的解释者、生产者、传播者，甚至是创造者，正是这种地位转化的理性探讨与实践，才形成了大学生学习的自主性。

大学生自主学习表现在三个方面。

1. 自主调整学习目标

在学校的总体培养目标和专业设置要求下，大学生开始能动地确立自己在短期甚至很长一段时期的学习目标，这一目标并不是一成不变的，可以随时调整。学习目标由自身学习兴趣爱好、思维特点、知识水平、个性品质决定。

2. 自主思考学习内容

大学的学习内容极为丰富，具有一定的深度、难度和广度，大学生摆脱"填鸭式"的学习，开始独立自主地思考钻研学习内容，由被动学习转为主动思考。

3. 自主选择学习方法

学习方法分广义和狭义两种。广义的方法，是指在学习过程中，一切为了达到学习目的，掌握学习内容而采取的手段、方式、途径，以及学习所应遵循的一些操作性原则和组织管理等环节。狭义的方法，是指学习过程中学习者所采取的具体活动的措施和策略。学习方法既表现为经验、技能，又表现为观点理论。学习方法是学习个体在学习方式上的一种感悟，一种思维方式，更是一种行为策略。大学生的学习方法就是根据自身特点，凭借自己的探索，自我选择最科学的、更有效的学习模式。

（四）求解的探索性

爱因斯坦曾经指出，高等教育必须重视培养具备会思考、探索问题的本领。这种探索既包括学习和接受前人总结出来的已有知识和经验，继承前人先进的科学文化遗产和技术，还包括探索人类已发现但未解决的问题以及未知领域。一方面大学教学的重要任务之一就是把科学研究最新成果引入教学内容之中，并且组织、引导学生间接或直接参与其研究，引导学生接触最新学术研究动态，培养学生的探索精神和创新能力；另一方面，大学生的思维，已具有对客观事物的批判意识，对奇特的新现象具有强烈的求知欲和探索冲动。大学生正处在求学、质疑、发现的时代。随着知识的"客观性""真理性"被解构，知识的"不确定性""理解性""生成性"被揭示出来，人们不断对传统知识进行新的审视、修正或抛弃。大学生们已意识到知识的增长具有非线性特征，是批判性的，其发展方向是无限多样的；知识是开放的、整合的、变革的，没有固定的或不可逾越的框架与结构，任何真理性认识都不是也不可能仅依靠权威或制度而得以证实，也不可能通过强制的方式使人接受或服从，因此，大学生的学习必然从接受性、被动性学习转为探索性、创造性学习。

大学生学习的探索性，甚至创造性是有条件的。

第一，要有扎实雄厚的基础知识和专业知识。任何发明创造都是站在巨人肩膀上的，要脚踏实地，不可好高骛远。

第二，要充分了解最新的科研成果和前沿的学术动态。要细心钻研，不可浅尝辄止。

第三，在大学里，应该更多提倡和培养大学生的探索精神和创造精神，探索出新的东西，创造出新的成果，才是人类更高的追求和向往。

（五）运用的实践性

培养大学生的实践能力和创新精神是大学教育的目标和任务，也是社会发展对大学教育提出的客观要求。实践活动是大学生学习活动的重要组成部分，大学生除了掌握书本知识，完成课堂教学任务外，更要参加社会实践活动，突出实践性，在社会实践中检验知识、丰富知识、应用知识、深化知识、发展知识。

大学生从"求学期"到"工作期"，其中的主要环节就是社会实践环节，大学生的社会实践活动包括实验、专业实习、社会调查、企业参观、社会咨询服务、短期务工等形式。大学生社会实践活动要坚持合理安排、重在指导、积极参与、总结提高的原则。从教学课时安排来看，教学实践环节占到总课时量的三分之一，主要目的就是通过强化这一环节，帮助指导学生理解知识，应用知识，提高发现问题、分析问题、解决问题的能力，更好地适应形势发展的需要，培养出合格人才。

（六）个体的差异性

上述五方面多为当代大学生学习所共有的特点，但要进行学习指导，除必须把握其共性特点外，更要注意他们彼此间的差异性，即个性化特征。即使是同一批次录取或同年升级的学生，在知识功底的厚薄、刻苦攻读动力的大小、毅力的强弱、学习方法的当否、探索精神的有无、思维方式等方面的差异都是很大的，比如形象思维发达还是逻辑思维能力较强、善于事务性工作还是创造性劳动等。对于以上的差异性，作为教育实施主导方的教师、辅导员、班主任等，应做到心中有数，方能针对每位学生的个性特征因势利导，因材施教，有的放矢。

四、大学生各阶段存在的学习心理问题

大学学习阶段是人才成长由"求学期"进入"创造期"的过渡阶段，

因此，大学生入学后，在学习上有不同阶段学习心理的特点。一般认为，大学的学习可分为入学适应阶段、稳定发展阶段和趋于成熟阶段，各个阶段都有一些对应的学习心理问题。

（一）入学适应阶段

新生进入大学，从高考成功的喜悦中走出来，面对的是从中学生活到大学生活的一系列转变，学习和生活环境变了，人际关系变了，学习方式、方法也变了。这些变化，使一些新生感到陌生，适应困难。这一阶段大约要持续两到三个学期，个别学生甚至要延长到二至三年级。该阶段大学生的主要学习心理问题有以下几个。

1. 理想与现实的差距造成心理的失落

在进入大学以前，学生心目中的大学是美好、神圣的，高中学习的唯一目标就是为了进入大学。然而，当付出艰辛努力进入大学，真实地接触大学生活以后，若感到大学生活也并非那样惬意时，一些学生的理想与现实会形成落差，失落感油然而生，会造成入学后的第一、二个学期学习积极性下降或转移。

2. 学习愿望强烈但学习动力不足

新生进入大学以前，都希望能够在大学的舞台上有所作为，此时他们有很强的学习愿望。而一旦踏入高校，部分人便失去了先前的生活目标和学习目标，难以找到学习的动力支点，不知道劲往何处使。久而久之，他们就会学习倦怠、生活懒散、精神空虚、情绪消沉。

3. 学习内在环境的改变造成学习的困惑焦虑

所谓的学习内在环境，并不是指学习的物理环境，而是指大学的学习内容、方式、方法等方面。总体上，大学课程的内容、形式和方法等都与中学有很大的不同，这导致很多学生不适应，感觉到了学习上的压力，从而产生紧张与焦虑的情绪。

4. 注意力不集中

注意力集中是学习的基本心理条件。注意力不集中主要表现为：上课思想开小差，不能关注老师讲课；上自习时，不能专心看书，不由自主地想起与当前学习无关的内容，即使在无干扰的环境下，也难以专心致志；易受外界环境的干扰等。

注意力不集中是大学新生中普遍存在的问题，其主要原因：一是学习和生活环境的改变，新生难以将注意力集中到学习上；二是入学前后，校方对专业前景、发展方向介绍较少，学生对学习的必要性认识不足；三是专业选择与个人爱好不对口，学非所愿，学习动力缺乏。

（二）稳定发展阶段

这一阶段一般是在大学的二、三年级，学生们基本适应了大学的生活，开始转入获取知识、提高能力的阶段。随着价值观的确立，在学生中会出现奋斗目标和学习态度的差异。

该阶段的大学生主要学习心理问题有以下几个。

1. 所学专业与个人志趣不一致带来的烦恼

大多数学生的高考志愿是在老师和家长的劝说或参谋下填报的，因此，他们对专业的选择具有一定的盲目性。在进入大学以后，他们通过自己的学习以及高年级学长对本专业的介绍开始了解自己专业的情况。但当所学的专业与自己的志趣不一致时，就会感到苦恼、失落、迷茫。

2. 过度考试焦虑导致的烦躁与失常

这一阶段是大学生课程最多、课业最重的时期。考试作为大学生的主要心理压力源，对成绩过分期待或考试压力过大而无法排解，他们就会产生一系列的心理问题，如自尊心受挫、丧失信心、精神苦闷、厌恶学习、自暴自弃、烦躁不安等。

3. 学习方法不当造成的学习疲劳与不适

在大学阶段，自学方式占有重要的地位，对学习的独立性、批判性和自觉性要求很高。然而有些学生进入大学后仍然像中学时那样死记硬背，不能很好地应对大学的学习要求，久而久之，就会感到疲劳与不适。

4. 学习负担过重造成的紧张与压力

大学二、三年级是课程负担最重的阶段，加上还有英语考级考试、学年论文写作以及一些证书考试，大学生们可能会感受到很大的学习压力。这一阶段的大学生，整天埋头于书海和课业之中，鲜有时间开展一些活动来释放压力。

（三）趋于成熟阶段

这一阶段一般在大学四年级，学习内容和形式逐渐从课堂讲授向毕业实习转移，还面临着毕业论文写作以及如何兼顾学习和就业之间的矛盾。因此，大学生的学习活动会发生明显的变化，并需要做好走向社会的心理准备。

该阶段的大学生主要学习心理问题有以下几个。

1. 面临毕业时的学习焦虑

在这个阶段中，大学生开始反思自己整个大学阶段的学习，当感到未达到自己的预期时，他们会出现学习焦虑。大学四年级时，很多学生在实习和找工作的过程中才认识到，自己以前学习的知识是多么有限，然而这种状况又无法在近期内改变，于是会感到内心的焦虑。

2. 毕业论文写作带来的压力

毕业论文写作是大学生毕业的最后一道坎，然而对于一些从未进行过正规论文写作的大学生来说，其难度可想而知。很多大学生在论文写作过程中都遇到了较大的困难。面对这些困难，他们会倍感压力和烦恼。

五、大学学习的基本原则

（一）自主学习原则

自主学习，是指学生在学习过程中充分利用师资、教材、设备和器材等客观条件，独立思考，积极探索，勇于创新。有计划、有目的地独立完成某些学科知识的学习，掌握学习的主动权。学生是教学的主体，只有树立自主学习意识，学会在学习中的自我管理、自我检查评估、独立思考和自觉钻研，才能收到良好的学习效果。

1. 突出学习方法的自主性

学生要实现自主学习，必须认清自己在学习中所处的主体地位，充分发挥自主学习热情。通过独立地阅读学习、实践锻炼等，扩大已有的知识，开辟新的知识领域，做学习的主人。在确立学习方法时，必须突出学习方法的自主性，积极、主动地学习，运用所学知识，创造性地学习；学会学习的自我管理，制订系统的学习计划，合理分配学习时间，及时进行学习效果的自我检查和评估；根据教学的目的和要求，有计划、有目的地收集学习资料，对有关理论问题和实践问题进行创造性探索和研究，体现以自我为主体地位的积极学习精神。

2. 突出学习方法的独立性

在学习过程中，老师是主导，学生是主体。学生只有把主导作用与主体作用融为一体，才能独立自主地学习，从而成为学习的主人。学生在确立学习方法时必须突出独立性，立足于积极主动地去思考，消化老师讲授的学科知识，强化课堂学习，最大限度地接收老师输出的各种信息，认真思考，择其要点，取其精华，提高听课效益；在读书、讨论、演练等过程中，在求同思维的同时发展求异思维，积极思考，善于发现问题，找出理论上的难点、重点和疑点。通过积极主动地捕捉、追踪老师的"引"和"导"，把老师输出的信息消化理解变成自己的东西，并以此为基础，向相关学科知识渗透，扩大知识面。

3. 突出学习目标的一致性

自主学习是围绕培养目标，在执行教学计划、教学大纲的前提下实施的，而不是离开院校教学目的另搞一套。一是要在学好规定课程的基础上自选学习内容。学生应围绕开设的课程，根据老师的指导，选择书本，提高某一专业的知识和能力。二是学习目标要与主客观条件相一致。学习目标一定要建立在切实可行的基础上，目标的深度与自己的基础和经验水平相适应，目标的广度与自己可以利用的时间和精力相适应，目标的实现要与客观条件相适应。不要眼高手低，好高骛远。三是要根据教学目标确定主攻方向。学习不能平均使用力量，在强化专业课学习的同时，不放松非专业课的学习，使二者有机结合起来。

（二）创新学习原则

创新学习，是指学生能够把已有知识作为一种工具与手段，去认识和改造客观世界和主观世界。学习的着眼点不在于接受适应已有的一切，而在于

"改造""超越"已有一切,并创造出新的一切。因此,学习方法必须有利于学习者自我创新能力的锻炼和养成,突出有效的创造性学习活动。

1. 开拓理性思维的学习方法

理性思维是思维的高级阶段。掌握富有理性思维的学习方法对于主体的认识和实践具有十分重要的意义。由于理性思维学习方法凝结着人类思想发展的成果,因此掌握了这种方法,就会使人们的学习思维能力发生质的飞跃,更有利于学生认识世界,改造世界,创新学习。

2. 开拓悟性思维的学习方法

悟性思维是许多知识因素与思维运动逐渐积累和发展到一定程度上迅速综合而形成的认识行程的突变,即人们常说的"厚积薄发""长期积累,偶然得之"。这就要求我们在学习方法的选择上,要注意采用有利于悟性思维培养的学习方法,这对创新能力的培养大有裨益。

3. 开拓创造性思维的学习方法

创造性思维就是具有开拓创新意义的思维。它不仅是指思维模式的开拓与创新,也指开拓了新的认识领域,创造新的认识成果。开拓性、首创性、新颖性、突破性、综合性都是创造性思维的本质特征。创造性学习要求学生有远大的理想、坚定的学习信念、求实的学风、明确的学习目的、强烈的求知欲和高尚的成就感。充分激活这些因素,将极大地激发学习者创造性的想象力,获得最佳的学习效果和实践效果。

(三) 开放学习原则

开放学习,就是要打破自我封闭围困,在自我学习、自我完善的同时,博采众长,广泛交流和协作学习。大学生应该适应开放的大气候,敞开胸怀,投入开放的学习领域。以开放性学习观,调整自己的学习方法,向开放型人才目标迈进。

1. 实现由封闭性学习方法向开放性学习方法转变

大学生学习方法应突出开放思维特色,敢于打破习惯性的、封闭性的思维定势,加大学习过程的开放程度。首先,要善于学习一切优秀文化成果,德、智、体全面发展;其次要善于借鉴学习他人一切成功经验,取人之长,补己之短，通过交流和兼收并蓄，达到新陈代谢、博采众长的目的。为此，学生应积极参与开放性教育中开展的一系列形式活泼的教学活动，如研讨、辩论、学术交流、社会调查、参观学习等，主动把学习的"触角"从课堂伸向社会，把书本伸向社会实践，把单一融入群体，力求不断地拓展学习空间，捕捉知识财富，为自己的学习成长服务。

2. 实现由单向性学习方法向多向性学习方法转变

传统的应试教育，学校与外界隔绝，导致学生的学习方法习惯于单向性，在学习对象面前，只选择一个视角或一个方向，沿着一条直线式的思维方法发展下去。这种学习方式，在一定条件下虽然也能取得一定的成果，但容易造成学习的惰性和僵化。为此，应从单向性学习方法提高到多向性学习方法。世界上的任何事物都有不同的角度，不同的侧面。同一事物，可以从不同的角度来研究。站在一个角度，可以看到事物的一个侧面；站在不同的角度思考问题，就可以看到事物的不同方面。而每一个方面，都反映了事物的一部分。运用多向性学习方法，对某一事情进行全方位地分析研究，就可以得到全面的认识。

3. 实现由呆板性学习方法向灵活性学习方法转变

学习方法呆板是开放学习的大敌。为此，应增强学习方法的灵活性。首先，对一个问题的思考要有多种思路，提出多种设想，多种方案，以扩大选择余地。学习的思路越广，提出的方案越多越新，学习的疑难问题得到解决的机会就越多。其次，当思维在一个方向受阻时，应立即转向另一个方向，甚至是反复多次地调整方向，使问题得到解决。第三，要学会在已经得出答案的情况下，继续挑战自己，努力寻求更优的答案。

（四）循序渐进原则

循序渐进，是指学习要遵循学科理论的逻辑系统和学习者认识及体力发展的一般顺序进行，使其系统地掌握基本知识和基本技能。循序渐进是学习方法的基本原则，要求学习有计划、有步骤地进行，正确处理多与少、快与慢的关系，不能急于求成。

1. 遵循学科知识的逻辑顺序，要理顺"简"与"繁"的关系

科学知识有它的系统性、逻辑性，知识的网络由简到繁、由浅入深，相互衔接、相互渗透。大学生学习方法设计必须按照学科的严密逻辑系统和层次，遵循学科的内在规律，按照由浅入深，由易到难的思维规律，进行优化。学习方法要富有科学性，可行性和规律性。如果忽视学科的知识结构规律，采用急于求成的学习方法，往往事倍功半。只有在充分理解掌握基本知识的基础上学习研究新知识，逐步增加知识的数量，提高知识的质量，循序渐进地扩展，才能脚踏实地地驾驭学习，有效地掌握知识系统。

2. 遵循自身智能发展状况，理顺"序"与"进"的关系

大学生学习方法的选定，要注意从个人的智能发展实际出发，不能超出自己智能条件盲目追求不可能实现的学习目标。循序渐进是一个问题的两个方面，循序是方法，渐进是目的，循序不是"作茧自缚"，渐进不是畏惧不前。循序并不排斥重点突破，渐进也不排斥在一定条件下的跃进，如果过分强调学科理论系统化，不区分书本和学习目的，都严格按照学科体系一章一节地学，也会限制学习的主动性、积极性，使学习过程呈现慢节奏或重复劳动。由于每个人的智能发展不同，学习的基础不同，其难点问题也不相同。这就要根据个人实际来确定学习进度和目标，防止人云亦云。

3. 遵循学生学习特点，理顺"实"与"时"的关系

大学生的学习，要强调"双效性"，即实效性和时效性。实效性，是指学习以用为目的，学是为了用，学了就能用，学习的成果能尽快转化为战斗力。时效性是指在特定的时间内，迅速完成规定的学习任务，而这些学习任务是院校建设者迫切需要解决的课题。依据学生特有的"双效性"学习要求，在学习方法上主要采用三种形式，即"集中式学习、强化式学习、浓缩式学习"。无论采取哪种形式，都不能忽视循序渐进原则的基本要求，否则都会导致学习失败，欲速则不达。

（五）课内与课外相结合原则

大学和中学相比，上课的时间相对较少，课余时间相对较多，这就要求大学生在注意课堂学习的同时，要特别注意课外学习，课堂学习与课外学习

相结合。

首先，要注意课堂学习。课堂学习是大学学习的主要途径，课堂学习的内容是大学学习的主要内容。通过老师的讲授、演示、示范、试验，在老师的传授、引导、启发下，使自己了解所学课程的基本体系和基本内容，形成较为完整的初步印象，找到进一步学习和深入钻研的方法和路子，为全面掌握课程内容打下基础。搞好课堂学习，一是要注意听讲。尽管主讲的老师水平高低不一，讲课风格各异，不一定适合每个同学的口味，但总会给你一些有用的东西。大学生要学会适应老师，适应老师的教学方法、教学风格、讲课方式，提高课堂注意力，尽可能做到专心致志。二是要注意思考。一边听讲，一边思考，消化吸收，将老师讲的东西变成"自我"的东西。三是要注意做课堂笔记。老师的每一次讲课都是经过精心准备的，浓缩了课程内容的精华，一般来说讲的都是基本概念、基本观点、重点、难点，这些又都是考试的主要内容。因此，做好课堂笔记是十分必要的，也是十分有用的。现在不少大学生，尤其是理科的大学生上课不习惯做笔记，不会做笔记，懒得做笔记，只抱着书本坐在那儿听，考试的时候再三要求老师划范围、指重点。其实，你只要会做笔记，考试的范围和重点都在笔记里了。当然，做笔记不仅仅是为了考试，关键是通过笔记可以大大增加对课程内容的印象，加深记忆，提高学习效果。"看十遍不如写一遍，写一遍等于听十遍"，这是经验的总结。

其次，要注意课外学习。课外学习，就是所谓"第二课堂"的学习。大学生要学会利用相对较多的时间，读参考书、进图书馆、坐阅览室、听报告会和学术讲座、参加各种知识竞赛和有益的社会活动，以巩固课堂学习的知识、拓宽知识面，培养自己的综合能力。

（六）精读与略读相结合原则

"吾生也有涯，而知也无涯。"知识浩如烟海，书籍堆积如山，而人的一生则是有限的，你永远不可能读完所有的书，只有选择读最需要或比较需要的书。对最需要的书，必须精读；对比较需要或暂时不太需要的书，可以略读或粗读。在大学里，教材是每个大学生必须精读的书。精读，又叫

"细读""研读""攻读",是咬文嚼字地读,是深入思考着读,是融会贯通地读。只有具备了教材所提供的专业必备知识,才能使自己打下坚实的专业基础,并在此基础上向更高的层次迈进,达到本专业的高深层次。除了教材,每个人可以根据自己的志趣和爱好,有选择地找书精读。例如,文学作品,对于国内外文学名著,可以有选择地找几本精读。对于优秀作品,读一遍有一遍的感受,里面韵味无穷。略读,又叫"粗读""浏览",大致地看一遍,略知其大意。对于有的书,甚至可以只看看内容提要、出版说明、章节目的标题,知道有这么一本书,有什么大概意思就可以了。以后用得着时,回过头来再细读。中国有个成语,叫"囫囵吞枣"。在中小学时,老师经常教导学生学习知识不能囫囵吞枣,那是对的,但一般来说,中小学生还不具备"囫囵吞枣"的能力。到了大学,大学生接触的知识宽泛多了,要学的东西多多了,要都像中小学那样把书本弄得倒背如流是不可能的。同时,随着科学技术的飞速发展,知识总量翻番的速度越来越快,人类已经进入"知识爆炸"的时代,这么多的知识,你怎么可能一一去深究?所以,你既要了解这些知识,又不可能全部仔细去了解,比较恰当的方法就是"囫囵吞枣",先吞下去,消化不消化没关系,知道自己肚里有这些东西,需要的时候,可以像反刍动物一样,慢慢消化,细嚼慢咽。

(七)继承与创新相结合原则

对知识的继承与创新,实际上讲的是间接知识与直接知识的关系问题。人的知识不外乎两个来源,一种是间接知识,即别人创造的、通过书本等媒介传播的知识。这种知识是通过学习得来的。另一种是直接知识,毛泽东称之为"真知",是自己亲身实践得来的,即自己创造的。大学生在学习中,要处理好继承与创新、间接知识与直接知识的关系,既要继承,又要有所创新。

从人类知识的总体上看,一切知识都来源于亲身实践得出的直接知识,无数人躬亲实践得来的直接知识的积累,构成了人类的知识宝库。你要想为人类知识宝库贡献新知,必须亲身实践,创造出新知识。牛顿、爱因斯坦、爱迪生等之所以名垂千古,是因为他们为人类知识宝库增添的财富远远超过普通人。所以，学习的目的不仅仅在于记忆、重复别人创造出来的知识，更重要的在于创造出新的知识。一个人要想活得有价值，就得创造，创造的新知越多，他的价值也就越大。但是，就个人所拥有的知识总量来看，属于个人创造的直接知识仅有很少一部分，甚至一丁点也没有。而绝大部分则属于别人创造的，对于自己来说是间接知识。这是因为，人的生命是有限的，个人的生命与人类比起来是微不足道的，在有限的生命中所能创造的知识也是十分有限的；个人所能涉足的实践范围是有限的，个人的实践与人类的实践相比也是微不足道的，在有限的实践范围内创造的知识也是十分有限的。由于人的生命有限、实践范围有限，决定了任何人都不可能什么事情都去干一干、试一试，而必须从人类的知识宝库中吸取营养，即通过学习而获得大量的间接知识，这就是继承。通过听课继承；通过看书继承；通过一切知识传媒继承。继承是创新的基础，没有继承就不可能有创新。正如牛顿所说，只有站在别人的肩膀上，才能比别人看得更远。没有坚实的基础，必将一事无成。牛顿的力学三定律，就是在伽利略、开普勒等人研究成果的基础上建立的；他的微积分理论，是在笛卡尔等人研究成果的基础上建立的。所以，牛顿说："如果我所见到的比笛卡尔要远一点，那是因为我站在巨人肩上的缘故。"

第二节 大学生的现代学习观念

一、全面学习观

为了迎接知识经济的挑战，许多国家都在调整教育的培养目标，努力造就适应未来社会需要的合格人才。他们在培养目标上得出的共识是：只有全面发展的人，才能称得上是合格的人才。因此，大学生要成才，首先要树立全面学习观，正确处理好德与才，通与专，基础与专业，理论与实践，第一课堂与第二课堂，知识、能力与素质，全面发展与个性发展等方面的关系。

(一) 德与才的关系

德，是指人的政治立场、政治观点和道德作风。它是一定社会或一定阶级的政治道德原则、规范在个人身上的体现和凝结，是处理个人与他人、个人与社会关系的一系列行为中所表现出来的比较稳定的特征和倾向。德由认识、情感、意志、信念和行为五个要素构成，是一个综合性范畴。

才，主要包括才识、才能和才学，是完成某种活动所必需的各种知识、能力和素质的结合。

德与才，是一个不可分割的有机统一体。宋代史学家司马光曾对德与才的关系做了分析，他说："才者，德之资也；德者，才之帅也。"一方面才是德的前提，是人得以发展和成功的基本条件；另一方面，德是才的方向和灵魂，是才发展的内在动力。因此，德才兼备是古今中外培养和选拔人才的标准，也是学习过程中必须把握的一个基本原则。

正是由于德在人才成长和学习过程中的重要作用，古今中外，世界各国教育教学中都把德放在十分重要的位置。古希腊的苏格拉底认为，教育就是使人"努力成为有德行的人"。近代德国的洪堡认为，大学最大的成就在于使学生能够在人格上、道德上得到完善。

当今世界，道德教育已越来越成为整个教育的重心。美国1994年通过的《美国2000年教育目标法》中，把促进学生个人良好品德的教育，规定为美国2000年国家八大教育目标中的一项重要内容。日本在1989年召开的"加强道德教育全国大会"上提出要把德育放在学校教育的首位。新加坡把教育目标分为"德、智、体、群、美"五个方面，简称"五育"，其中德育包括效忠国家、献身精神、廉洁奉公、诚实可信、尊老敬贤、助人为乐、社会责任感等内容，并构建了国家、社会和个人三者结合的完整的德育内容体系。

我国德育思想博大精深，源远流长。《礼记·大学》中就有"大学之道，在明德，在亲民，在止于至善"的思想。中华人民共和国成立后，毛泽东同志提出了德、智、体全面发展的教育方针。改革开放以后，邓小平同志提出了有理想、有道德、有文化、有纪律的"四有"新人的培养目标。

1998年，江泽民同志在庆祝北京大学建校一百周年大会上的讲话中明确指出："求知与修养相结合，是中华民族的一个优秀文化传统。没有好的思想品德，也不可能把学到的知识真正奉献给祖国和人民，也就难以大有作为。"进入21世纪后，胡锦涛同志提出："坚持以人为本，促进未成年人的全面发展，努力培育面向现代化、面向世界、面向未来，有理想、有道德、有文化、有纪律，德、智、体、美全面发展的中国特色社会主义事业建设者和接班人。"因此，德才兼备，把德放在首位，是对新世纪、新时期教育教学的本质要求。

（二）通与专的关系

对于高级专门人才的培养，国际上存在着两种基本模式：一种是以美国为代表的"通才"模式，它比较强调人才的基础性、综合性和适应性，从而培养出基础理论扎实、知识面宽、适应性强的人才；另一种是以苏联为代表的"专才"模式，强调按国民经济具体部门和某些地区的具体要求"对口培养"精通业务的"现成专家"，因而专业面相对较窄，但对专门知识和技能方面的要求则比较严格。

这两种模式的形成，都与两国自身的政治、经济和文化条件密切相关。现在美、俄两国都对这两种模式有所改革。改革的方向是从相反的两极出发，向着一个焦点靠拢。这说明，所谓"通才"和"专才"之争，其实质是如何根据本国国情，处理好基础与专业、知识与能力、大学教育与大学后教育的关系，从而培养出有利于增强本国综合国力和国际竞争能力的高级专门人才。

改革开放以来，我国大学教育中比较普遍的意见是"通"与"专"的结合。一方面"通"是"专"的基础，没有广博的基础，"专"就深入不下去，达不到精深的目的；另一方面，"专"对"通"又有极大的促进作用，真正精通一门专业知识，常常使人能够很快掌握相近或相关学科的知识。

当前，大学生尤其要加强"通"的学习，通过学习加深对自然科学、社会科学和人文科学的了解，扩充知识面，开阔文化知识视野，使自己看到不同学科、课程及其知识间的联系,形成学科知识体系的整体观念,促进不同学科知识及思维方式的相互迁移。正如爱因斯坦所言:"只教给人一种专门知识、技术是不够的,专门知识和技术虽然使人成为有用的机器,但不能给他一个和谐的人格。最要紧的是人要借着教育得到对于事物及人生价值的了解和感觉,人必须对人属于道德性质的美和善有亲切的感觉,对于人类的各种动机、各种期望、各种痛苦有所了解,才能和别的个人和社会建立合适的关系。"

(三) 基础与专业的关系

所谓基础,就是教学计划中安排学习的理论基础知识和专业技术基础知识;所谓专业,就是专业知识。基础与专业的关系,是相辅相成、缺一不可的辩证统一的关系。在具体的专业之中,各自具有其独立的功能。基础是基本的,专业是基础的应用和延伸。两者的密切结合,才能够成为具有一定功能的整体。当今时代,科技发展迅速,原创性发明具有重要意义,为了终身学习和不断创新,迫切需要大学生具有扎实的基础知识,以适应时代的需要。

国内外的经验充分表明,大学生时期是由学生角色向独立的社会工作者角色转化的过程,是人生中的一个独特阶段,也是成才的关键阶段。因此,大学学习主要是打好基础,扎实地掌握有关的基础理论、基本知识与基本技能。这不仅是科学技术发展的客观要求和进一步学好专业知识的需要,同时也有利于提高未来工作的适应性和后劲。但是,这绝不意味着可以放松或者削弱对专业知识的学习。相反,日趋激烈的竞争,要求科技工作者站到各学科专业的前沿,加强专业知识的学习,拓宽专业知识面,因为专业课是结合专业特点去巩固、加深理解基础知识的,并且使学生学会综合运用基础知识与独立解决实际问题的技术与方法。所以,学好专业知识也是十分重要的。

(四) 理论与实践的关系

理论源于实践,又应用于并指导实践,这是客观存在的真理。大学生要成为新时期的创新人才,必须具备扎实、系统、精深的理论知识,同时又必须具有解决实际问题的本领。因此,大学生在学习过程中,必须既要重视理论学习，又要重视实践知识和技能方面的学习，并把二者有机地结合起来，养成理论联系实际的好学风。在当前尤其要特别重视实践教学活动。

实践教学，是相对理论教学而言的。实践教学是除理论教学形式之外，其他教学形式的总称，包括学习、实验、设计、劳动、军训等。以周数统计，在教学计划中，它大致占 1/5~1/4。实践教学直观性和操作性强，与生产、科研和社会生活联系紧密，有助于培养大学生的学习兴趣，增强其学习的主动性、积极性和适应性，同时有利于培养其创造性思维能力，使大学生的独立工作能力、实践操作能力、交往能力等得到锻炼和提高。通过实践教学，大学生还可以了解生产过程，观察第一线生产人员、管理人员和技术人员在生产中的作用及其劳动状况，不仅可以学到书本上难以学到的现场知识，还可以提高自己的职业责任感和兴趣，激发学习热情。

(五) 第一课堂与第二课堂的关系

第一课堂，是指高校教学计划以内安排的学习活动；第二课堂，是指教学计划之外安排的学习活动，包括校内的各种社团活动和各种校外的社会实践活动。第一课堂的学习活动是高校统一安排的，具有强制性和明确的目标要求，它是保证实现基本培养规格，人人都必须完成的。第二课堂的学习活动通常是由学生团体组织个人自愿参加的，具有独立性和灵活性的特点。

第一课堂和第二课堂的关系是相辅相成的。第一课堂是大学生学习的主渠道；第二课堂内容丰富、形式多样，能够为个性差异、学习能力不同的大学生发展他们的各种兴趣和特长提供一个广阔的天地，有利于开发个体智力和因材施教。同时，第二课堂又是第一课堂的延伸。在第二课堂，大学生可以学到比第一课堂更加广泛的知识，扩展和延伸第一课堂所学的基本知识。所以，对高校来说，如果只有第一课堂，不开展多种多样的第二课堂活动，那将是死气沉沉的片面教育，是不可能全面实现培养高质量的专门人才的任务的。对大学生来说，要全面塑造自己，把自己培养成全面发展的新人，也必须把两个课堂的学习结合起来，积极主动地参加第二课堂的活动。但是，要正确处理好二者之间的关系：第一课堂学习是主要的，丰富多彩的第二课堂活动只是第一课堂的重要补充；参加第二课堂活动，务必要从自身的实际和条件出发,切不可因参加第二课堂活动冲击和影响第一课堂的学习。

(六) 知识、能力与素质的关系

知识,是人类在认识和改造主客观世界的实践中获得的认识经验的概括和总结。它包括直接经验和间接经验、感性认识和理性认识。每一个人的知识都是由多种知识构成的。各种知识的组合,便形成了知识结构。

能力,是指人们顺利地完成某种活动所必须具备的个性心理特征。它通常可划分为一般能力和特殊能力。顺利地完成某种复杂的活动需要有多种能力的完备结合,这种完备结合称为"才能"。

素质,既是指人的先天的解剖生理特点,主要是感觉器官和神经系统方面的特点,又是指在先天生理的基础上,人受后天环境、教育的影响,通过个体自身的认识与社会实践养成的比较稳定的身心发展的基本品质。前者强调的是人的先天素质,与后天形成的"素养"相区别;后者所强调的是后天养成素质,与"素养"概念等同。由于受到遗传、环境、教育和主观能动性的影响,人的上述两种素质实际上不可分割。

知识、能力与素质三者的关系。

(1) 知识是形成能力和素质的基础,能力和素质又反过来影响知识的掌握、增殖与迁移。

(2) 知识并不等于能力和素质。知识只有通过内化才能转化为素质,能力则是素质在一定条件下的外显。反过来说,内隐形式的能力或者智慧是素质的重要组成部分。

(3) 素质的形成不仅是知识的内化,还包括先天生理解剖特征的不断发育、成熟以及后天的实践训练及环境影响;素质不仅外显为能力,还包含思想、品德、情感、意志等非智力方面的品质。

(4) 人的素质的形成和提高,取决于两个方面:一是发展,即充分发挥个体的身心潜能,在环境、教育的影响下,通过自身的努力,去发展有关生理与心理的、智力与非智力的、认知与意向的各种因素;二是内化,即把那些从外在获得的东西,内化于人的身心,形成一种稳定的、基本的、内在的个性心理品质和体质。这两种过程交替发生,循环往复。从重知识到重能力，然后到重素质，这是世界范围内教育发展的一种趋向。大学生要使自己成为21世纪的合格人才，就必须将知识学习、能力培养与全面素质的提高结合起来。德国物理学家劳厄说："重要的不是获得知识，而是发展思维能力。"

（七）全面发展与个性发展

全面发展的基本素质、充分发展的良好个性，是21世纪对合格人才的基本要求，也是合格人才必须具备的两种基本品质。

全面发展，是人才培养的目标，也是教育改革的指导思想。1989年联合国教科文组织就曾提出，21世纪最成功的劳动者将是最全面发展的人，是对新思想和新的机遇开放的人。个性发展，是指在人类的共同性的基础上，充分把人类的差别性显示出来，从而使每一个人都具有高度的自主性、独立性与创造性。这也是人类世世代代所追求的一种共同理想。

21世纪要求年轻一代具有广阔的胸怀，要知天下大事，有较高的道德水平，在德、智、体、美等方面都要有较高的素质。同时，21世纪的人才又将是个性充分而自由发展的人。未来学家托夫勒说："工业社会的特点是标准化，而信息社会的特点是多样化和个性化。个性化就是人性在个体上的表现或反映，是人们在生理、心理、社会性诸方面的一系列稳定特点的综合，是人的共同性与差别性的统一。"

全面发展与个性发展相辅相成，全面发展不是平均发展，个性发展也不是自由无序。一方面个性发展是全面发展的条件。个性发展的目的，是要确立主体意识，培养独立人格，发挥创造才能。只有当人的主体意识、独立人格、创造才能得到充分发展之后，才能更自觉、更充分、更主动地全面提高其基本素质，从而实现人的发展的最高目标。因此，个性发展的最终结果必将促进人的全面发展。没有个性的健康发展，就不可能有高层次的全面发展。另一方面，全面发展又是个性发展的基础。没有全面发展的基础，高层次的个性发展也无法实现。全面发展不是要消灭差别、泯灭个性，恰恰相反，它是要在注重大学生各方面素质全面提高的基础上，尽可能培养、鼓励和发展大学生的个性。也就是说，全面发展总是表现为个性的不断扩展和丰富，个性发展也必然伴随全面发展而不断升华和完善。全面发展和个性发展统一于个体成长的全过程，二者互见、互动、互生、互长。

在确立正确的学习观的过程中，要正确处理全面发展与个性发展的关系，改革长期以来我国存在的"以教师为中心，以课堂为中心，以书本为中心"的传统教育模式，把全面发展与个性发展结合起来，注重个性培养和创造能力的开发，努力克服忽视个性、扼杀创造性等传统教育的痼疾。从人的发展看，没有个性，就没有创造；没有个性，人亦不成其为人。从社会发展看，个性发展是社会发展的真正动力和源泉。在一个社会里，人的个性的充分发展是这个国家或民族富有生气的表征，也是一个社会文明进步的客观要求。

二、自主学习观

"自主学习"这一概念在20世纪80年代已经为教育学家提出，许多研究者从不同的角度对自主学习进行了研究，并从不同的方面给自主学习进行了界定，对自主学习的内容、特点以及内在规律做了探讨。

自主学习，又称"自主性学习"，主要是指学习者应该对自己的学习负责，能够管理自己的学习行为。这些学习行为包括明确学习目标、制订学习计划、选择适当的学习方式、评估和管理自己的学习等。

（一）自主学习的主要特征

1. 能动性

自主学习有别于各种形式的他主学习，它是学生积极、主动、自觉地从事和管理自己的学习活动，而不是在外界的各种压力和要求下被动地从事学习活动，或需要外界来管理自己的学习活动。这种自觉从事学习活动、自我调控学习的最基本的要求是主体能动性。

2. 独立性

独立性是相对于依赖性而言的。自主学习把学习建立在人的独立性的一面上，而他主学习则把学习建立在人的依赖性的一面上。自主学习要求学生在学习的各个方面和整个过程中尽可能摆脱对教师或他人的依赖，由自己做出选择和控制，独立地开展学习活动。

3. 有效性

由于自主学习的出发点和目的是尽量协调好自主学习系统中各种因素的作用，使它们发挥出最佳效果，因此自主学习在某种意义上讲，就是采取各种调控措施使自己的学习达到最优化的过程。一般来说，学习的自主水平越高，学习的过程也就越优化，学习效果也就越好。

4. 相对性

自主学习不是绝对的，就现实的情况来看，绝对自主或绝对不自主的学习都较少，学生的学习多数是介于这两极之间。也就是说，他们的学习在有些方面可能是自主的，而在另一些方面可能是不自主的。这是因为，就在校大学生来讲，他们在学习的许多方面，如学习时间、学习内容等，都不可能完全由自己来决定，他们也不可能完全摆脱对教师的依赖。因此，我们不能把他们的学习简单地分成是自主的或是不自主的，而是应该从实际出发，分清其学习在哪些方面是自主的，在哪些方面是不自主的，或者说学习的自主程度有多大。做到这一点，才可以针对大学生学习的不同方面进行自主性的教育和培养。

(二) 自主学习的意义

自主学习就是大学生自己主动地学习，自己有主见地学习。在传统教育理论中，教师是教育的主体，学生是教育的客体。现实的教育活动中，也有许多教育工作者确实存在着只把自己看作主体、把学生看作客体的倾向。而许多学生也只是把自己当做单纯接受知识的、消极被动的"要我学"的客体。因此，现实生活中的相当多的学习者在学习过程中完全依赖教师、学校和外部环境，把自己的大脑当做接受知识的白板，甚至自身的学习兴趣、情感也完全依靠教师和外部环境引发。这种学习者缺乏自觉主动学习的愿望和要求，把学习当作完全迫于社会、家庭和他人的种种压力不得已而为之的额外负担。这种学习者习惯于被动接受灌输而不善于主动探求和消化知识，习惯于让书本知识、教师和外部环境牵着自己的鼻子走，而不是主动驾驭书本知识和外部环境。这种传统的学习观念应该为"自主学习"观念让道。确立自主学习观念，就意味着教育者不仅要把学生当作教育对象，也应该把学生看作认知主体。学生更应该把自己看作主人,在学习过程中始终以积极主动的态度对待学习,不是迫于社会和外界的种种压力而学习,而是发自内心的对知识有一种强烈的渴望和追求。联合国教科文组织国际教育发展委员会在《学会生存——教育世界的今天和明天》中指出,教育"已不再是外部强加在学习者身上的东西,也不是强加在别的人身上的东西。教育必然是从学习者本人出发的"。"我们今天把重点放在教育与学习过程的'自学'原则上,而不是放在传统教育原则上。""新的教育精神使个人成为他自己文化进步的主人和创造者。自学,尤其是在帮助下的自学,在任何教育体系中,都具有无可替代的价值。""我们应使学习者成为教育活动的中心;随着他的成熟程度允许他有越来越大的自由,由他自己决定他要学习什么、他要如何学习以及在什么地方学习与受训。这应成为一条原则。"

这里所说的"自学"原则,就是"自主性学习"原则,即发自学习者内心的自觉自愿的、主动性极强的"我要学"的学习原则和学习观念。大学生尤其要确立自主学习观。这是因为:

第一,从大学学习任务看,大学学习是为培养高级专门人才打基础、做准备的。一个高级专门人才必须具备自学能力、独立工作能力以及分析问题和解决问题的能力,而这些能力的培养和提高必须以大学生能很好地开展自主学习为前提。

第二,从大学的学习条件看,大学有学识渊博、知识密集的教师群体,设备先进的实验场所,藏书丰富的图书馆等,这些为大学生自主学习提供了优越的学习条件。

第三,从大学教学管理方式看,大学的教学管理实行学分制,学分制要求学生根据自身情况,有计划地、主动地选修不同课程来获取知识,组成自己的知识结构,并允许学生跨专业、跨系选修,使自己的知识结构由单一化向多样化方向发展。而这些要求能否实现,取决于学生是否有相当高的学习自觉性,是否能主动地、有主见地学习。

第四,从大学生自身的身心发展看,大学生一般是 18~22 岁的青年,他们在生理和智力上趋于成熟,辩证思维能力达到较高水平并趋向成熟,人生观、世界观逐步形成。这些都为大学生的自主学习准备了良好的身心基础。同时，从大学生的智能发展来看，大学生的智能只有通过自身的自主学习，才能获得较快的发展。智能属于人的个性心理范畴，不论是思维能力还是创造能力，在本质上都是独立的，单靠教师传授，是不可能培养出大批具有较高智能水平的人才的。

当然，自主学习并不是贬低教师的作用。它与学生想学什么就学什么的"自由学习"有着本质上的区别。大学生要善于因师而学，通过从师而学而达到无师自通。

（三）自主学习能力的培养

1. 构建一个合理的知识结构

一个人在大学的学习时间是有限的，因此他在大学学习的内容也必定是有限的。要在有限的大学期间把学习抓好，必须构建合理的知识结构。

大学生的知识结构，是指学生经过大学阶段学习培养后所拥有的知识体系的构成情况。一般来说，大学本科阶段所学知识包含基本理论知识、学科基础知识、学科专业知识、学科前沿知识几个层次。现代社会要求大学毕业生在竞争激烈的职场中适应性强，变通性大。所以，许多高校都把本科教育定位为通才教育，要求学生必须奠定扎实的基础，实现学校教育与就业需要的良好对接。

厚基础、宽口径、重能力、求创新，是现代大学本科教育的发展趋势。以浙江大学为例，经过新一轮的改革，提出了在现有12个学科大类课程打通培养的基础上，进一步推进按文、理、工科大类综合交叉培养的方案，把110个本科专业分为文科类、文理科类、理科类、理工科类、工科类、艺术设计类等六个大类。一是实行宽、专、交并行培养。"宽"是指接受和理解知识需要的广阔性；"专"是指学习中提出和分析解决问题的深入性；"交"是指知识组合、学科交叉、善于创新的独特性。二是实施前期通识课程与大类基础平台课程教育、后期宽口径专业教育和跨学科学习的模式。通识课程着重于学生全面素质的提高，特别是为学生了解历史、理解社会和世界提供多种思维方式的教育，有利于学生形成均衡的知识结构；大类课程着重于建立宽厚的学科知识基础，拓宽知识面，奠定学生今后学业发展的基石；专业课程着重于培养学生扎实的学科专业知识以及动手能力、创新精神。

由此可见，大学为学生设计的知识结构，充分体现了人才成长的规律和社会的需求。大学生合理的知识体系应该是"金字塔"状的结构。这样的知识结构，一方面让大学生接受初步却严格的学科专业基础知识和基本训练，形成比较宽厚的基础，为学习创新奠定最基本的条件；另一方面，又给大学生留有根据自己的兴趣和特长，决定自身专业发展方向的余地。整体的各部分既相互联系又相互制约，各层次之间存在着过渡和衔接，有利于协同作用的发挥，也有利于大学生根据职业生涯的发展需要横向转移和纵向提升。

2. 一年级时下足"工夫"

"一年之计在于春。"尽管大学四年对于大学生来说都很宝贵，但是进校的第一年尤为关键。这不仅是大学生能否尽快适应从中学到大学的转变，而且是关系到他能否打好基础，如期完成大学学业的重要转折点。

目前，我国许多大学实行学分制。学分制给了大学生自主构建自身知识体系的较大自由与空间，为大学生结合自己的兴趣、特长选择学习课程，甚至是选择专业或者专业方向创造了比较宽松的条件。大学生一定要对自己的发展有一个理性的把握，利用学分制提供的有利条件，对自身知识结构进行必要的规划，并随着认识的深入和各方面因素的变化及时进行调整，精心设计自己的知识体系。

作为一个新生，可能还不十分清楚自己应该或者适合朝哪个方向发展，也不太明白自己真正感兴趣的是什么。那么在大一，要做的是首先把基础课程学好。一般来说，学校考虑到一年级学生的特点，都会提供给大家一个选课参考方案，其中确定的课程大多是学科基础课程，非常重要。如果没有自己特别的想法，就无需太多考虑，按照学校提供的参考方案认真学就是了。这些基础课程如果学不好，不仅对以后的学习影响很大，而且对今后选择专业方向或调整专业也很不利，因为谁都不愿意接收一个学习成绩不好的学生。

当然，大学生虽然有了一定的知识积累，但并不等于有了相关职业所需要的应用能力。从某种意义上说，能力比知识更重要。只有将合理的知识结构和适应社会需要的各种能力统一起来，才能在求职、就业中立于不败之地。知识和能力是相辅相成的，知识必须转化为能力才能创造价值。所以，大学生知识结构的内涵是能力，在学习知识的同时，一定要十分重视学习能力、实践能力和研究创新能力的培养。

3. 由"他律"变成"自律"

大学学分制给予了大学生们更多的学习机会和自由安排自己时间的决定权，但同时也对学生的学习行为提出了新的要求。任何自由都是相对的，有了自由，就会衍生出另一种不自由。如果你不了解这一点，不去遵从内在的规律，就会自食其果，走向反面。如有的大学生，片面地把学分制看作是拥有了支配自己学习的全部自由，不想上课就不去上课，结果"大红灯笼高高挂"，最终不得不含泪走出校门，失去了上大学的自由。

如果有谁在上大学后，还是沿用中学学习的那一套来对付大学学习，那是不会成功的。因为大学的老师不会像中学老师那样为你的学习制作细致的规划和安排。在大学，你不能还是被"抽打"才旋转的"陀螺"，而须成为围绕着成才目标自主转动的"小行星"。

有些大学生因为已习惯了被"绑"着的学习生活，松"绑"后反而不习惯了。他们本来只有在外界的督促下才会认真去学，现在没有人"管"了，压力没了，学习的动力也就没了。大学学分制度提供的发展"自由"在他们身上也就演变成了"放纵"。开局一步没有走好，失之一步，差距千里，一步落后，步步被动，导致最后的无所作为甚至失败。而当他们意识到是由于自己不经意或者不努力而付出惨痛代价时，往往已是追悔莫及了。

所以，进入大学学习阶段，首要任务就是学会自主学习，谁能尽快学会自主学习，谁就能比别人领先一步。

（四）学会自主学习的基本要求

1. 尽早对自己提出目标要求

如果一条船不知道自己要驶向哪个港口，那么什么风向对它都是不利的。一个人如果不给自己设定目标，发展就没有方向。如果没有追求，"惰"性就不会退让。有人说："上天揽月，即便错过目标，你也会落在星辰之中。"意思是说，确定的目标，你未必都能达到，但是有了目标，你就会去定向努力，做了总会有收获。人有了自己追求的目标，就会激发动力，自觉性也随之产生，自主学习就容易做到。

2. 制订学习计划，学会自我加压

有许多大学生不能自主学习，不是学习能力不足，也不是不想学习，而是缺少学习计划。他不知道每天自己该做些什么，就自然是跟着感觉走，或者是跟着别人走。这样，就很容易随波逐流，受不良风气的感染，慢慢放松自己。在大学学习，如果自己不会加压，管不住自己，别人也未必能管住你，接踵而至的可能就是惰性发作，自我放任，走向失败。所以，自主性学习很关键的一点，就是要善于计划和自我加压。有句忠告："管住自己，先从不逃课并坚持每次坐在前三排做起。"

3. 正确估计自身的学习能力，激发自己的学习兴趣

自主性学习的积极性需要学习兴趣来支撑。每个人只有正确估计自身的学习能力，才能确定适合自身发展的目标、制订合适的学习计划，个体的潜能才能发挥出来，才会有学习的成就感，产生并长久地保持学习的兴趣，自主性学习的积极性也才能调动起来。有些大学生就是因为对自己的能力估计不足，选修了太多的课，造成过大的学习压力和心理负担。如果考试"红灯"挂起，还会产生挫折感，反而不利于自身发展。也有一些大学生是因为缺乏毅力和恒心，不愿吃苦，一直在知识海洋的"岸"上徘徊，自然也就享受不到"戏水"的乐趣。很多成功人士都认为"兴趣＋努力＝成功"。对于大学生的学习而言，同样如此。

4. 多向老师同学求教，主动获取指导与帮助

大学老师虽然不会像中学老师那样时时叮嘱你，但他仍然是你学习和生活上的指导者。大学老师，可以说都是某一学科的专家，他们了解所从事学科的自身规律和特点。他们明白，学科特点决定了其专业知识在教学传授过程中必须按照一定的结构循序渐进、前后呼应。他们比较清楚不同的课程、

相关学科、交叉学科之间存在的联系。他们都曾经是大学生，有很多大学学习的体会与经验。如果主动求教，多与他们讨论沟通，一定会让你开阔视野，增长见识，活跃思路，受益匪浅。所以，大学生要多与老师接触。事实上，大学老师一般都很愿意跟学生沟通。同时，大学学习倡导研究性学习、合作性学习，大学生还要学会与同学讨论。所谓"三人行，必有我师"，与师同行，与友同行，是自主性学习的重要途径和方式。

三、研究性学习观

研究性学习，不是一种特定的学习方式或学习活动，而是指个体在学习过程中，以创新学习理念为指导，以创新思维来思考，在学习过程中带有研究性质的思考、带有研究成分的实践。具体表现为：对知识的掌握不是海绵式的一概吸收，而是通过判断决定取舍；对问题的探究不满足于现成的答案，而是主动地通过各种途径探讨新方法、新视角和新的结论；学习过程主要不是记忆的过程，而是参与发现、创造的过程，举一反三、灵活运用；学习中重思维过程和思维方法而不仅仅是重结论，这样的学习，其着眼点不仅仅是继承，也包含创造；学习过程中，有个体的学习，也会有合作学习。简言之，不论是先提出问题，然后带着问题去实践、去学习相关的知识，最后解决问题；还是先学习，在学习中提出问题，并通过各种途径最后解决问题，这都在研究性学习的范畴之内。

（一）研究性学习的主要特征

1. 问题性

研究性学习方式特别强调问题在学习活动中的重要性。一方面强调通过问题来进行学习，把问题看作是学习的动力、起点和贯穿学习过程的主线；另一方面，通过学习来生成问题，把学习过程看成发现问题、提出问题、分析问题和解决问题的过程。

2. 过程性

从学习论来讲，所谓学习的结论，即学习所要达到的目的或所需获得的结果；所谓学习的过程，即达到学习目的或获得所需结论而必须经历的活动程序。毋庸置疑，学习的重要目的之一，就是理解和掌握正确的结论，所以必须重结论。但是，如果大学生不经过自己一系列的质疑、判断、比较、选择，以及相应的分析、综合、概括等认识活动，即如果没有多样化的思维过程和认知方式，没有多种观点的碰撞、论争和比较，结论就难以获得，也难以真正理解和巩固。更重要的是，没有以多样性、丰富性为前提的学习过程，大学生的创新精神和创新思维就不可能培养起来。所以，不仅要重结论，更要重过程。

3. 开放性

研究性学习强调开放性，给大学生创造一个宽松、和谐、民主的心理氛围，给大学生一种心理安全感，而心理安全、心理自由正是大学生主动、生动发展的摇篮。

4. 能动性

研究性学习是建立在大学生能动性的层面上的。它尊重学生，信任学生，发挥学生的主动性、能动性，使学生的学习状态从被动到主动，从消极到积极，从他律到自律转变，不仅开发了学生的学习潜能，而且培养了学生的责任感。

5. 独立性

研究性学习把学习建立在人的独立性层面上。研究性学习实质上就是独立学习，独立性是研究性学习的灵魂。从教与学的关系来阐述独立性，要求大学生摆脱对老师的依赖，独立开展研究性的活动，自行解决最近发现的新问题。在授课之前，大学生独立阅读教材，独立完成作业，带着问题听教师的讲授，主动接受知识，解决在独立学习中碰到的疑难问题。这种独立学习与传统预习有着本质区别。独立学习贵在独立性，是大学生独立获取基本知识、习得基本技能的基本环节；传统预习具有从属性，从属于课堂教学，直接为课堂教学服务，不是大学生赖以获得知识、技能的主要环节。

6. 超前性

研究性学习的超前性区别于传统学习的跟随性。传统的教学模式是先教后学，即课堂教学在先，学生复习和作业在后，亦即学生的学习只是对教师讲授的内容进行简单的复制。教育心理学认为，这种缺乏学生对知识独立建构的所谓学习，只能是死记硬背形式的学习。而研究性学习是先学后教，即学生首先必须超前学习，然后再进行课堂教学。这种超前学习是学生对知识进行自我建构的过程，即学生利用头脑里原有的认知结构同化和顺应新知识的活动。新知识只有通过学生头脑里原有认知结构的加工改造才能为学生所真正认识和掌握。这种超前性学习使教与学的关系产生了根本的变化，即变"学跟教走"为"教为学服务"，从而真正树立起"以学为本，因学论教"的教学思想。

7. 参与性

参与性强调的是大学生作为主体对课堂教学的参与，其目的在于形成一个平等、和谐、热烈的探索氛围。其宗旨是要变传统的被动的接受式学习为积极主动的参与和探究式学习，变重结果的学习为重过程和方法的学习。大学生在参与教学活动中，通过动口、动手、动脑亲自体验和探索知识的过程，远比被动地从教师那里获取现成结论要深刻得多，对自身的认知发展将会产生深远的影响。大学生参与教学应注意做到：积极参与课堂教学的全过程，在课堂中的参与不局限于独立思考和练习阶段，而应体现在教学各个环节上；积极抓住参与教学的机会，体验参与成功带来的满足；大学生要全身心地参与课堂教学，不仅智力因素要参与，非智力因素也要参与；不仅思维参与，其他感官也要参与。

（二）研究性学习能力的培养

教育的根本任务，就是不断提高受教育者的主体意识和能力，并使之成为能进行自我教育的社会主体。研究性学习的最根本目的，就是要大学生们学会学习，学会自己教育自己，具备终身学习的能力。这是研究性学习的价值所在，而这个转变对于大学生来说，还是需要心理上一定程度的调整和适应。大学生们由于心理发展的不成熟，迫切需要心理上的指导，掌握自己调控心理的方法和技巧，逐步达到能够正确认识自己、控制自己的地步，从而增强自己作为研究性学习活动主体的自觉性。

1. 加强基础理论知识的学习

大学生的研究性学习还是以基础理论知识为根本，重视基础理论知识的掌握。在不同层次的大学、不同层次的学生中开展研究性学习的要求是有所不同的,而且大学本科生的研究性学习与硕士生、博士生的研究性学习也存在着区别。正如《中华人民共和国高等教育法》所规定的:"本科教育应当使学生比较系统地掌握本学科、专业必需的基础理论、基本知识,掌握本专业必要的基本技能、方法和相关知识,具有从事本专业实际工作和研究工作的初步能力。"大学本科这一阶段的人才培养目标是特定的:既培养有研究能力的应用型专业人才,又区别于职业专科教育的局限性,区别于硕士、博士培养的学术化。所以,要把接受性学习与研究性学习相结合。

研究性学习仍然是要学习知识,任何科研的进行都必须建立在牢固的基础知识之上。研究性学习的开展也是需要建立在初步的系统化知识基础上的,没有知识的积累和系统化,研究性学习将无法顺利开展,大学生没有扎实的知识做支撑就只能够作浅显的思考,只有基础理论知识扎实,在实际的研究学习过程中对知识的运用才会得心应手。随着研究的逐渐进行,大学生的研究兴趣慢慢地培养起来,开始树立正确的研究意识,同时在开展研究性学习的过程中,自身的科研能力也逐步得到提高,独立进行研究的能力会慢慢增强,而研究能力的增强又会更进一步巩固所学的基础理论知识,并在原来的基础上扩大自己的知识范围。基础理论知识的学习与研究能力的提高是相辅相成、相互促进的,知识的积累可以转化为能力,而能力的提高又会加速知识的积累。因此,要提高大学生进行研究性学习的能力,基础知识的掌握不可忽视。

大学生的研究性学习更要求大学生多读书,研究性学习是要求学生自主选择研究的课题、自主决定研究的步骤、自己动手进行实践的学习,因此必须要有扎实的专业知识做基础。据调查,不少学生反映自己觉得学习过程中很痛苦的就是"做不好""书到用时方恨少",面对问题不知所云,总感觉自己所有的知识离研究所需要的距离还很远。尤其是现在的大学生,因为面临来自各方面的压力,加上网络的普及,读书的时间越来越少,一个学期不能完整读完三本专业课书籍的大学生大有人在。觉得读书无用,需要的时候到网络上面一查,现成的东西全都出来了,拿来就可以用,心态越来越浮躁。但是一个不能忽略的问题是：没有雄厚的基础知识的积累，拿什么作为自己更进一步的基石呢？因此，读书仍然是进行研究性学习的第一步，我们在重视经验积累的同时也要重视基础知识的掌握。有了读书学习理论知识的意识，接下来就是要学会如何去读书学习。一说到读书学习，估计很多人马上头脑中就会显现出"接受性学习"这几个字来，认为埋头于书海就是读死书，是书呆子，跟研究性学习的要求背道而驰。这种想法是片面的。我们现在提倡的读书学习并不等同于过去学习中的那种"死读书、读死书"，而是有新的内涵，是要"会读书"。

读书学习要有选择性，要知道读什么样的书和怎么样去读书。不是到了图书馆，就按照书架上的目录从 A 看到 Z，也不是只要一听到同学之间说什么书有用处，就立马借回来捧着读，而是首先要学会选择。古今中外，前人积累下来的知识汗牛充栋，并且随着知识爆炸时代的来临，知识更新的速度加快，想学完所有的知识不现实，对大学生来说，只能是选取一些对于自己来说最重要的知识学习：首先就是选择专业课方面的书籍和相关资料信息来学习，要拓宽自己的专业知识面、提高自己的专业技能。不要将自己的知识范围局限于课堂，大学的课堂时间非常有限，课堂上的几个小时，是远远不够的。可以先看一些关于书籍的评论或推荐，对要看的书大致有一个方向，不会面对书山书海而焦头烂额；可以选择比较新的权威学术刊物，从上面寻找与自己专业相关的学术论文，以便及时了解学术动态；还可以选名家或是权威性高的出版社所出的学术著作来学习。要根据自己的真实情况进行选择，选取一些自己能够理解的，不要硬是强迫自己看一些看不懂的学术著作，这样无疑是在浪费时间，毫无价值。另外还要读一些文史哲之类的书籍，以陶冶性情、修养身心，对自己人生观的确定、面对挫折时的选择、与人相处等方面都有很大的帮助。

2. 加强研究基本能力的培养

研究基本能力主要包括研究时所需要的搜集资料、分析整理资料的能力，掌握在研究性学习过程中所需要的方法知识的能力，总结成果、撰写论文的能力等。

大学生自身所具备的研究基本能力是开展研究性学习的必要基础，研究能力的高低影响着大学生的研究性学习，而这种能力又是可以在研究性学习的过程中慢慢培养和提高的。因此，大学生要加强研究基本能力的训练，应该从以下三个方面着手。

（1）要掌握扎实的专业知识，并能够将所学到的理论知识灵活运用到实践中，进行创新。

（2）广泛阅读参考文献，不限于自己所学习的专业，在广泛阅读的基础上，旁搜博览，及时了解学术方面的最新动态，并结合自己的课题进行研究。只有通过深入分析所搜集的资料，才能够从中找出事物的本质，认清问题的关键所在，从而提出解决问题的方法。

（3）要提高撰写论文的能力。撰写论文是整个研究进行到最后的关键一步，是对自己研究成果的汇报，通过论文，将自己的研究成果展示给同行，并从同行的意见当中吸取对自己有帮助的，以提高自己的科研能力和科研水平。

3. 大学生要注重非智力因素的培养

非智力因素的发展对研究性学习的顺利开展起着辅助的作用，它能够以独特的功能和潜在的形式推动、调节学生的各种认识活动和行为方式，使认识和实践活动体现自己的主观意向和理想追求，从而深刻影响主体性的发展。

不可否认，当代大学生中不同程度地存在着脆弱、敏感、偏激、自卑或过于自信等心理问题。高考在训练学生应试技巧的同时也在削弱着他们的心理素质。为了挤进好的大学，无论学校还是家长都将重点聚焦在了学习成绩上面，而忽视了对孩子非智力因素的培养，以致不少学生进入大学后，在生活、学习、与人相处方面都出现了令人忧虑的问题。高校每年发生的大学生由于某些原因自杀、退学或精神异常的事件并不在少数。很多学生对于学习甚至产生了厌恶的情绪，没有主动求知的欲望，没有去实践知识的积极性，更不愿意独自进行科研。心理学家认为，人的成功只有20%依靠智商，而80%依赖于人们调节情绪、控制情绪的能力及抓住机遇的能力等情绪因素，即"情商"。大学生在关注学习成绩、科研成果的同时，更要关注自身非智力因素的发展。学生的个性品质和非智力因素是研究性学习能力的重要组成部分，大学生应该重视情感学习，成为管理自己情感的主体。

研究性学习的特点对大学生的学习过程提出了要求。

首先，要有一个坚强、乐观、自信、开朗、遭遇挫折能勇敢面对的态度。因此，大学生们要培养自信心，自信心是人们完成某项任务时表现的一种积极的心理状态，它是对自我能力、自我价值的积极肯定。有自信心的人往往能够通过正确的方式来表现自己，坚持自己的主见，不易受别人态度的左右，能够有效地实施行动。在大学里如果学生的自信心和独立性得不到充分的发挥，就会对学习造成负面影响。研究性学习是一种有趣的学习方式，但对有些人来说却可能是异常难以适应的学习方式。与传统的学习方式不同，研究性学习的整个过程要求学生自己完全做自己的主人，任何一个决定，任何一个哪怕是很小的判断都需要依靠自己。没有老师在旁边告诉你第一步要怎么做，第二步要怎么做，到最后你会得到一个什么样的结论等，一切都是未知数。这个时候关键是要对自己能够做好这件事情有充分的自信心，相信依靠自己的努力一定能够完成，在这种信心的激励下，才能够全身心地投入到自己的研究中去，自己才会积极主动地去收集材料，去实践、思考、总结。如果缺乏自信，对一切都抱着胆怯的心理，便很容易对自己的课题产生畏难情绪，面对困难和挫折，不能够在短时间内调整自己。畏难情绪一旦产生，焦虑、急躁也会随之而来，整个人会处于一种被动的状态，又怎么能够积极主动地去继续学习？

其次，要有质疑精神。质疑就是能够对一种理论、一个事物提出异议的素质。大学生要利用多种渠道培养自己的问题意识，要有敢于提出问题的勇气。在研究性学习中，"问题"是学生学习的载体，要让问题成为联系学生与知识的桥梁。学生要多读书、多思考、多提问。现在很多学生在这一方面最大的缺陷就是"怕"，面对前人已有的成果，哪怕是觉得有疑义也不敢说出自己的想法，因为自己毕竟是一个学生，自己的问题会显得幼稚吗？自己提出来不该问的问题会被批评吗？同学们会嘲笑自己吗？而且既然是已经被公众承认的成果,那就不应该存在问题,自己没有必要去硬钻牛角尖。正是这些思想阻碍着大学生们的问题意识。而要克服这些思想障碍,就要有强烈的好奇心和探寻问题的内部需要,运用积极理性的思维去激发创新意识。同时,要正确理解质疑的原则,不能盲目地质疑,将时间浪费在毫无意义的问题上。质疑是建立在一定的知识基础上的,不是凭空想出来的,需要有一定的理论支撑,有一定的道理。

最后,要有一种坚强的性格,一种不服输的气势。在进行研究性学习的过程中,遇到失败却无法从失败的阴影中走出是最可怕的。所以大学生要培养勇于面对失败的坚强意志,遭遇挫折时要有乐观豁达的人生态度。进行研究性学习是一个艰难探索的过程,种种不可知的因素都会成为障碍。大学生们首先应该明白:挫折是必须要勇敢面对的,如果不能坦然接受失败的话就永远难以达到成功。应该提前就做好应对失败的准备,在有所防备的同时努力前进。失败并不可怕,失败为我们提供了一个重新认识自己的机会,失败后要能够及时找出原因、分析原因;面对挫折时,只有以一种坚强、冷静的心态面对,才能够最终走向成功。

最后,要培养一个良好的兴趣。兴趣是最好的老师。对一件事情有了兴趣才会投入进去,才能够激发出自己的创造欲望和创造潜能。没有兴趣就没有热情。无论学习还是科研有时都是很枯燥乏味的事情,需要具有强烈的热情才能够完成,而保有兴趣是延续热情的最好方法。大学生首先要能够确定自己的兴趣,能够做自己感兴趣的事情固然最好,可是对自己不感兴趣的东西也不能全盘抛弃,如果它是必须的,那么就需要培养自己对这件事情的热情,要让自己由不喜欢到喜欢。有了兴趣后,还要更进一步地深入,要在理性的指导原则下把兴趣再上升到一个高度,去积极主动地追求知识。这样才能真正激发出学习的潜能来。

四、创新性学习观

所谓创新性学习,简称"创新学习",就是要求学习者在学习知识的过程中,不拘泥书本,不迷信权威,不墨守成规,以已有的知识为基础,结合学习的实践和对未来的设想,独立思考,大胆探索,别出心裁,积极提出自己的新思想、新观点、新思路、新设计、新意图、新途径、新方法的学习意识和信念。

创新性学习是一种能带来变化、更新、重组和重新提出问题的学习形式，能使个人和社会在急剧变革中具有应付能力和对突变提前做好准备，是解决个人和社会问题的重要手段。其基本特征是预期性和参与性。通过预期促进事物发展的连续性，通过参与创造空间或地域的连续性，二者紧密相关，相辅相成，缺一不可。创新性学习的主要追求目标是自主性和整体性。通过创新学习，使学习者既具有自主性尽可能地自力更生和摆脱依赖，又具有介入更广阔的人际关系、与他人合作、理解和认识自身所在大系统的整体性能力。

大学生树立创新性学习观念，应当要求自己完善对课堂知识、专业知识的学习，牢固掌握基础性的理论，同时要不断钻研、继承和发展现有知识，要大胆创新，不断实践，大胆质疑，不断寻找新思想、新观点，并培养自己的创新能力。

五、合作性学习观

所谓合作性学习观，就是以学习小组为基本形式，以团体成绩为评价标准，通过教学中动态因素的互动，促进学生学习，谋求共同达成目标的学习意识和信念。

合作性学习是一种富有创意和实效的教学理论与策略，包括以下五个基本要素。

（1）积极的相互依赖，是合作学习的核心。组员之间互利互助，共同进步，相互依赖。

（2）面对面的促进性互动。学生积极参与小组讨论，充分与他人交流，每个成员都应能够清楚表达自己的观点，并且学会接纳别人的观点。

（3）个体责任感。每位学生必须独立担当并完成一定的角色和任务。

（4）人际和小组相处技巧。学会一些社会技能，重视社交合作能力的提高。

（5）小组自评。合作学习小组定期评价共同活动的情况，在学习中，只有不断对学习进程的有效性进行评估，才能确保小组学习的成功。

六、终身学习观

所谓终身学习观，又称"终生学习观"，就是学习者应着眼于终身充分发展的需要，培养自身不断学习、不断接受新信息的方法，学会学习，并且树立活到老、学到老的学习意识和信念。

学习是无止境的，只有把学习当作终身的事业，才能拥有不断学习、不断进步的不竭动力。当今社会的各个领域都在快速发展，致使知识更新速度加快。据研究数据显示，一般情况下，在大学里所学的知识毕业五年后就已陈旧，特别是在某些知识更新快的领域（如计算机科学），知识的更新速度更快。参与到社会生活中的人们都在且必须通过各种形式进行继续学习。

对于大学生来说，除了学好书本上的知识外，更重要的是以终身学习观为指导，认识到学习并非是在校学习阶段一劳永逸的事，应掌握并能灵活运用适当的学习方法，为终身学习打下坚实基础。

第二章

大学生学习心理

第一节 影响大学生学习心理的因素

大学生的学习受到很多条件与因素的影响。从个体发展来看,影响个人学习的条件既有主体内部的智力因素和非智力因素,又有外部的环境因素。

一、智力因素

智力,是指个人凭借注意、感觉、知觉、记忆、想象和思维活动来分析问题和解决问题的能力,个人分析问题与解决问题所赖以进行的注意力、观察力、记忆力、想象力和思维力等构成了智力的基本要素。高等学校各门课程的学习都需要大学生把智力的基本因素紧密联系起来,因此,智力因素会影响大学生的学习效果。

(一)注意力

注意力是将心理活动集中指向一定事物的能力。心理学实验证明,集中注意看两遍材料,比不注意地阅读十次效果好得多。整个认知过程、思维活动都有赖于注意的参与和始终坚持。所以注意不是独立的心理活动过程,它是永远伴随着各种心理过程而存在的心理特征和心理状态。

根据引起和维持注意的目的明确与否和意志努力的程度的不同,注意可分为无意注意，有意注意和有意后注意。大学的学习丰富多彩，图书馆是大学生学习的最佳场所。大学生在随意浏览中获得许多知识，这种无意注意所获得的知识是比较零散的、不成体系的。所以，在大学的学习中，专业课程和科研创造都要依靠有意注意和有意后注意。有意注意可以帮助大学生获得系统的知识，在大学的课程中，理论课和一些专业课比较枯燥无味，但是大学生必须全神贯注地学习，以应付繁重的学习任务，所以必须依靠有意注意。但有意注意也会消耗大学生过多的精力，造成大脑紧张，学习过程中的心理压力加大。有意后注意是一种更高级的注意形态，是大学生进行创造性学习的必要条件。例如，一些课程，在初学之时大学生只是根据课程的重要性而专心学习，但随着学习的深入，他们对这些课程产生了兴趣，便不需要依靠意志也能集中注意力学习。

对于当代大学生来说，学习的成功与否，更多的是取决于是否"专心致志"。大学生要提高注意力，就要切实运用注意规律，养成良好的注意习惯，提高学习效率。

(二) 观察力

对大学生的各种学习活动来说，观察有重大的价值。观察是人的大脑通过感觉器官进行的有意识、有计划、有目的的活动，以及来捕捉事物中典型的、带有本质性的外部特征的能力。观察能力是获得客观世界的感性经验的基本保证，它在智力结构中起到收集信息的先导作用。达尔文曾经说过："我既没有突出的理解力，也没有过人的心智。只是在觉察那些稍纵即逝的事物并对其进行精细观察的能力上，我可能在众人之上。"

观察能力是大学生学习的基本智力条件。大学生以观察作为学习的基本手段，以获得基本的、丰富的感性材料，从而有助于大学生更好地理解和掌握理论知识，满足大学生自我发展的需要。观察能力不仅是智力活动的门户，也是产生科研探索的重要心理因素。良好的观察力能使大学生从学习中积累经验，促使他们产生强烈的探索欲望。大学生们从细致的观察中发现问题、提出问题、解决问题，弄懂其中的道理，从而加深所学知识。国外心理学家和教育学家根据对学习成绩较差的大学生的长期研究，认为他们普遍缺乏观察力，因此也就缺乏探索进取心。观察力还是决定大学生成才的关键条件。是否有创造力，是大学生能否成才的关键，而观察力强则是富有创造性学习能力的大学生的重要心理特征。观察能力强的大学生在观察过程中把注意力集中在最关键的地方，善于提出问题并寻找解决问题的方法，从而使学习富有创造力。

因此，一个优秀的大学生必须勤于观察、善于观察，把观察能力和各种学习心理因素结合起来。

（三）记忆力

记忆是人们最熟悉的心理现象，每个人都能随时体验到。记忆力与大学生的学习更是有着十分密切的关系，记忆力好的大学生，学习和工作的效率就高。反之，学习过程中就会出现许多麻烦，学习成绩也不会理想，工作中也会出现差错。人人都希望自己有良好的记忆力，也赞美那些记忆力高超的人。就大学教师对"聪明大学生"的特点的看法做调查，其中43.8%的大学教师认为记忆力强是"聪明大学生"的智力特征之一。

记忆力是学习的重要心理条件。大学学习，在某种意义上来说仍是在学习记忆。比如大学新生还会用强行记忆的方法来应付考试。知识具有严格的系统性，旧的知识是学习新知识的基础，在学习过程中不断地复习旧知识就是为了和新知识结合起来，以促进学习。大学生获得的信息，如果不能保留，也就不可能获得知识和经验，就不能形成概念进行判断和推理。

记忆力强可以提高学习效率。记忆力好的大学生，可以更自如地在头脑中提取一切有价值的知识，这样，在学习过程中可以省去查阅和重新理解的时间，提高学习效率，保证新知识的学习和思考的正常进行。

（四）思维力

思维也就是我们常说的思考、思索，是一种高级的心理活动，即反映客观事物一般属性和内在联系的心理活动。比如，人们遇到问题时，常说"我要想一想"，这里的"想一想"指的就是思维。

思维能力是智力结构的核心，是学习成功的智力要素。爱因斯坦说，"学习知识要善于思考，思考，再思考。我就是靠这个方法成为科学家的"，

"整个科学不过是日常思维的一种提炼"。我国的教育家孔子也曾说过:"学而不思则罔,思而不学则殆。"可见思维能力在学习活动中的重要意义,人们要得到对于客观事物的理性认识,必须通过思维才能实现。

大学生要建立合理的思维能力结构。分析、综合、比较、抽象和概括,是思维能力结构不可分割的环节,其中任何一个环节脱节,思维结构就不完整。这些能力相互联系,相互制约,组成完整的思维运动。只有这五种能力得到合理的应用和发展,才可能建立合理的思维能力结构。

在学习过程中,大学生要培养自身的兴趣。富有兴趣的东西特别能引起人的积极思维。大学生对思维的对象产生兴趣,才能对所研究的领域进行创造性的思维,许多伟大的诗篇和科研的突破都是在兴趣的激励下产生的。

另外,大学生还要善于总结和反思,改善思维方法。善于思考的大学生不应只满足于弄懂具体学科本身。善于思维的人,会进一步整理思路,总结思维活动中的经验教训,将思维建立在更加自觉、主动和科学的基础上。

(五) 想象力

想象力是在原象基础上创造新形象的能力或本领。想象力是智力结构的动力因素,是智力活动的翅膀。人的认识活动要富有创造性,就离不开丰富的想象力。想象和思维是相互交叉,相互渗透的,如果没有想象能力的支持,是不可能产生创造性思维的。

想象力能够带动整个智力的发展。人们通过观察、记忆、思维获得了大量的信息,并在此基础上提出了一系列的推理和假设。但这些知识是有限的,而想象力则是知识进化的源泉。据调查显示,目前,一般人只使用了固有想象力的15%,深度开发想象力,必将显著提高整个智力水平。

想象力能够提高学习的生动性。大学生在学校学习的都是前人经验,这些客观的信息和事实都是死的,只有想象力才能赋予他们生命。只有运用想象力把知识变活,变得栩栩如生,才能促进知识的理解和掌握。想象能使大学生超越现实生活的范围和冲破现有知识的局限。比如,学习数学需要丰富精确的空间想象力,学习自然科学和社会科学,也都需要头脑中重现自然景物和社会景象。要在学习过程中做到举一反三,就更离不开想象力的作用。

另外，想象力能够促进学习的创造性。大学的学习不仅要学会知识，还要进行创新的研究。大学生不能只是被动地学习书本知识，更需要创造性的学习。没有想象力的参与，思维就不能变得活跃，创造性的学习也就不可能完成。人们常认为，艺术创造需要丰富的想象力，其实科学研究也需要想象力。想象力是科学研究的不竭源泉，没有想象力，就没有创造性的意向，也就没有创新的科学研究。

二、非智力因素

非智力因素是学习的重要心理条件，它决定一个人肯不肯干。美国心理学家特曼等人曾对1500名学生进行了长达50年的追踪研究，结果发现150名最成功者与150名最不成功者之间在智力发展上并没有什么大的不同，主要是进取心、自信、支持等。所以，智商与成就之间不完全是正相关系。

事实上，经过高考选拔进入大学的大学生，在智力因素上的差距应该不是很大。对他们来说，影响学习效果更多的是非智力因素。试想一个智商很高，却有厌学情绪、态度不端正、学习上不肯努力的大学生，是很难取得好成绩的。因此，为了提高大学生的学习效率和质量，在充分发挥潜能、调动和组织学生智力因素的基础上，还要充分激发学生的非智力因素。

广义的非智力因素，是指智力因素以外的心理因素（不包括非心理因素，如体质）；狭义的非智力因素，是指动机、兴趣、情感、意志、性格等。

（一）动机

动机是引起、推动、维持及调节个体行为，使之趋向一定目标的心理过程或内在动力。动机不能进行直接的观察，但可根据外部行为表现加以推断。学习动机就是指激发学生进行学习活动、维持已引起的学习活动，并使个体的学习活动朝向一定学习目标的内部启动机制。学习动机由推力、拉力、压力三部分力组成。其中，推力指发自个体内心的学习愿望和需求，即学习需要；拉力指外界因素对学习者的吸引力，即学习期待；压力指客观现实对学习者的要求。推力和拉力，即学习需要和学习期待是构成学习动机的主要部分；压力通常需要与推力或拉力共同作用，而难以独立、持久地起作用。

　　学习需要是学习的内驱力，是个体在学习活动中感到有某种欠缺而力求获得满足的心理状态。它的主观体验形式是学习者的学习愿望或学习意向。这种愿望或意向是驱使个体进行学习的根本动力，包括学习的兴趣、学习的信念和意志等。学习期待是个体对学习活动所要达到目标的主观估计。学习期待的作用相当于学习的诱因，即能够激起有机体的定向行为，并能满足某种需要的外部条件或刺激物。学习需要是个体从事学习活动的最根本动力，在学习动机中占主导地位；学习需要是产生学习期待的前提之一，而学习期待则指向学习需要的满足。

　　研究表明，学习动机推动着学习活动，能激发学生的学习兴趣，使学生能够持久地维持学习活动并且更有成效。耶克斯—多德森定律认为，中等程度的动机对学习具有最佳的效果。同时，在比较容易的任务中，工作效率随动机的提高而上升；随着任务难度的增加，动机的最佳水平有逐渐下降的趋势。由此表明动机的强弱影响解决问题的效率，动机过强可能会引起学生在参与学习活动时过分紧张焦虑，而动机过低又会使学生注意力分散。

　　（二）兴趣

　　兴趣是乐于认识某种事物或参与某种活动的倾向。伟大的科学家爱因斯坦有句名言："兴趣是最好的老师。"我国两千多年前的大教育家孔子也说过："知之者不如好之者，好之者不如乐之者。"一个人如果对某个对象有兴趣，就会喜欢接触它，力求认识它，了解它；对于某项活动感兴趣就爱不释手，甚至废寝忘食。无论做什么事情，只要你爱好它、对它有兴趣，你就会全身心地去做好它。浓厚的兴趣能推动个体进行探索性的学习。对某一学科有着强烈而稳定兴趣的大学生，会将此学科作为自己的主攻方向，学习中主动克服困难、排除干扰，因为兴趣会激发出勤奋，而勤奋能创造出天才。

　　1. 直接兴趣和间接兴趣

　　心理学上把兴趣分为直接兴趣和间接兴趣。直接兴趣是对所接触的事物和学习的对象本身的兴趣，是学习过程本身和认识内容的特点直接引起的。直接兴趣虽然很有吸引力，但是很容易消逝。间接兴趣就是对学习对象和学习过程本身并没有兴趣,而是对能获得的结果所产生的兴趣,它是由对学习的社会责任感所引起的。例如,学习医学的学生觉得医学术语难记,而且学习的过程繁琐复杂,但是当他认识到学好医学不仅是一门重要的技能,还可以救死扶伤时,自觉性就会骤然提高,并逐渐产生兴趣,由知学到好学进而到乐学。直接兴趣和间接兴趣可以相互转化,二者的有机结合成为推动学习的有力心理因素。

2. 兴趣的作用

兴趣是求知的向导,不可遏止的求知欲望,常常来自于探索自然和社会奥秘的兴趣。艰苦的智力活动,坚韧不拔的毅力,都是与兴趣的力量分不开的。兴趣在学习、科研以及其他创造性活动中都有着巨大的作用。

(1) 兴趣能激发学习动机。兴趣是激发学习动机最现实、最活跃的一种因素。人一旦对某种学习对象感兴趣,便从生理和心理上产生一种接近、投入的欲望。美国现代教育家布鲁纳认为,最好的学习动机莫过于学生对所学课程本身具有的内在兴趣,认识上的需要,以及发现知识的信心,也就是兴趣能产生强有力的学习动机。

(2) 兴趣具有导向功能。兴趣是最聪颖的老师,它与人的情感相结合引发情趣,再与理想、志向、社会需要相结合,使人的情趣上升为志趣,这样一来,也就使人一步步走上成才的阶梯,因为大学生在学校里培养的志趣常常是将来为之奋斗的理想。

(3) 正确高尚的学习兴趣是不断进步,不断成长的内驱力。学习兴趣犹如强大的磁石,能产生强大的诱发力和吸引力,使人注意力高度集中,勤学苦练,废寝忘食。所以,"启发兴趣是最好的动力"。

(4) 学习兴趣是开发大脑潜能的金钥匙。心理学实验表明,人类只使用了自身脑资源的10%左右,还有80%~90%的大脑潜能尚待开发利用。学习兴趣,可以激活大脑兴奋中心,使它达到高度的兴奋状态,使大脑潜能得到大幅度开发,不断地高效地完善智能结构,获得学习的新成果。

3. 兴趣的发展规律

兴趣的发展一般是由有趣到乐趣、由乐趣到志趣。

有趣是兴趣发展的第一阶段和最初水平，它往往是由事物的某些外在新异特征吸引而产生的直接兴趣，特点是随生随来，为时短暂，善变。乐趣是兴趣发展的中级水平，它是在有趣的基础上逐步定向形成的。乐趣带有专一性、自发性和一定程度的持久性。志趣则是兴趣发展的高级水平，它与崇高的理想和远大的奋斗目标相结合，是在乐趣的基础上发展起来的。志趣带有自觉性、方向性和坚持性，并且具有社会价值。

兴趣只有上升到了志趣阶段，才会使学生全身心地投入到学习活动中去。经历了中学阶段的学习，大学生进入了专业领域的学习阶段，面临着学习兴趣的再确认，因为大学生对学习的理解已脱离了有趣，而向着乐趣与志趣发展，从对专业的不了解到了解专业性质，再拓展到喜爱专业，需要培养对专业的学习兴趣，才能取得较好的学习效果。

4. 中心兴趣与广阔兴趣相结合

兴趣从广度上可分为中心兴趣和广阔兴趣。中心兴趣是对某一方面的事物或活动有着极浓厚而又稳定的兴趣；广阔兴趣是对多方面的事物或活动具有的兴趣。一方面，大学生应该培养自己对本专业学习的中心兴趣，从而取得好的学习成绩；另一方面，大学阶段还要求大学生应该有广阔的兴趣，在学习本专业知识的同时，培养多方面的兴趣，接触和注意多方面的事物，获得广博的知识，见多识广，而不"孤陋寡闻"。并且大学阶段的生活是丰富多彩的，除了学习之外，大学生还应该利用课余时间多参加一些社团活动或社会实践活动，这样大学生活才会过得充实而有意义。这二者的结合，实际上也就是学习中博与专的结合，因此，大学生应该注意这两方面兴趣的有机结合，从而使自己的大学生活精彩而充实。

5. 兴趣与勤奋密切联系

兴趣与勤奋是不可分割的，勤奋是通往成功的必经之路，而兴趣使这条路走得更顺利。大学生要想取得较好的学习效果，既要调动学习兴趣，又要勤奋努力。兴趣与勤奋是大学生成才的两个重要方面。大学生可能对自己所学的专业不感兴趣，但只要经过努力，克服困难，学习获得了一定的成绩，也会激发自身的专业学习兴趣。经过努力产生的学习兴趣是稳定而持久的，可以促进大学生刻苦钻研，向着更高的目标迈进。因此，大学生的学习活动既离不开学习兴趣，又离不开勤奋努力。

（三）情绪、情感

情绪和情感是重要的心理现象之一，是人们行为活动中最复杂的方面。大学生正处于青年中期，是情绪和情感丰富并趋于成熟定型的关键时期，大学生情绪和情感在完成学业的过程中具有十分重要的作用。

人的学习80%来源于情绪，20%来源于智商。一项调查发现，智商高于平均水平但情绪控制能力缺乏的学生，他们的学业成绩往往不尽如人意。这就说明了情绪具有干扰思维的力量。

情绪可以调节和影响认知过程。人们在知觉和记忆过程中进行着信息的加工和选择。情绪好比一种侦查机关，监视着信息的流动，它能促进或阻止记忆、推理操作和问题解决的过程。心理学家赫布发现，当情绪的唤醒水平达到最佳状态时，操作效率最高；情绪的唤醒水平极低时，人就处于深度睡眠状态；情绪的唤醒水平过高，则会干扰操作。心理学研究还发现，良好的学习情绪，即高兴、愉快等情绪能促进个体智能的发展，这时人的头脑清晰、思维敏捷、记忆力强、学习效率高；而当情绪低落时，如烦躁不安、痛苦悲伤时，思维迟钝、记忆困难、头脑不清晰。

情绪是种内在动机力量，直接影响着学生的学习。他对学生主动学习的影响具有"两重性"，即在不同情况下既可以产生积极的影响，也可以产生消极的影响。积极、给力的情绪，如喜欢、愉快、高兴和成就感等，可以提高学生的活动能力和行为效率，促使学生主动去探索，主动去发现问题并自觉地解决问题；而消极的情绪，如厌恶、害怕、烦躁和焦虑等，则会降低学生的活动能力，使学生的主动学习变为被动，甚至会使学生拒绝去解决问题。

情绪、情感在大学生的学习过程中起着至关重要的作用。我国古代教育家孔子说过："知之者不如好之者，好之者不如乐之者。"乐学就是一种高层次的学习热情，只有进入"乐学"这一层次，才能做到在学习上自强不息。学生有了对学习的热情，就会增强学习的积极性，主动探求新知识，顽强地克服各种困难，从而提高学习效率。

列宁曾说过："没有'人的感情'，就从来没有，也不可能有人对真理的追求。"一个科学工作者只有对科学怀有满腔的热情，才能在崎岖的道路上不畏艰难险阻，去攀登科学的高峰。一般来说，一个在学业上取得较大成就的学生，是与他对学习活动的满腔热情等积极情感分不开的，倘若大学生有消极的情绪情感体验，经常表现得不安、愤怒、恐惧、急躁、害怕和痛苦的话，不仅影响学习，而且也影响身体健康。所以，大学生要注意培养积极的学习情感，要学会用理智支配情感，有效地管理情感，做情感的主人，以取得更好的学习效果。

（四）意志

荀子曾说过："骐骥一跃，不能十步；驽马十驾，功在不舍；锲而舍之，朽木不折；锲而不舍，金石可镂。"苏轼也说："古之成大事者，不唯有超世之才，亦必有坚忍不拔之志。"

意志是指人自觉地，并根据目的调节支配自身的行为，克服困难，去实现预定目标的心理过程。有人对大学生的学习曾做了这样的描述：大学生差别最小的是智力，差别最大的是毅力，因此意志在大学生的学习中起着重要的作用。

1. 意志对大学生学习的影响

意志对大学生学习的影响，主要是通过其品质表现出来的。意志品质有积极的、良好的，如自觉性、果断性、坚韧性、自制性等；也有消极的、不良的，如依赖性、冲动性、执拗性、无自制力等，积极的意志品质是大学生学习取得成功的重要条件和必要条件。意志的自觉性能使大学生自觉地调节、控制自己的行动，使它服从于一定的目的，而不是靠外力推动。例如大学生端正了学习动机，认识到为国家经济的振兴而学习，就会自觉地、刻苦地去钻研，而不需要其他外部压力。意志的坚毅性能使大学生在学习过程中坚持执行决定，保持顽强的毅力和充沛的精力，百折不挠地克服种种困难，完成既定的目的。意志的果断性能使大学生适时地采取决断，但是果断性要以正确而充分的思想认识为前提。意志的自制力是指为达到预定的目的而自觉地控制和调节行为活动的能力。出于大学生的情感比较丰富，思维比较活跃，这一时期尤其需要意志的自制力。自制力是调节大学生情感、言论和行为的理智的闸门。

2. 大学生学习的意志力

素有"爱因斯坦之后最杰出的科学思想家"之称的英国理论物理学家、数学家斯蒂芬·霍金，创作了一本举世闻名的物理著作——《时间简史》，受到了全世界的欢迎。纵使是一个四肢健全、头脑发达的人，能做到这样的也寥寥无几，更何况他还是一个全身上下只有3个手指能动并且无法说话的人。霍金创造了奇迹，他的成功经历告诉我们：意志力是实现目标过程中不可缺少的条件，是发挥潜能的必备基础，追求成功要经得起挫折，要坚持到底，不能半途而废。

大学习的意志力，是指大学生为达到既定的学习目标而自觉努力的程度，它是学生意志品质方面的心理力量。大学生在学习活动中总会遇到这样那样的困难，总会有经历失败、遇到挫折的时候，当以顽强的意志去克服困难时，往往使学习活动获得成功。马克思说得好："在科学上没有平坦的大道，只有不畏劳苦沿着陡峭山路攀登的人，才有希望到达光辉的顶点。"这里的"不畏劳苦"，指的就是坚强的意志力。

大学生在学习过程中要具备顽强的意志力，不怕困难、不怕挫折和失败，顽强进取，具有坚持不懈、持之以恒、锲而不舍的精神。一个学生光有优越的智力条件不行，光有学习的热情不够，还必须具有坚强的意志，这样才能克服一切艰难险阻，获得学业的成功。

3. 意志力的培养

在所有决定成功的因素中，意志力是最重要的，因为它长期考验着我们的人生。只有努力不懈的人才能得到命运的垂青。意志有"移山填海"的功效，它使成功者从芸芸众生中脱颖而出。事实上，意志力并非是生来就有或者永远"不可能改变的特性"，而是能够通过后天培养和训练的。下面几条有助于增强你的意志力，不妨一试。

（1）明确目标，并专注它。有些人做事情总是虎头蛇尾，总是有很多目标、很多想法，但却控制不住自己经常开小差，很多目标在不知不觉中就被放弃了，决心也就瓦解了，意志很不坚定。

美国斯坦福大学通过调查研究最终得出一个结论：目标对人生具有巨大的导向作用，即有什么样的目标，就有什么样的人生。因此，大学生应该树立一个远大的、切合自身实际的奋斗目标，并且要专注于目标，时刻为了目标而努力行动。但是目标不能太笼统，应该越具体、越明确越好。拿破仑·希尔在《成功定律》一书中推介了宰杀大象法：你不可能一口吃下一头大象，而是要把这个大目标分解成一个个具体的小目标。我们不要经常说诸如此类的空洞话："我打算锻炼身体"，或"我计划多读英语"，而应该具体、明确地表示，如"我打算每天晚饭后散步四十分钟"，或"我计划每天早上课前读半小时英语"。

（2）积极行动，每天进步一点点。确立了目标就要积极采取行动。有时想要开始做一件事，但觉得无论如何都不想做，这时告诉自己：我只要主动迈出第一步就好。将你的精力专注于每一天的生活和目标，不要总是去忧虑明天，这样就能每天进步一点点，离自己的奋斗目标更接近一些，当然是自己与自己比，今天比昨天棒，明天比今天好。

（3）持之以恒，磨炼意志。"有志者事竟成"，确立了奋斗目标并开始行动之后就要做到持之以恒，不能遇到困难和挫折就轻言放弃。在持之以恒的过程中就能够磨炼自己的意志。"决不、决不、决不放弃，只要生命不息，我就永不放弃，成功者决不放弃，放弃者决不成功"，在空闲时、困难时、成功时重复对自己说这句话，一定能够带给你战胜一切艰难险阻的勇气。

（4）加强锻炼，增强生命力。一个人如果体弱多病，往往就难以忍受痛苦，难于与困难做斗争，而身体健强的人就可能表现出坚毅、自信、耐力与勇气等。体育锻炼能培养人的勇敢、机智、毅力、团结互助等品质，也必须要克服困难、持之以恒，其中也包含了意志的锻炼。所以大学生应该经常参加体育锻炼，不仅锻炼身体，也是锻炼意志。

（五）性格

性格是一个人的个性中最重要、最显著的心理特征，是一个人的本质属性的独特结合，是一个人区别于其他人的集中表现，它在人的个性中起核心作用。人的性格的形成，既以先天因素为基础，亦有后天因素起作用，是先天因素与后天因素的"合金"。同样，性格与学习也有着非常密切的联系。

1. 性格的作用

良好的性格特征可以在一定程度上掩盖或改变气质的某些消极方面，使之服从于学习和工作的要求。例如，胆汁质的学生在学习上容易急于求成，如果培养了良好的自制力等优良性格，就能实现良好的学习效果。

良好的性格可以促使能力的形成和发展，因为能力的形成是与克服困难，创新精神等密切相关的。研究表明，人的智力发展水平的高低，与其坚韧性和自制力的水平非常相关，如勤奋的大学生常能取得好成绩，就是勤奋这一良好的性格特征弥补了学习上的弱势。

良好的性格可以保持身心的健康，营造融洽的学习氛围。大学中，一些大学生正直、诚实、关心他人，遵守纪律，这些良好的性格特征使他们与周围的学习环境保持协调，在和谐的气氛中个人的社会品质会进一步发展，人性会逐渐完善起来。个体的身心由于与周围环境保持相对的平衡而健康发展。

良好的性格是学习的动力和保证。有没有明确和正确的学习动机是学习有没有热情、能不能坚持下去的先决条件，如果学习是因为别人的要求，或是看到别人读书了自己也不得不读书，那自然就没有了动力。然而，具有良好性格的人，总是把学到新知识、解决一个难题或做成功一个实验看成是最大的满足，看成是对自己最好的奖励。

2. 塑造良好性格

一般而言，性格既具有稳定性，也具有可塑性。在学习活动中，一方面要看到性格的稳定性，进一步认识到培养良好性格的重要性，以使它们在学习中发挥更大的积极作用；另一方面又要看到性格的可变性，看到它是可以通过各种途径熏陶和培养的，因此，大学生应当重视良好性格的塑造，从而更有效、更好地学习。那么，怎样塑造良好的性格呢？

（1）确立积极向上的人生观。人的性格归根结底要受到世界观、人生观的制约与调节。大学生有了坚定的人生目标与生活信念，性格就会自然受到熏陶，表现出乐观、坦荡、自信等良好的性格特征。反之，如果失去了人生目标和生活的勇气，性格也会变得孤僻和古怪。

（2）正确分析自己的性格特征。人贵有自知之明，对自己的性格特征进行科学的分析与评价，才能使自己不断地进行性格的培养与磨炼，不断形成良好性格。

（3）重视在实践中磨炼性格。性格体现在行动中，也要通过实践、通过实际行动来塑造。学习实践、生活实践都可以磨炼自己的性格，特别要注重在艰难困苦中培养一种乐观向上的学习精神，从而战胜学习过程中的一切艰难险阻，取得更好的学习效果。

（六）态度

态度是个人对他人、对事物的比较持久的肯定或否定的内在反应倾向。学习态度则是学生对学习所持有的肯定或否定的内在反应倾向，它影响着学生对学习的定向选择。"态度决定一切"。因而，大学生在学习生活中必须有明确的态度。那么，大学生的学习需要有什么样的态度呢？

1. 主动的学习态度

体会"要我学"与"我要学"的区别。大学生在学习上的依赖心理应当逐渐减弱，以积极的态度对待学习。许多学生进入大学后，学习不订计划，课前没有预习，上课忙于记笔记，没听到"门道"，其学习因依赖心理而滞后，跟随老师的惯性运转，没有掌握学习的主动权。

2. 保持谦逊的态度

毛泽东说过"谦虚使人进步，骄傲使人落后"，鲜明地概括了两种截然相反的态度带来的两种不同结果。谦虚求学，才会使我们学到越来越多新鲜的知识。即使是自己已掌握的，面对老师或别人的重复，也要有耐心，权当复习一遍。孔子讲："学而时习之，不亦说乎？"充分阐述了复习的重要性。

3. 要脚踏实地

只有真正脚踏实地地学习，全身心地投入到学习中，才会把知识引进到自己脑子里，转化成自己血液和细胞里的知识。

三、环境因素

中国有句俗语："近朱者赤，近墨者黑。"这充分说明了环境对人成长和发展的重要影响。同样，大学生的学习环境并非真空，也要受到各种环境因素的影响。

(一) 家庭环境因素会直接影响大学生的学习

家庭是人生的第一所学校，父母是第一任教师，家庭教育将影响着人一生的发展。父母的家庭教养方式、受教育程度、对子女的期望以及家庭内部成员的关系等因素，会影响大学生的学习动机、学习方式、学习态度乃至学习效果。

(二) 学校环境因素更是影响大学生学习的重要因素

一方面学校硬环境的建设对大学生的学习起到一定影响，如教室、自习室和实验室以及教学、实验设备的建设情况，校园建筑环境的优美程度，图书馆图书资料的丰富程度等，都会影响大学生的学习；另一方面，学校软环境对大学生的学习也产生重要影响。校风、班风，甚至一个小宿舍内几个舍友的学习风气，都对其学习动力产生较大的影响。此外，教师的知识、经验、课堂教学质量、人格魅力等也会对学生的学习产生影响。

(三) 社会环境对大学生学习的影响

社会环境，如各种社会风气、文化氛围、人际关系等，都会对大学生的学习产生影响。复杂的社会关系、社会上的不良风气往往成为导致大学生学习动力缺乏的重要原因。当今，全社会范围内大学生择业机制尚不健全，就业中不合理、不公平的现象依然在一定程度上存在，这些社会环境因素会使部分大学生觉得读书无用，滋生厌学情绪，致使学习动力不足。

第二节　大学生常见的学习心理问题及调适

一、学习动力缺乏

大学生的学习动力缺乏，是指学习没有内在的驱动力量，没有明确的学习方向，无知识需求，更无学习兴趣，厌倦学习，尽力逃避学习。这也是很多学生常说的"学习没劲头"。

（一）大学生学习动力缺乏的主要表现

1. 学习动力系统及其功能

学习动力系统是由学习动机、学习兴趣和学习态度组成的。这三者密切联系、互相促进，贯穿于学习过程的始终。

学习动机是学生将学习愿望转变为学习行动的心理动因，是发动和维持学习行动的力量。它反映了学生的需要和愿望，并体现在意志行动过程中。

学习兴趣是学生的内部动机在学习上的体现，来自学生内部的好奇心、求知欲和抱负。有学习兴趣的学生，总是表现出兴致勃勃、孜孜以求，体验到喜悦、迷恋和满足。

学习态度反映了学生对学习的情绪情感（喜欢还是厌倦），并表现在学习行动上（主动还是被动）。

一个良好的学习动力系统具有动力功能、反馈功能和调节功能。若学生有良好的学习动力系统，他就不仅能有自尊、有抱负、有自我价值感，勤奋学习，刻苦钻研，活力充沛，毅力坚强，不断探新，勇于竞争，而且还会学习，讲求策略和方法，能自我评定并调节学习，自觉排除内外干扰，不易分心，能积极应变，容易适应新的学习情境，善于捕捉新事物、新知识。

2. 学习动力缺乏的主要表现

（1）尽力逃避学习。不愿上课；上课无精打采，不能积极思维；无成就感，无抱负和期望，无求知上进的愿望。

（2）焦虑过低。学习动力缺乏会使焦虑过低，因为他们缺乏学习的自尊心和自信心，不想信自己有学好的潜力，学不好也不会感到丢面子。这就会使他们缺少必要的压力，缺少必要的唤醒水平和认知反应，懒于学习。

（3）容易分心。学习动力缺少会使注意力差，不能专心听课，不能集中思考，兴趣容易转移，学习肤浅，易受各种内外因素的干扰，满足于一知半解。

（4）厌倦、冷漠。学习动力缺乏常会导致厌倦情绪，对学习冷漠、畏缩。

（5）缺乏正确的学习策略和方法。学习动力缺乏者不会主动地寻找适合自己的灵活变通的学习策略和方法，因而常常难以适应新的学习情境。

（二）大学生学习动力缺乏的原因分析

1. 大学生的学习动力与学习动机

大学生的学习动力概括起来，来自两个方面：一方面是内部动力的驱使；另一方面，是外部动力的吸引。内部动力源于大学生个体的内部需要，主要是心理需要，如安全需要、认识需要、情感需要、成就需要等；而外部动力，则来自学习目标、学习诱因和学习强化物的作用。

大学生的这两种学习动力，表现在学习动机上，可分为内部动机和外部动机两大类。

（1）内部动机。它由内部动力促发，受心理需要支配。由于心理需要层次的不同，所以内动机又有层次之分。

①认知的驱力。即发自内心的认识需要，由于新知识、新事物的出现，好奇心驱使个体趋向知识，接近事物，产生"是什么"和"为什么"的疑问，并进一步探索，试图发现和解决问题，达到认知和掌握知识、技能的目的。

②兴趣的驱力。即凭个人兴趣而学，符合个人兴趣的就感到满足和快乐，学来津津有味，学时兴致勃勃；不符合个人兴趣的，则产生厌倦情绪。

③成功的驱力。即发自内心的成就需要和成功欲望，追求学习上的成功，力图取得好成绩，争得好名次，在同学面前树立个人威信。

④避免失败的驱力。即来自内心的安全需要，由于害怕考试失败、留级、丢脸、受家长责备而努力学习。

⑤归属与爱的驱力。即来自内心的情感需要，为获得自尊、友谊、爱而努力学习，避免为集体所排斥，避免伤害父母、朋友的一片爱心。

(2) 外部动机。它由外部动力推动，受外部情境的支配，也存在不同的层次。

①受当前诱因吸引。如受教师深入浅出、引人入胜、幽默风趣的教学方式的吸引，出于对某位老师的教学人品的敬仰，等等。

②受近期诱因吸引。如受拿到奖学金、取得毕业文凭、考研究生、考托福出国等目标的吸引，为这些目标而学习。

③受未来诱因吸引。把目标放在未来上，受个人或社会的远大目标吸引，使自己的学习服从于远大目标。

应该看到，内部动机与外部动机在大学生的学习中是共同发挥作用的，但是，内部动机具有较大的稳定性和持久性，而外部动机维持学习的时间较为短暂。所以，应注重培养、激发学习的内部动机，同时适当地鼓励外部动机。

2. 大学生学习动力缺乏的原因

造成大学生学习动力缺乏的原因是多方面的，归结起来主要有以下几个方面。

(1) 社会责任感不强，学习动机不明确。

(2) 对所学专业缺少兴趣。这是造成学习动力缺乏的重要原因之一。

(3) 缺乏自我效能感。自我效能感，是指自己能够成功地执行产生某种结果所需行为的信念。自我效能感高，则对自己是否有能力完成学习任务的自信心就高；反之，自我效能感低，甚至缺乏，则学习的自信心就低。自我效能感会直接影响大学生能否正确面对并努力克服学习中的问题和困难。

(4) 错误归因。归因，是个体寻求理解导致某种结果的原因的一种心理倾向。例如，某大学生考试失败了，他往往会去分析导致失败的原因，是自己努力不够？或是能力不及？还是老师教学不当？心理学研究发现，能力、努力、任务难度和机遇是人在归因时所知觉到的四种基本原因。这四种原因在控制源、稳定性和可控性方面是不同的。这样,归因可分为六种。

第一种,是内部归因。即把成败归结于自己的努力和能力。

第二种,是外部归因。即把成败归结于任务难度和机遇。

第三种,是稳定归因。即把成败归结于任务难度和能力。

第四种,是不稳定归因。即把成败归结于机遇和努力。

第五种,是可控归因。即把成败归结为能力和努力。

第六种,为不可控归因。即把成败归结为任务难度和机遇。

类属于上述六种不同归因的大学生,他们对学习成败的理解是不同的,而这就会影响到他们的学习动机、学习兴趣和学习态度。例如,内部归因和可控归因的大学生,他们认为学习的成败是可以由自己控制的,当他们取得较好成绩时,他们认为自己有较高的能力;当失败时,则认为是自己努力不够。对他们来说,成功将提高自信心,失败则意味着需要付出更多的努力。这样,他们的每一次学习活动,不论成功与否,都能增强学习动力。而外部归因和不可控归因的学生则不同,在他们看来,学习的成败和好坏与自己无关,不能由自己控制,成功是由于自己运气好,失败是由于运气不好、考题太难或老师教学无方等。因此,他们往往缺乏学习动力,对学习的反应和态度是消极的。

(三) 增强大学生学习动力的对策

对策包括社会、学校和大学生个体两方面。前者如尊重知识和知识分子的社会氛围,提高知识分子社会地位和经济待遇的政策,创造良好的学习气氛和竞争环境,严格学习纪律和奖惩条例,提高教学质量,改进知识体系等等;后者如进一步了解专业特点及在社会发展中的作用,提高学习兴趣,端正学习动机,通过参与社会实践、了解国情来增强社会责任感,在学习实践中体验获得知识的乐趣,尤其在创造性的劳动中感受喜悦,在战胜困难中增强勇气和自信。

就具体的大学生而言,主要是就自身缺乏动力的原因来做针对性的调整。

二、学习动机过强

学习动机固然对学习活动起着发动、推进、维持的作用，但这并不意味着学习动机的强度越大，学习效果就越好。学习动机作用于学习活动，有一个最佳水平的控制问题。缺乏动机，则学生不能专注于学习，学习行为不会发生，即使发生也不能维持。但是，动机过强，不论是内部的抱负和期望过高，还是外部的奖惩诱因过强，都反而会使学生专注于自己的抱负和外部的奖惩，而不是专注于学习，从而实际上阻碍了学习。

大学生的学习动机过强，通常表现为成就动机过强。有些人由于对自己的能力缺乏正确认识，做过高估计，所树立的抱负与期望远远超过其实际水平，因而不但不能使自己专注于学习，还会造成心理上的不平衡，内心潜藏着威胁自己的莫名恐惧。由于心理压力太大，最后多半导致失败，而失败的体验又会挫伤自信心和自我效能感，最终可能会使抱负和期望变得很低。因此，不切实际的成就动机越强，心理压力就越大，失败的可能性也越大。

要避免学习动机过强，尤其是成就动机过强，需要大学生对自己的能力有充分的正确认识，使自己的抱负与期望切合自己的能力发展，既不好高骛远，也不操之过急；制定切实可行的、与自己的远大目标相结合的阶段性目标，脚踏实地，循序渐进；把关注点聚焦在学习活动中，而不是总在设想成败后果；淡化名利得失，这样反而更有效率，更能发挥水平，更有成功的希望。

三、学习浮躁

浮躁心理是现代人的通病之一。浮躁心理体现了心境和情绪上的波动性，具体表现为行动盲目，缺乏思考和计划，做事心神不定，缺乏恒心和毅力，见异思迁，急于求成，不能脚踏实地。

（一）大学生学习浮躁心理的表现

1. 盲目性

目前，大学生中"一张文凭、多种证书"的风气盛行。据统计，参加考证的人中在校学生的比例占了50%以上。考证主要是"充电"，为将来重新进行职业设计打基础,多一个证书等于是多了一项谋生的"资本"。这似乎是未雨绸缪的有计划性的表现。然而,细究起来却未必如此。学子们为考证付出的代价也是巨大的。据统计,大学生四年为考证花费平均为两三千元,高的甚至有近万元。考证加重了大学生的经济负担还在其次,更主要的是干扰了他们在校的正常学习。而且现在一些证书"含金量"其实并不高,证书多并不代表综合素质高。为考证而浪费了在大学时期宝贵的专业学习和训练机会,这不见得是一个明智的选择。考证热反映了大学生对自己前途的担忧以及茫然的心态。

2. 急功近利

应试教育带有强烈的功利色彩。应试教育带来的后果对大学学习的影响也是重大的。一种后果是,好多学生在高考过后好像就没有了明确的学习目标,进了大学迷迷糊糊的,不知道自己要干什么,日子混混就过去了。另外一种后果是,这种功利色彩在高考过后仍然顽固地伴随着大学生们。有同学说:"学物理,想开宝马车就不可能了。"这是一种可怕的价值错位。许多考上研究生的同学平时学习成绩一般,只是应付考试,表现出对考试的不耐烦。还有同学说:"如果不想出国,90 分和 60 分没什么区别。"这样,一些急功近利的心理,使得大学学生们无法真正静下心来钻研学问。

3. 见异思迁

在改革开放的今天,很少有人能抗拒金钱的诱惑,大学生们也抵挡不住外面精彩世界的诱惑。有些同学炒股票,有些同学去打工,有些同学搞创业,却很少有同学愿意坐冷板凳搞学问。"大学生创业"又是现代社会的一个热点。许多学生受一些媒体过多的过于夸张的渲染所误导而下海了。实际所谓大学生创业,仅仅是部分有某种特别天赋和特殊机遇的大学生下海经商成功;对于大多数在校学生来说,创业是有些不切实际的。就拿生命科学专业来说,想只凭两三年的学习积累去创业,根本不可能。连最基本的知识能力都不具备,谈何创业?

4. 不求甚解

大学的学习具有广博而精深的特点,这要求学生不但能认识到事物的表面形象和外部联系，还要进一步对信息加以思考、分析、比较、综合、抽象和概括，从而形成概念。浮躁心理使得个体不能集中注意力，不能深入地理解内容。心理浮躁的个体只满足于一般的理解。他们在阅读学习材料时只是走马观花，或是"一目十行"。对于学习内容不求甚解是浮躁心理的一个重要表现。

（二）大学生学习浮躁心理产生的原因

大学生浮躁心理产生的原因，主要有以下几个。

1. 社会文化环境的影响

当今的社会是一个高速运行的社会，因而传统文化也被一些快餐文化所代替了。快餐文化中所包含的一些娱乐化与感官化倾向刺激着大学生们，使得他们的心理变得浮躁起来。这种只注重表面而不注重内在的风气，使得大学生们不再去追究事物内在的规律，认识也变得肤浅了。不得不说，这种一日千里的飞速发展是另一种意义上的畸形。

2. 家庭环境的影响

在社会变迁日新月异的形势下，不少家长的心理处于矛盾状态甚至无法适应，表现出患得患失、心神不安、急功近利，于是出现急躁的心态，这种心理往往会影响子女。

3. 意志品质薄弱

在独生子女多起来的情况下，父母对孩子的疼爱有加。有的父母只知道给孩子灌输知识，却不知培养孩子的意志品质，因而造成有的孩子学习怕苦怕累，做事急躁冒进，缺乏恒心。

4. 情绪稳定但易于波动

随着认识水平的提高和知识经验的积累，大学生们对自己的情绪已有了很强的控制力。但同成年人相比，大学生风华正茂，他们容易急躁，沉不住气，做事易冲动。

（三）如何克服学习上的浮躁心理

1. 要立长志，而不是常立志

这点对于防止浮躁心理的滋生和蔓延是十分有利的。立志要注意两点：

一是立志要扬长避短。有些人立志凭心血来潮，看到什么挣大钱，就想做什么工作，往往不考虑自身条件是否可行，这种立志者多数是要受挫的。立志要慎重考虑，充分考虑志向的可行性。志向的确立应兼顾社会需要和自身的特点，这样才会有成功的希望。二是立志要专一。志不在于多而在于恒，要学会坚持。爱迪生做了将近一万次的实验才发明了电灯。

2. 重视培养"思而后行"的习惯

习惯是经过反复练习而形成的较为稳定的行为特征，学习习惯是指学生为达到好的学习效果而形成的一种学习上的自动倾向性。为了克服学习上的浮躁心理，要培养学生养成思而后行的习惯。在做事之前要经常问自己这样一些问题："我为什么要这样做？这样做以后会有什么结果？如果我真的要去做的话，我最好应该怎样做？"并且要将这些问题的答案写在纸上。这样做的好处是，使得行为的目的明确，言行、手段具体化。成竹在胸，就不会产生浮躁的心理了。

3. 有针对性地"磨炼"

我们还可以采取一些措施，有针对性地"磨炼"自己的浮躁心理。练习书法、学习绘画、弹琴、解乱绳结、下棋等，这些活动都有助于培养耐心和韧性。

4. 心理暗示

我们可以用自我暗示的方法来控制自己浮躁的情绪。在我们学习的时候，我们可用语言进行自我暗示，"不要急，急躁会把事情办坏"，"不要这山望着那山高，这样会一事无成"，"坚持就是胜利"，"欲速则不达"。只要坚持不懈地进行这种心理练习，浮躁的毛病就会慢慢改掉。

5. 培养学生养成做事有始有终的习惯

不焦躁，不虚浮，踏踏实实做每一件事。一次做不成的事情就一点儿一点儿分开做，积少成多，聚沙成塔，累积到最后即可达到目标。

四、学习畏难

畏是恐惧的意思，它是个体企图摆脱、逃避某种情境时产生的情绪体验。难是困难的意思，又叫做挫折，它是个体从事有目的的活动受到阻碍或干扰，以致其动机不能得到满足时产生的情绪波动和心理防御的过程。学习的畏难心理是指个体在学习的活动过程中遇到一些阻碍和干扰，使得需要难以满足，于是产生了害怕学习的心理。

（一）学习畏难心理的表现

在学习上碰到挫折的时候选择了逃避的行为，这就是学习畏难心理的主要表现。逃避主要有三种表现方式：

1. 逃到另一"现实"中

这种情况在大学生中比较常见。某些大学生过去在学习上一直很努力，但由于种种原因受到挫折后，他们往往不从主观上分析原因，而是一改过去的刻苦学习，变得对学习漫不经心，得过且过，同时在娱乐和谈朋友上倾注其精力。大学生逃避与自己成长与发展关系最直接的学习环境而投入到其他活动中去，这可能在某个时候有一定的缓解作用，但不能真正消除内心的紧张。因为紧张的心理会以"潜意识"的方式转入另一现实中。

2. 逃向幻想世界

有些大学生学习不好考试失败后，幻想将来克服困难取得好分数走上好的工作岗位的愉快景象，这可能使他们鼓起勇气学好功课，但如果不面对现实，一味耽于幻想，会使其最终不能适应学习生活。

3. 逃向疾病

有些学生一到要考试的时候就会生病。他们不自觉地将心理上的困难转换成为身体方面的症状，借以逃脱他人对自己学习不好的责备，而维护自我的尊严。

学习上的畏难心理还表现为不愿意与人谈起自己的学习情况，降低自己的学习要求，逃课，见到老师就头痛，等等。

（二）产生学习畏难心理的原因

1. 客观原因

产生学习畏难心理的客观原因，是大学的学习课程多，难度大，要求高。大学学习无论在内容的深度还是知识范围的广度上都是高中所不能相比的。这样的学习任务不是轻松就能完成的。学习的难度增大了，这是使大学生产生畏难心理的原因之一。

2. 主观原因

产生学习畏难心理的主观原因，包括大学生个体条件和个体认知。一些大学生由于自身的智力条件不佳或学习方法不当的缘故，使得他们不能取得好成绩。他们也曾努力过，但是努力的结果并不能给他们带来好的学习成绩。这使他们十分无奈。也有一些大学生之所以产生畏难心理，是由于给自己设立了过高的学习目标。有些大学生好高骛远，他们给自己提出了很高的要求，比如拿特等奖、考第一名。然而他们并不充分了解学生的整体水平，也不十分了解奖学金评比的有关规定和要求，主观盲目地给自己制定了过高的目标，其结果当然是实现不了。而失败的结果无疑给他们带来不小的挫折，使他们在学习上产生畏难心理。

(三) 如何克服学习上的畏难心理

1. 正确认识学习上存在的困难

正确认识学习上存在的困难是解决学习问题的关键所在，而及时有效地解决问题可以防止畏难心理的产生。大学生学习上的困难大多是由学习方法不当而造成的。因而了解大学学习的性质，探索新的适合的学习方法是克服畏难心理的有效途径。

2. 改变不合理的观念

畏难的心理与其说是由困难引起的，还不如说是由个体对这些困难的认知所引起的。

大学生在学习上的畏难心理，也可以是由大学生认知方面的偏差引起的。有些大学生把学习上的失败看作是不该发生的，他们认为大学生活应该是愉快的。大学生们在高中阶段一般都是学习上的佼佼者，到了大学阶段后学习成绩突然滑坡，这会使他们对自己的学习能力失去信心，于是开始变得害怕学习了。也有些大学生常常以片面的思维方式来看待事物，简单地以个别事件来断言全部生活，一叶障目，不见泰山。一次考试不如人意就认为自己彻底失败，不是读书的料，从而害怕学习；也有些学生在学习上遇到一些小挫折，就把后果想象得非常可怕。比如一门功课考试不及格，就认为自己能力不行，学不下去，毕不了业，找不到工作，人生没前途，生命没价值。

只有改变不良的认知方式，纠正错误的观念，才能实事求是地评价学习中出现的各种困难，从困难中看到希望。

3. 勇于实践

为了克服学习上的畏难心理，应该主动地投入到学习活动中。最大的恐惧就是恐惧本身。当我们害怕学习的时候，我们反而要去亲近学习。在面对学习困难的时候，我们可以从一些简单的学习活动开始，有计划、有步骤地展开学习活动。由易到难，最终把握学习活动。

4. 优化个体自身的人格品质

学习上出现畏难心理也与人格特征有关。性情急躁、心胸狭窄、意志薄弱、缺乏自知之明的人更容易在学习上产生畏难心理。为了克服畏难心理，大学生应主动地培养自己良好的人格品质。乐观自信可以鼓起我们战胜困难的勇气，自强不息可以铺平通往成功的道路。学习的路途是坎坷的，只有坚强不屈、顽强拼搏的人才能走到光辉的尽头。

五、学习焦虑

(一) 学习焦虑的概念

学习焦虑，是指学生由于不能达到预期目标或不能克服障碍的威胁，致使自尊心、自信心受挫，或失败感、内疚感增加而形成的一种一般性的不安、担忧和紧张感。

这里的学习焦虑，是指焦虑水平过高而引起的学习障碍。焦虑对学习的影响是一个复杂的问题。一般认为，焦虑程度与学习效率之间的关系呈倒"U"曲线，即焦虑程度过强和过弱都会使学习效率下降，渴望取得最佳学习效率的焦虑程度应是中等的。但最佳的焦虑程度也因学习材料的性质不同而变化。对比较容易学习的材料，学习效率随焦虑程度的提高而上升；随学习材料难度的增加，最佳焦虑水平有逐渐下降的趋势。

大学生的学习焦虑表现为学习压力大，精神长期高度紧张，思维迟钝，记忆力下降，注意力涣散，情绪躁动，寝食不安，郁郁寡欢，而无表情，精神恍惚。学习焦虑在考试前表现得更明显，如在书上到处划重点，反复背诵课堂笔记等。

（二）大学生产生学习焦虑的原因

形成学习焦虑的原因主要是来自于各种压力，其来源可以归纳为两方面：外部因素和内部因素。

1. 外部因素

（1）学业的压力。大学的科目增加，学习的难度加大，速度加快，学生普遍跟不上老师的步子，感到压力很大。

（2）考试的压力。

（3）同学竞争压力。

（4）家长"望子成龙，望女成凤"的压力。

（5）教师的压力。教师提出的要求过高，对没达到要求的学生批评严厉，使学生产生一种对任课教师的恐惧感。

（6）就业的压力。

2. 内部因素

（1）自信心不足，总认为自己的智力、能力、基础不如别人。

（2）成就动机过强，迫切希望取得好成绩并且超过他人。

（3）对以前考试失败和挫折的体验太深刻。

（4）兴趣爱好过于单一。

（5）性格内向，不擅交往，自我封闭。

（三）学习焦虑的自我克服

当出现学习焦虑的情况时，应充分发挥自我调节的能力来控制焦虑的程度。具体的做法有：

（1）正确认识和评价自己的能力，确立切合自身实际的学习目标。

（2）保持适度的自尊心，降低对胜败的敏感度。

（3）培养广泛的兴趣，正确处理学习活动与其他活动的关系，适当转移注意力。

（4）摸索总结一套适合自己的学习方法，注意劳逸结合，提高学习效率。

六、学习疲劳

(一) 学习疲劳及其原因

学习疲劳,是学习效率逐渐降低并伴有渴望停止学习活动的生理和心理现象。具体表现为学习错误增多,学习效率下降,动机行为改变,生理失去平衡,等等。

学习疲劳分生理疲劳和心理疲劳。生理疲劳主要是肌肉受力过久或持续重复伸缩造成肌肉痉挛、麻木、眼球发疼、腰酸背痛、动作不准确、打瞌睡等等。心理疲劳一般是由于长时间从事心智活动,大脑得不到休息引起的。其特点是:感觉器官活动机能降低,注意力涣散,思维迟钝,情绪躁动、忧郁、厌烦、易怒,学习效率下降。出现心理疲劳的机制是,从事心智活动时,大脑皮层兴奋区域的代谢逐步提高,持续时间较长的话,消耗过程超过恢复过程,脑细胞会处于抑制状态,此时学习能力下降,出现疲劳。在学习疲劳中,心理疲劳是主要的。

学习疲劳是一种保护性抑制,经过适当的休息即可得到恢复,这是合乎生理心理规律的,对大学生的身心发展不会造成什么影响。但是,如果长期处于疲劳状态,勉强让大脑有关部位继续保持兴奋,就会导致大脑兴奋和抑制过程的失调,严重的还会引起神经衰弱。此时,大学生会对学习产生厌恶和烦躁情绪,学习效率大大降低。

造成学习疲劳的原因主要是:对学习活动缺乏兴趣;学习时间过长,不注意劳逸结合;学习内容的难度较大;睡眠时间不足;等等。

(二) 学习疲劳的防治

1. 善于科学用脑

现代科学已经较清楚地揭示了大脑两半球的不同功能:大脑的左半球与逻辑思维有关,主管智力中的计算、语言、逻辑、分析、书写及其他类似活动;大脑的右半球则与形象思维有关,主管想象、色觉、音乐、韵律、幻想及类似的其他活动。如果一个人长时间地运用一侧大脑半球,则相对地容易产生疲劳。因此,应根据大脑两半球的不同分工科学用脑。例如,在从事计算、语言、逻辑、哲学等科学活动时可穿插色彩、音乐、幻想等艺术活动,这样就可延缓疲劳现象的产生。

此外，大脑活动还有一种"优势现象"。即当大脑某一功能区的活动占优势时，可使其他功能区的活动相对地处于休息状态。所以，如果能把读书——计算、读书——思考、写字——听音乐等脑力活动穿插进行，就能防止疲劳，起到事半功倍的效果。例如，伟大导师马克思在写《资本论》时，就常把做数学题当作一种消遣和休息。

2. 注意劳逸结合，保证充分的睡眠时间

"一张一弛"是用武之道，学习也应如此。学习一定时间后，就应休息片刻，放松一下。在学习之余，可参加一些文体活动，使身心都得到放松和调节，有利于消除疲劳，提高学习效率。另外，每天还应保证充分的睡眠时间，因为"睡眠是大脑的救星"，酣睡醒来，头脑清晰，精神振奋，疲劳烟消云散。一般认为，对大学生来说，每天睡眠时间应保证 7~8 小时。当然，这有很大的个体差异，每人都应视自己的实际情况而定。

3. 遵循人体的生物节律

人体的各种生理和心理功能随时间推移做规律性的运动。一般来说，人在一天中，生物机能上午 7~10 时，逐渐上升，10 时左右精神充沛，处于最佳工作和学习状态，之后趋于下降；下午 5 时再度上升，到晚上 9 时又达到高峰；11 时过后便又急剧下降。然而，人们最佳学习时间的分配又存在一定的差异：

（1）早上型。即早上醒来精力充沛，下午衰退，晚上衰竭。

（2）晚上型（又称"猫头鹰型"）。即上午无精打采，晚上精力十足。

（3）白天型（又称"百灵鸟型"）。即日间精神好，晚上效果差。

因此，大学生最好能查明自己的"黄金时间"，此时安排从事难度较大的学习，这样不易疲劳。

4. 培养对学习的兴趣

如果学习兴趣浓厚，学习时心情愉快，则即使长时间的学习也不易感到疲劳。反之，学习那些兴趣不大甚至厌烦的内容时，则很快就会进入疲劳状态。

5. 创设良好的学习环境

学习环境尽量布置得优雅、整洁，使人感到心身舒畅。不在有刺耳噪音的地方学习，避免头晕目眩，出现视觉疲劳。

七、考试焦虑与考试怯场

大学中考试科目多、内容杂、复习迎考任务重。因此，在考试前后，大学生普遍地感到疲惫不堪、精神紧张、心理压力沉重，常常会出现各种心理障碍或消极心理，如过度焦虑、考试怯场等。

（一）表现

过度考试焦虑就是担心自己考试失败有损自尊的高度忧虑的一种负性情绪反应。表现为紧张恐惧，心烦意乱，喜怒无常，无精打采；胃肠不适，可能出现原因不明的腹泻、多汗、尿频、头痛、失眠；记忆力减退，注意力不易集中，思维迟钝，学习效率下降等。

考试怯场是过度焦虑在应考中的急性反应，是学生在考试中因情绪激动、过度焦虑、恐慌而造成思维和操作困难的一种心理现象。主要表现是：心跳加速、呼吸急促、满脸通红、出汗、头昏、烦躁、恶心、软弱无力、思维迟钝等，有时全身颤抖、两眼发黑，甚至昏倒（晕场）。学生常讲的"考前背得滚瓜烂熟的内容忘得一干二净，大脑中出现一片空白"就是怯场的具体表现。

（二）危害

过度考试焦虑影响学习，也损害身心健康。

1. 过度考试焦虑危害认知过程

过度考试焦虑容易分散和阻断注意过程，使注意力不能集中，不能专注于学习和应试，而是专注于各种各样的担忧；过度考试焦虑干扰识记和回忆，使该记的记不住，想忆的忆不起；过度考试焦虑还会使思维呆滞凝固，令比较、分析、综合、抽象、概括等具体思维能力无法正常发挥，创造性想象更是无从谈起。这种危害在发生考试怯场时表现得更为明显。

2. 过度考试焦虑危害心理健康

过度考试焦虑是一种负性情绪反应，它会危及人的心理健康，特别是如果在考试过后仍陷于焦虑之中不能自拔,那就很容易转为慢性焦虑,而慢性焦虑会影响大学生日常生活的方方面面,甚至转为焦虑症。

3. 过度考试焦虑危害身体健康

过度考试焦虑会影响心血管系统的功能,出现心律不齐、高血压、冠心病、消化系统功能紊乱等临床表现。若这种状态长期持续,就会导致胃炎、胃溃疡等疾病;过度考试焦虑还会影响呼吸系统和内分泌系统的功能,诱发支气管哮喘和甲亢等。

(三) 原因与防治

产生过度考试焦虑的原因主要是,学生把分数看得过重,对以往的考试失败疑虑重重;过分自尊,但对自己缺乏自信,担心因考试失败而损害了自己的形象;担心考试失败影响自己的前途;担心自己对应试缺乏充分准备;性格内向拘谨;等等。

防治过度考试焦虑(包括考试怯场)的方法有:

1. 端正对考试的认识

明确考试只是衡量学习好坏的手段之一,考试成绩不能全面反映一个人的学习能力和知识水平,更不能决定一个人的前途和命运,不必把考试成绩看得太重;懂得产生考试焦虑的根源是自身而不是考试,相信人可以用理智和意志来控制和调节情绪。

2. 认真学习、复习,制订合适的目标

平时刻苦勤奋,考试时就会"艺高胆大",充满信心;考前应全面复习,尽量熟悉考试要求、题型、时间、地点等,做到心中有数;正确评价自己,既相信自己的能力,又能实事求是,不做过高期望,期望越高,压力也越大,就容易焦虑。

3. 保证身体健康

考前应加强营养、劳逸结合、睡眠充足,保证有充沛的精力和清醒的头脑以及良好的身体状态。

4. 怯场的处理

如果考试时,由于焦虑感很强烈,以致思维混乱或一片空白,手脚发颤，头昏脑胀，此时，应该立即停止答卷，闭眼、放松，作几次深呼吸，深长、均匀而有节奏；反复地自我暗示："我很安静""我很放松"；适当地舒展身体。待情绪趋于镇定后，再答题。

5. 寻求心理咨询

考前若感到自己难以克服过度考试焦虑或曾出现过几次"怯场"现象，应积极寻求心理咨询帮助。心理咨询员可通过自信训练、放松训练和系统脱敏法等来做矫治。

第三节　大学生健康学习心理的培养

一、激发学习动力

（一）提升内部学习动机

内部动机是对学习活动本身的兴趣和学习动力，一旦形成，就会对学习产生一种持久而稳定的推动力，不易受外界因素干扰。而很多学生的学习动机都指向学习活动之外，需要学习情境以外的诱因加以维持。当诱因缺失，动机就会减弱或消失。有相当一部分新生中学时的学习动机就是"考大学"，考入大学了，目标实现了，其学习的推动力也就不复存在了。这一阶段新的目标还没有形成，学习的意义不明确，于是就产生厌倦、逃避、害怕等学习心理。研究表明，内部动机与学习成绩呈显著正相关，而外部动机与学习成绩则是负相关的关系，外在奖惩会在一定程度上削弱学生的内部动机。因此，大学生应该在所学知识的内部寻找乐趣，用热情激发学生的兴趣和好奇心，发现学习本身的意义。

（二）设置合理的目标

按照阿特金森的成就动机理论可以推论出：在完成中等难度任务的时候，动机作用达到最大值；同时，一个人的成功欲望越大，中等难度的任务对他越具有吸引力。据此，大学生在制定学习目标时应设置难度适宜的任务。如果任务太难，很难坚持完成，渐渐失去信心和兴趣，效果较差；任务太简单，成功也不会给自己带来成就感和切实的提高。只有在任务难度中等的情况下，经过努力可以达到目标，从中才能得到成功的体验并在克服困难的过程中提高能力，这才是好的任务。当然，什么样的任务才是中等难度的任务，还需要依据自身的基础和条件而定。

（三）学会正确归因

归因理论家们一直关注人们在成就情境中的归因，即人们对自己行为的解释。研究显示，如果将自身表现归因于内部的、基本稳定、可控的原因，比归因于外部的、不稳定、不可控原因的人更努力，坚韧性更强，也更容易取得成功。归因理论的应用对大学生学习也有着非常重要的作用。我们应当学会将成功归因于自己足够的能力和适当努力的结果，这能有效地激励自己；将失败归因于暂时缺乏对任务的了解或缺乏努力，避免丧失信心，降低对自身的评价。

总之，培养和激发学习动机就是要解决好为什么学习及如何将学习深入下去的动力问题。大学生应逐渐形成高层次远期动机为主、低层次而各具特点的具体动机为辅的具有持久效用的动机体系，才有助于长期保持强大的学习动机，促进全面发展。

二、锻炼学习意志

众多杰出人物的经验表明，良好的意志品质在成功之路上有着巨大的推动作用。心理学实验也证明，人的意志行动可以通过条件学习来塑造。因此，不论人的意志特点有何不同，只要经过长期自觉地、全面系统地锻炼，就有可能形成良好的意志品质，从而促进智力和能力的发展。

（一）提高认识，明确良好的意志品质对学习的重要作用

在当今激烈的社会竞争中，人们之间的竞争不仅是智力的较量，更是一种意志的决斗。因此，只有拥有了优秀的意志品质才能在未来的竞争中更胜一筹。大学生必须认真重视自身的意志品质修养，自觉加强锻炼，在学习中保持一股韧劲，勇于克服学习中的障碍，坚持不懈，集中思想，学习知识，提高能力。

(二) 树立科学的世界观和人生观

人的意志受人的立场，观点的制约，大学生要培养良好的意志品质首先要树立正确的世界观和人生观。一个人的目标是否远大，是否具有较高的社会意义，将决定着个人是否有坚定的信念和崇高的理想，能否在困难面前不低头。大学生只有树立远大的目标和正确的世界观和人生观，把自己的学习与祖国的富强联系起来，才能激发自己的学习和工作热情，克服困难和障碍，激励自己坚忍不拔的意志，磨砺自己百折不挠的毅力，培养正确的意志观。

(三) 加强挫折教育，锤炼意志品质

从心理学角度讲，个体经受一定的挫折，特别是在人生的早期阶段经受一些挫折，可以使人更快地成熟起来。当代大学生所处的时代是一个充满竞争的时代，如果没有抗拒挫折的意志，那么迟早会被时代所淘汰。在一些大学新生中普遍存在只能享受成功的喜悦，不能经受失败挫折的现象。因此，对大学生进行抗挫折能力训练，有利于他们健康成长。在学习活动中，大学生也应常给自己设置一些难题，在克服困难，战胜困难的过程中磨炼自己，使自己的意志坚强起来。

(四) 抓住机会，在实践中锻炼意志

坚强的意志绝不是一个人生下来就有的，也不是一朝一夕就可以培养出来的。人的意志产生于实践，也只能在实践中去磨炼。大学的学习中，参与社会实践的机会比较少，所以大学生一旦有机会，就要抓住，无论是日常的小事，还是艰苦重大的工作，都要积极参加，并在实践中调动起一切力量去克服困难。

三、培养学习兴趣

兴趣是指积极探究某种事物或从事某种活动的过程中，伴随着一定的情感体验的心理倾向。兴趣是引起和维持注意的一个重要内部因素，是学习过程中一种积极的心理倾向。大学生要想在学习中发挥积极性和创造性，就要对自己所学的知识培养浓厚的兴趣，才会心向神往，保持积极的学习态度。

学习兴趣是可以在学习过程中逐步培养的。学习是学生深入而创造性地

领会和掌握科学技术，是未来从事某项事业的必要条件，也是智能开发的主要前提。爱因斯坦曾经说过，我认为对一切来说，只有兴趣和爱好是最好的老师，它远远超过责任感。兴趣对于大学生来说，是求知的动力，成功的起点。但是，大学生的兴趣不是天生就有的，而是随着年龄的增长和实践活动的丰富培养而发展起来的，所以，在学习中大学生要善于发现并激发自己的兴趣，并努力培养这种乐趣。

（一）认识学习的重要性

学习是人类进步的阶梯，是社会进步和社会文明发展的基础。古人云："玉不琢，不成器；人不学，不知道。"这是对学习作用的最简要、最朴素的概括和比喻。"活到老，学到老"，如果生活中完全没有了学习，生活就会失去光彩和它应有的意义，变得空虚而无聊。知识就是力量，知识可以为我们插上翅膀，知识是幸福的最可靠的基础，知识是构成巨大财富的源泉，但知识的获得又必须付出艰辛的劳动，正因为如此，学习才使人感到有无穷的乐趣。

（二）培养自己广泛的学习兴趣

许多杰出人物有着令人赞赏的渊博的学识，就是以广阔的兴趣为基础的。大学生要以自己的专业为中心兴趣，拓宽兴趣的范围，可以广泛涉猎人文、地理、历史等相关知识。但这并不意味着一个人的兴趣可以变化多端，大学生还要培养自己稳定有效的学习兴趣，如果一种兴趣很快被另一种兴趣取代，也不可能在某个领域有所成就。所以要努力实践，发展学习兴趣。大学生只有通过学习实践，才能发现学习的力量和趣味。因此，通过学习，投身社会实践，然后再学习、再实践的过程，这也是培养学习兴趣的过程。

（三）把学习兴趣与奋斗目标结合起来

学习兴趣要保持持久的动力和永恒的活力，就需要把兴趣深深扎根于理想的土地之中。一方面要树立明确的近期目标，并且脚踏实地完成目前的各项学习任务；另一方面，要树立远大的长期目标，执着地追求人生美好的未来。随着小的奋斗目标一个一个得以实现，大的奋斗目标越来越接近，你的学习兴趣也会越来越浓，并逐渐发展成为人生的志趣，最终实现从"苦学"

到"乐学"的转变。

四、塑造学习性格

所谓学习性格，主要指由学习活动所体现出的性格特征及其总和。一般说来，勤奋、自信、严谨、创新，是优良的学习性格的基本要素。把握这四个要素，培养优良的学习性格，对于正在求知阶段的大学生来说是非常重要的。

（一）勤奋学习

学习是一个不断克服困难的过程。在这个过程中，要深刻地理解知识，熟练地掌握技能，取得好的学习效果，必须付出相当的时间、精力和体力，必须具有勤奋学习的精神。古今中外，每个人走向成功的道路是不同的，但在他们成功的诸因素中有一点是相同的，那就是勤奋学习。勤奋学习要体现在学习的全过程中，渗透于宏观和微观的各种学习方法之中。要培养勤奋学习的性格：一方面，要充分认识勤奋学习的重要意义。要想取得任何事业的成功，离开勤奋学习只能是幻想。众所周知，一部《红楼梦》，使曹雪芹"披阅十载，增删五次"；一部《资本论》，是马克思四十年心血的结晶。自学成才的数学家华罗庚在诗中写道："勤能补拙是良训，一分辛苦一分才。"另一方面，要树立事业心，培养顽强的毅力。如果说勤奋是学习的翅膀的话，那么懒惰则是学习的绊子。英国神经生理学家科斯塞利斯和米勒最近的研究证明：人的大脑，受训练越少，衰老就越快。由此可见，懒惰对学习和健康都没有什么好处。一个具有强烈事业心的人，就会严格要求自己，以顽强的毅力在战胜懒惰中培养出勤奋的性格。

（二）树立自信

为什么有些大学生学习成绩不理想呢，除去基础没打好外，关键是缺乏自信心。一个缺乏自信心的人，也必定缺乏克服困难的勇气和毅力，只能成为可悲的失败者。而有了学习的自信心，落后、失败则只能是暂时的，只有始终朝着既定目标奋进，成功才能指日可待。要培养自己自信的性格，一是要自知。人贵有自知之明，就是说要明白自己的长处和短处。自信是建立在自知的基础上的，而如果是没有自知的自信，则只能是妄自尊大。在认真找出自己的长处和短处之后,要善于以己之长,补己之短,取人之长,补己之短。经过这样的学习后,自己的短处,也逐渐会变成长处。同时,不要总盯在自己的短处上,如果总以自己的短处和他人的长处相比,只能越比越没有信心,所以,要强调充分发挥自己的长处。达尔文曾这样分析自己:"我既没有突出的理解力,也没有过人的心智。只是在觉察那些稍纵即逝的事物并对其进行精细观察的能力上,我可能在普通人之上。"因此,他并没有因为自己在校时的学习成绩不如别人而丧失信心,而是充分发挥自己的特长,最终成为世界第一流的科学家。二是要摒弃自卑,树立自尊。在学习中,能力低,成绩差或受到嘲笑,是产生自卑感的主要原因。在遇到上述问题时,一方面要正视自己的缺点,另一方面,不要把这种一时一地的失利和较低的评价变成自我评价,以致造成"自卑—失败—再自卑—再失败"的恶性循环。要迅速地从这种不利情境中摆脱出来,从失败中总结经验教训,制订出克服的方法和措施。战胜自卑心理,树立不甘落后、自强不息的自信心,一定会在学习中取得优良的成绩。

(三) 严谨的科学态度

各门学科都是以各自不同的概念、术语、公式、定理等所组成的一个完整的体系。这种体系,也总是按照由简到繁、从浅入深、从初级到高级的次序而建立的。所以,知识本身即具有严密的完整性。作为学生,若不能以一种严谨的态度去对待这些知识,就只能得到一些支离破碎的知识,而无从进入知识的殿堂。培养自己严谨的科学态度:一是对自己要高标准、严要求。一座楼房,打不好地基,将会倒塌,而构筑知识的殿堂,也需要将基础打牢。刘仙洲先生在教学上素以严谨著称:他给学生布置作业时,明确纸张规格、作图比例、中心线位置、各种线条颜色及其粗细等,不符合要求的就退回重做。如果我们把老师的要求和标准当作自己对自己的要求和标准,那么,肯定会使自己的学习成绩迅速提高。二是要循序渐进。各门学科知识顺序由浅入深,这就要求我们在攻克知识堡垒时,做到稳扎稳打,步步为营。巴甫洛夫在《给青年们的一封信》中说:"要循序渐进。我一说起有成效的科学工作这条最重要的条件时就不能不感情激动。循序渐进,循序渐进,循序渐进。你们从一开始工作起,就要在积累知识方面养成严格的循序渐进的习惯。"这些经验之谈,都是我们应该吸取的。三是要形成经常性的自我评价的好习惯。大学生要想学得好,就必须形成经常性的自我评价的好习惯,这是提高学习质量的好方法。自我评价的要求,就是看对知识是否真正理解了,技能是否真正形成了,记忆、理解、运用是否牢固、准确、熟练了。这样做了,就可以有效地防止那种"一说就会,一放就忘,一做就错"的不良现象的发生。

（四）培养创新精神

马克思在批判旧时代的哲学时说:"哲学家们只是用不同的方式解释世界,问题在于改变世界。"改变世界,就是在正确掌握客观世界规律的基础上,能动地使客观世界得到更完美的发展。学习也是这样。学习的最终目的不是为了懂得几条现成的定义、定理,而是为了运用知识,去能动地改变世界。大学生要努力培养自己的创新精神,一是要注意打好知识基础,为创新准备必要的条件。"如果说我比别人看得略微远些,那是因为我是站在巨人们的肩膀上的缘故。"牛顿的这番话,指出了所有创造者的必经之途,那就是首先掌握由前人创造下的必备的知识,而一个具有创新精神的人,他在掌握这些知识的时候,就有着远大的目标,所以他掌握的就扎实,就能够在"巨人的肩膀上"站得稳。二是要培养和发展想象的能力。爱因斯坦指出,"想象力比知识更重要,因为知识是有限的,而想象力概括着世界上的一切,推动着进步,并且是知识进化的源泉。"大家所熟知的嫦娥奔月、龙宫探宝这类神话故事,通过科学大都变成了现实,可见科学与想象早就有着不解之缘。三是培养创造性的思维能力。心理学研究证明,人的创造力的大小,很大程度上取决于人的思维品质的优劣。在思维中要注意锻炼思维的广阔性、深刻性、灵活性和敏捷性。在思维的方式上,还要注意锻炼发散思维、收敛思维、立体思维、逆向思维等,注意思维的自由和灵活,这样才能在学习和研究中有所发现与创新,更上一层楼。

五、优化学习策略

学习策略是当代教育学、心理学十分关注的课题,是为了提高学习的效果和效率，有目的有意识地制订的有关学习过程的复杂方案。优良的学习策略可以引导大学生学习得更好、更快、更高兴，因而越学越会学，越学越爱学，就会达到"活读书，读活书，读书活"的境界，而不会陷入"死读书，读死书，读书死"的境地。

大学生优化学习策略，究其要者主要有以下三方面。

1. 自主性学习策略

由于大学生在生活环境、价值取向以及年级、专业、性别等诸方面差异，对学习的需求、采用的方法都不同。因而，大学生要培养自己自主学习意识，根据个人特点采取不同的学习策略。掌握制订学习计划、提高记忆效果、笔记记录与整理、资料查找与利用等具体的学习方法，根据自己的具体情况确定学习目标，制订合理可行的学习计划，摸索出一套适合自己的学习策略。同时在动机上把自己看成是自主的，充分认识自己的主体地位，培养自我学习、自我训练的能力，提高自我效能感。

2. 自我调控学习策略

影响学习的因素很多，大学生在学习时不仅要掌握一般的学习策略，更重要的是要学会自我调控、检查、评定或修正的策略。针对不同阶段的学习，学生应常回顾和反思前一阶段自己学习的成功与有效之处，反思自己的学习结果，分析有效学习的策略和方法，思考学习策略在各门课程中的具体应用，进行有效的评估，不仅能及时地体验成功的快乐，还能发现不足以调整学习行为。同时，还可以根据学习技能不断提高的特点，增加自己探索学习的机会，通过多种方式检查学习过程和学习结果，促使自己形成完全自觉的自我调控能力，提高自我评价与调控技能，实现自己的学习目标。

3. 高效率学习策略

根据自己所掌握的学习策略选择适合自己的学习形式，建构有利于自己学习的环境，增强自己乐学、会学、善学的技能。要根据学习心理规律，管理好学习时间，做整体规划，并逐渐塑造出自己的风格。根据生物钟、课程难易程度、学习内容不同等择时安排、分段学习，有效地利用学习时间，做到学习过程高效率、学习结果高质量。

六、调节学习情绪

大学生学习情绪的稳定性对学习自控力的形成有着很重要的影响。美国心理学家莫勒认为情绪在学习中是最为重要的，情绪有特殊的引发作用的驱力。大学生学习的情绪一般会受到各类问题的影响，比如学习、生活、交友、就业压力等都会影响到大学生情绪的稳定性。如果大学生只单纯注重知识的学习，而忽视学习中的情绪变化等心理过程，容易导致在学习过程中产生各种心理障碍从而影响学习的效果。因此，大学生要善于挖掘情绪、管理和调动学习的情绪。

一些大学生的学习情绪心理问题表现为自卑。大学生自卑的原因是多方面的，究其实质主要来源于自我评价过低，认为自己某一方面明显不如他人，而且把这种感觉泛化到其他各个方面。学习上自卑的大学生对学习没有信心，总是认为自己不行，自甘落后，自我轻视，自我消沉。自卑是学生健康成长的严重障碍，对学生的整个学习过程影响极大。另一些大学生的学习情绪问题为焦虑。由于学习难度、考试压力与就业压力等原因，使大学生在环境的影响下，形成的不适当的过度焦虑和心理压力。过度的学习焦虑表现为在求知过程中精神长期高度紧张、记忆力下降、思维迟钝、情绪躁动、寝食难安、学习效率低等。由于时间安排不科学，加之课业负担较重，使大学生学习时间过长，生理心理得不到恢复和调整，从而产生生理和心理的疲劳现象。学习的心理疲劳主要表现为对学习感到倦怠、情绪紧张不安、烦闷、易怒、精神涣散、注意力不集中，致使学习兴趣减弱，学习效率下降。

消极、不良的学习情绪会对大学生的学习产生负面影响，应采取积极的态度和有效的方法进行调适。

1. 缓解学习焦虑，培育积极的学习心态

（1）学生产生学习焦虑时，应尽量做到冷静面对，不必如临大敌，造成"为焦虑而焦虑"。

（2）正确评价自己的能力，合理定位。学习焦虑的同学，大都因为对自己的学习目标定位过高。做任何事情都有个循序渐进的过程，学习也不例外。如果你在勤奋学习之余，发现自己的成绩没有多大的起色，请不要灰心，你要试着从辩证的角度全方位地看问题，调整自己的抱负水平和期望目标，使之切合自身实际和客观现实。

（3）增强自信心。自信是成功的基石，它可调节人的情绪和行为，对克服学习焦虑、考试焦虑有显著作用。

（4）追求高效率的听课效果。课堂是接受知识最重要的途径，要学会抓课堂的关键之处，掌握科学的笔记方法，追求高效率的听课效果。

（5）始终保持愉快的心境。良好的心境是高效学习的保证。保持愉悦的心境可以起到事半功倍的效果。

2. 科学用脑，合理安排学习时间，克服学习疲劳

大脑左右两半球功能有差异，要科学用脑，遵循记忆规律，力戒"疲劳战术"。要进行"积极性休息"，采取合理措施，让大脑皮质的不同部位轮流兴奋与抑制，使之处于最佳状态。如交替地学习不同课程，增加运动，改善大脑的血液循环，帮助大脑功能的发挥。要按照人体生物活动的规律，合理安排学习时间，做到劳逸结合。学习过程要有间隙的休息，特别要注意使脑力劳动与体力劳动、文娱体育活动结合起来交替进行，使身心得到调节和放松，这样有利于消除学习疲劳。值得注意的是，应保证有充足的睡眠时间。

3. 加强心理调节，保持情绪稳定

有人说："只要能静下心来，就等于集中了一半的精力。"反之，一个心情焦躁、烦乱的人，要想集中注意力是很困难的。那么如何才能使心情平静下来呢？下面向大家介绍几个放松的技巧。

（1）深呼吸法：请你坐好，轻轻闭上眼睛，慢慢地呼气，吐气的速度越慢越好，然后慢慢地吸气。如此重复数次，你的心情就会平静下来，就能把与学习无关的杂念赶出脑海，干扰一旦被排除，你就能全神贯注地去学习了。

（2）静坐法：请你静静地坐着，脑子里不要想任何事情，眼观鼻、鼻观口，约半分钟左右，你似乎渐渐地达到无私、无欲、无我的一种精神境界，你的脑子就会平静下来。"宁静致远"，这时学习的效果会格外好，思

考问题也深刻，有人说这也是发挥个人潜力的一种有效措施。

（3）目标转移法：请你仔细观察某件物品，看清它的形状、颜色、材料和其他特点，然后闭上双眼，回忆所观察到的物品，再睁眼观察一下所看物品，检查回忆得是否对。这时你会发现，脑子里原有的想法或杂念都被"扫除"出去，大脑变得平静了。

（4）回忆法：上课前，你提前2分钟坐在座位上，认真地回忆这门课程上一次讲到什么地方了？主要内容是什么？自己已经掌握了多少？如此的考虑会不知不觉地引导你的思路，使之纳入这堂课的轨道。晚自习的时候，也可以用回忆法，回忆课堂上老师讲课的内容，这样既复习了功课，又能使心理平静下来，专心致志地做作业或复习功课。

（5）聆听法：你聚精会神，仔细倾听某一种声音，而对周围其他的声音则听而不闻。被倾听的这种声音愈轻微，注意力也就愈容易集中。如此反复训练，就能很容易集中注意力了。例如，有位学生每天练习听时钟的嘀嗒声。第一天10次，第二天15次，第三天20次，逐渐增多，每次训练自己只听钟的"嘀嗒"声，忽略周围声音。半个月后，他的专注能力大大提高，就能排除外来干扰，专心致志地学习，长时间训练，养成专注的良好习惯，则受益更多。

第三章

大学生学习方法与策略

第一节 大学学习各环节的学习方法

一、课堂教学的学习方法

课堂教学是大学教学的最基本形式。因此,课堂学习是大学生掌握知识的基本途径,学会课堂学习是大学生学会学习的一个基本环节。

(一)预习的学习方法

1. 预习的目的

预习是在校大学生学习的第一个程序,它在整个在校大学生的学习过程中具有非常重要的作用。心理学研究表明,学习者能够进行有效学习的内部条件有两个:一是要有适当的知识准备;二是要有强烈的求知欲望和学习的主动性。由此可引出预习的直接目的有两个:一是大学生面对新知识时检查自己的有关知识储备是否充分;二是强化大学生的问题意识,激发其求知欲望,增强其学习的主动性。概括而言,大学生预习的目的,就是通过预习达到带着问题上课堂的目的。

实践证明,搞好预习,是跳出"恶性循环"、争取学习主动、提高学习效率和质量的重要方法。所谓"恶性循环",在学习过程中表现为:课堂听不懂，课后花很多时间还是不行，结果习题做不出，下一堂课更听不懂，越来越糟，十分被动。因此，听好课是关键。为了听好课，就要找出听不懂的原因，消除"拦路虎"，而预习的目的正在于此。预习搞好了，课堂学习效率和听课效果提高，复习、完成习题很顺利，一切反过来，变成了"良性循环"。这样，大学生的学习效率和质量就会不断提高。

另外，坚持预习的长远目的，还在于养成良好的学习习惯，有助于培养自学能力，为终身学习打下一个较好的基础。

2. 预习的方式

（1）总预习。总预习，是对新开课程的主教材进行通览。即一门课程在开讲之前，大略翻阅一下教材的前言、目录、各章节的主要内容，熟知一下该门课程的内容上的主要特点，从而了解课程性质、目的、任务，本门课程的理论基础、与相关学科的关系、学习和研究的主要方法等。此外，还应了解本课程在教学计划中的地位和作用、先修与后续课程的关系等。

（2）阶段预习。即对一篇、一章做整体的了解，主要是其中的内容体系结构，以及与前后章节之间的联系等。

（3）课前预习。即对下一课堂所要讲授的内容进行较为详细的预习。这是经常性的、最重要的预习方式。

从严格的学习程序来说，大学生对于基础课、必修课的学习应该遵循预习的这三个程序，至少也要做到课前预习。

3. 预习的要求

（1）课前预习的基本要求是，采用粗读方式，用心浏览，初步把握内容结构、核心、重点、难点、疑点。虽然不必弄懂每个细节，但是至少要分出懂与不懂的大致范围，从不懂中找问题。主要的问题类别有：新出现的名词、概念，物理、数学等抽象模型及其演变的理解问题；论述主题的背景、环境、条件及发展趋向的了解问题；新知与旧知、已知的关系问题；理论如何用于实际问题等。发现的问题，应在教材上加以标注或记在听课笔记上。预习中提出的大部分问题，可在上课听讲及今后深入学习中加以解决，也有少数问题属于应有的知识准备。对不同的学生来说，或由于过去没有学过，或由于学过又遗忘了,"应知"变成了"不知"或"知之不透"。对于这类"应知"而"不知"的问题,在上课前应力求通过自学或请教他人的办法予以补救,以免成为听课中的"拦路虎"。

(2) 根据课程特点,采取相应的预习方法。对于分析性课程,应着重了解理论体系中的前后联系;对于综合性课程,应着重了解学科之间的交叉关系;对于文史类课程,应着重了解主题与背景、内因与外因、因与果等方面的内在关联;其他,如考试课程与考查课程、必修课程与选修课程、重点课程与概论性课程等不同课程类别,在预习的重点与时间、精力投入上均应区别对待。

(3) 掌握预习的度。《礼记》中提出了一个"预"的原则,说:"禁于未发之谓预。"教学工作要有预见,宜未雨绸缪、防患于未然。这是预习的主要目的。由于有听课环节,所以没有必要把将要学习的内容全部弄懂,那样就变成全部自学了。当然,如果有时间精力,也可以基本弄懂,以便听课时可以更深入地思考理解。究竟预习到什么程度,可以根据不同的情况灵活掌握适当的度。

4. 预习的主要方法

(1) 概览预习法。主要是对应该预习的内容做粗略、概括的了解。先留心读一读教材前言或绪论部分,了解一门课程知识的主要内容、知识结构顺序、学习目的、意义等。然后,看一下章节目录、标题。接下来,还可粗读一遍教材,头脑中先有一个对教材内容的总的印象。

(2) 提炼概括预习法。阅读教材各章、节、段后,提炼出各章、节、段的中心思想和段落大意,抓住每一段、每一节的关键词语、重点论述和基本原理。

(3) 扫除障碍预习法。预习的每一章节内容中总会遇到一些不懂的词语、典故、生字、事件等妨碍理解教材中的观点和内容的"拦路虎"。在预习中,可以通过查阅工具书等方式提前消灭,以有助于对应掌握的观点和内容的理解。

(4) 质疑预习法。在预习中,有意识地发现不易理解的疑难问题,善于从不同角度提出各种各样的问题,并试图回答这些问题。无论能否回答,都要带着这些问题自觉主动地去听课。

(5) 思考题预习法。一般的教材在每章节后都要布置一些思考题目。预习时,可以按照这些思考题目看自己能否回答,以此检验自己的预习成果。

(6) 参考书预习法。预习主要以教材为主,但也可以参阅参考书。参考书有两类:一类是不同版本的同一教材,预习时可以把指定教材和参考教材比较对照,找出疑难问题和加深对基本观点、内容的理解;另一类,则是与教材内容有密切联系的专题研究的专著。把教材同这类参考书结合起来,有助于把观点、原理的理解进一步引向深入。

5. 应当注意的几个问题

大学生在预习过程中,应当注意克服以下几种不正确的心理倾向。

(1) 一看就会的心理。有些大学生预习时,在粗略看了教材内容之后,发现思路清楚,难懂难理解的语句、观点基本没有,不懂的字词、典故也没有,于是就觉得内容容易,不愿意对重点段落和观点做深入思考。这些教材从字词表面上似乎没有难理解的问题,但其实有些观点非常深奥,内容也非常丰富。大学生如果善于思考,善于把正在预习的观点、内容与已经学习过的其他知识点或者其他学科的有关知识点结合起来,就会发现许许多多的较难理解掌握的问题。克服这种心理的最好办法,就是开动脑筋,积极思维。

(2) 一看就畏惧的心理。有些大学生预习时,也是在浏览一遍教材之后,发现文中专门术语多、典故多、看不懂的语句多,于是就产生了畏难情绪,不愿意继续看下去,专等课堂上老师的讲解。确实,有些课程的内容有一定的难度,反映在教材上就必然会出现较难理解的语句和典故。也正是因为如此,才更需要大学生认真深入地预习和阅读,提前扫清理解基本观点和原理的障碍。即使一些语句和原理不理解,经过深入思考,搞清楚自己究竟什么地方不懂,懂到什么程度,不懂到什么程度,这也就达到了预习的目的。带着这些问题听课,对于提高课堂的学习效果是有极大帮助的。如果一发现不易理解的内容就不愿意继续深入下去,完全等到课堂上去解决,势必会影响听课效率和效果。克服这种心理的主要方法，就是树立学习中的勤奋刻苦精神和坚强毅力。

（3）捡芝麻丢西瓜的心理。有些大学生预习时发现一些难理解的语句和典故后，就把精力完全放在这些词句、典故上，自觉不自觉地忽视了对重点段落、重点命题的思考和理解。应该说，预习中搞清楚不懂的语句典故是非常必要的，但绝对不能捡芝麻丢西瓜。应该抓住该章节最主要、最关键的问题和内容深入思考。克服这种心理的主要方法，就是树立抓主要矛盾和矛盾的主要方面的思维方式。

（4）轻视预习的心理和习惯。有些大学生认识不到预习在整个学习过程中的重要作用，往往把预习排除在学习的全过程之外。如果教师强制要求，就应付一下，不强制要求，就根本不预习。克服这种心理和习惯的主要方法，就是努力提高对预习重要作用的认识，增强学习的自觉主动性。

（二）听课的学习方法

在课堂上听教师讲课，是在校大学生最重要的一个学习程序。虽然大学生和中小学生相比，听课在整个学习过程中的比重应该说有所下降（预习和复习作用上升），但它仍然是整个学习过程中的中心环节。课堂的听课效率、效果直接影响着整个学习的效率、效果。课堂教学效果，主要取决于教师讲授水平、师生的良性互动及相应的教学条件和环境。在教师及其他教学条件已定的情况下，学习效果便取决于学生在课堂上学习的积极主动程度和听课方法。

1. 常用的听课方法

（1）多感官协同听课法。听课，似乎主要是发挥听觉器官的功能。其实不然。听课的过程，实际上是眼、耳、手、脑并用的过程。耳朵既要仔细听，眼睛也要认真看；既要看教师的板书，也要看教师的手势和表情，同时，手上还要认真记，大脑还要认真思。只有眼、耳、手、脑同时并用、协同配合，才能取得最佳的听课效果。只是带着耳朵听课，实际上就把课堂学习同录音机学习等同起来了，必然降低听课的实际效果。

（2）引导思路听课法。教师在课堂上要讲许多观点和内容，但是这些观点和内容不是毫无内在联系地罗列出来,而是遵循一定的逻辑联系一个接一个、一步跟一步、一层又一层地揭示和展示出来。同时,每次课开始时,总要由上一次课的内容导入到本次课的内容,教师在讲授过程中还要不断提出带有启发性的问题。作为听课的大学生,不仅要听教师讲授哪些观点和内容,更重要的是要了解老师所引导的思路是如何切入到本课内容的,如何揭示这些观点和内容之间的内在的逻辑联系的,同时还要随着教师提出的问题积极主动地思考。也就是说,听课者的思维进程一定要努力跟上教师的思维进程。

(3) 对比听课法。这种方法主要是在进行认真预习基础上所采取的听课方法。因为在预习中大学生初步弄清楚了一些问题,同时还带有许多难点和疑点问题。听课者首先就要把自己在预习中自认为清楚的问题同老师的讲解加以对照,分清是非,以便加深理解这些问题,同时发现自己理解上的不足或缺陷。其次,要有意识地带着预习中遇到的不懂、不清楚的问题认真听一听教师对这些问题的讲解。这种听课方法目的明确,针对性强,会使听课效果更为突出明显。

(4) 抓精华听课法。教师在一个单元的讲授内容中包括许多内容和观点。有些内容和思路是一般教材和大多数教师的普遍讲法,有些则是授课教师独到的或创新性的见解。听课者在抓住教师对基本概念、基本原理、基本观点的普遍性讲授的基础上,要学会抓住教师对进行内容提出的独到或创新性的见解。这些往往是课堂讲授中最精华的内容,对听课者来说也是最受启发的地方。作为听课者来说,就要学会和善于抓住这些精华和最受启发的内容。

(5) 质疑听课法。学习者预习中需要提问题,听课中也要善于提问题。一是因为在课堂上有些观点和内容对多数学生来说,教师已经讲清楚了,但由于每个听课者的基础不同、理解能力不同、预习的程度不同等,总有少数听课者没有完全听懂。这些听课者就应该把不清楚的问题记下来,课后通过与老师或同学交谈真正弄明白这些问题。二是因为课堂时间有限,有些问题特别是一些非重点问题教师没有展开讲授。听课者如果能够发现这些问题,提出来课后向教师请教，有助于学习的深入和思维能力的提高。三是教师讲的观点和认识也并不都百分之百正确。听课者也不应该完全盲从教师。如果能够发现教师讲课中的一些问题，或对一些认识有不同看法，听课者都应该记录下来，课后与老师商榷讨论。这样做不仅对自身的学习和能力的提高有极大的帮助，而且也会促进教师水平和能力的提高。

（6）记笔记听课法。课堂记笔记，是听课的一种非常重要的方法，也是当前绝大多数听课者习惯运用的一种方法。但是，真正记好笔记却不是每一个听课者都能够做到的。听课笔记中不仅要记录下来教师板书的内容，更要记录下来教师在讲解中阐发的重点内容、观点、关键词语，特别是对自己启发最大的最精华的内容。课堂笔记一般是为自己今后复习所用，因此笔记中可采用多种自己习惯运用的符号。同时，最好在边上留下一些空白，以便复习时对笔记进行整理。

2. 学会记笔记

（1）记课堂笔记的好处。学会记笔记是学会学习的一项基本功。心理学研究证明，记笔记的学习效率是不记笔记的 7 倍，记课堂笔记，好处甚多。

①由于记笔记是一种集多种感觉（视觉、听觉、动觉）于一体的综合活动，需要眼、耳、手、脑多种官能并用，可以使听课者思想集中并积极思维。

②课堂笔记是一种外在的保存方式，是一个永久性记录，对随后的学习、复习均是非常宝贵的资料，同时也是一份学习评价的重要资料。

③记笔记是一项重要的学习技能、学习策略，能训练人的思维敏捷性、判断能力、抽象概括能力等，练就记笔记的本领将终身受益。

（2）记笔记的步骤。记笔记的方法与技巧因人而异，要在长期实践中总结、改进、提高。一般来说，记笔记包括以下几个步骤。

①选好记笔记的工具。要做好笔记，首先需要一个固定的本子，而不是随便拿一些零散的纸做笔记，活页式笔记本就是一个很好的选择。活页式笔记本的好处在于，它具有伸缩的弹性，记录很潦草的笔记可以抽出来重新整

理；如果有其他有用的补充资料，也可以放在适当的位置。接下来，要准备若干支笔，除正常书写笔以外，还要准备几种颜色笔，以便标记各种不同符号。

②注意笔记的格式。在笔记本上的首行应先写好课程、章节的名称以及授课教师的名字、联系方式等，最好标明记录笔记的日期。记录时，应将笔记写在每页的正面而不要两面都写，并且每页的左边留一定空白，以便补充、修改之用。在记录笔记内容时，文字下端对齐底线，上端不要触及上线，字体大小尽可能一致；行与行之间要排列整齐，并留有少许空白，方便修正错误、整补资料。另外，应当带着教材上课，以便于和教师讲课对照或做重点标记。

③选择记录内容。记笔记包括听和想并观看教师讲授时的形体语言及板书、屏幕等。记好笔记的关键是要记录一下恰当数量的关键内容。首先，是教师的板书和PPT课件。这些往往是上课的主要内容、章节的重点和难点，将教师的板书和PPT课件提纲挈领地记下来，既便于日后复习，又易于形成自己的知识体系。其次，是老师再三强调的内容。这往往是学习的重点、难点之所在，通常也是课程考试内容。再者，就是自己认为重要的或难以理解的问题。

需要指出的是，记笔记的前提是听讲和理解讲授的内容，反之就会本末倒置。有时实在记不下来，宁可不记也要听好。

④整理笔记。通过整理笔记不仅可以对所记录的内容进行补充和修改，还可以使自己的知识条理化、系统化。在课后先将课堂上记录的笔记浏览一遍，向自己提出几个问题：我的笔记是否反映了老师的重点？是否有一些关键问题没有彻底弄清楚？是否有需要老师澄清的一些观点？特别是需要教师澄清的问题要及时向老师提出。然后，参考教材和教学参考书对笔记的内容进行修改和补充，使之正确完整。同时，还要把所记内容分门别类进行整理，可以用图表的形式把各种知识分门别类放在应有的位置上，这样做既可以使知识记得清楚、提取方便，又可以培养自己比较和归纳的能力。

3. 应当注意的几个问题

大学生在听课过程中应当注意克服几种不正确的心理状态和习惯方式。

(1) 不积极主动思维的心理和习惯。有些听课者认为，听课主要是"听"，自己的大脑就是一个白板或者一个筐，任凭教师往上贴或往里装。这种把听课看作单纯只是教师向学生传授知识的过程的观点显然是不正确的。听课的过程应是双向的相互的过程。教师的讲授并不能真正取代听课者对知识的接受。教师讲课是积极主动地讲授知识的过程，学生听课也是积极主动地接受知识的过程。听课者要做到这一点，就必须发挥大脑主动和善于思维的习惯和方式。古人所说的"用神听之"正是指这种听课方式。

(2) 过于注重教师讲课的方式、方法的心理。教师的讲课方法多种多样。有的善于逻辑推演的理性思维，有的善于具体生动的形象思维，有的善于启发式教学，有的善于用幽默的语言、故事活跃课堂气氛。对于听课者来说，有些教师的讲课方法适合自己，有些就不大适合。于是，有些听课者就过于注重和追求教师的讲课方法。讲课方法凡是适合自己的，就认真听讲；凡是不适合自己的，就产生抵触心理、情绪，听课过程中自觉不自觉地就开始走神，甚至放弃听课而做其他事情。作为教师，应努力提高教学的全面能力。但是，作为听课者就不应过多地苛求教师而影响自己的课堂学习。同样，应该学会适合各种各样的教学方式、方法。在遇到适合自身的教学方法时，能够最大限度吸收讲授内容；在遇到不适合自身的教学方法时，也应该学会最大限度地吸取讲授内容。

(3) 听热闹而不注重内容的心理。教师讲课中总要结合观点讲一些有关的事例和具体、形象、风趣的故事等。这种讲课方法对学生的吸引力较大，是教师讲课的优点、长处，其目的是为了帮助学生更好地理解基本原理。但是，有些大学生听课中往往只注意引人入胜的情节和热闹场面，而忽视了这些事例背后所包含的深刻的内容、含义。听课的效果就不自觉地打了折扣。因此，大学生应该学会善于透过这些热闹情节去把握更深层次的观点和内容。

(4) 知难而退的心理和习惯。由于教材的难易程度不同、教师的教学水平能力不同以及大学生自身的知识结构和理解能力的差异等多种原因，导致有些大学生在听课过程中遇到较多的听不懂的问题。这种情况下最容易产生的就是这些大学生的畏难心理和情绪，因而不愿意继续听下去。其结果是恶性循环，导致以后的课程听课难度更大。其实，大学生遇到这种情况，绝对不能知难而退，而应该极力克制自己，更加集中精力，更加积极主动思考，同时把听不懂的问题及时记录下来，课间或课后请教老师或同学，尽快加以解决。不懂的问题及时解决得越多，越有助于大学生今后的听课和学习。

（三）复习的学习方法

学习任何知识都必须遵循序进统一规律，用不断反复重复的方法才能最终掌握。在校大学生的复习程序正体现了这一客观规律和学习方法。大学生的复习一般分为三种：即课后复习、阶段复习和总复习。在此，着重介绍课后复习和总复习的方法。

1. 课后复习方法

（1）及时复习法。根据遗忘规律，遗忘是在学习以后就立即开始，其趋势是先快后慢。对知识接触的时间间隔越长，越容易遗忘。因此，大学生在课堂学习之后，一定要趁热打铁，尽量缩短与课堂学习间隔的时间，及时进行复习，减缓遗忘的速度，提高学习效率和效果。

（2）回忆复习法。复习时，可以试着不看笔记和教材，把老师上课讲的内容回忆一两遍。看记住了哪些，理解了哪些，哪些忘记了或者是还不理解。如果自己能够回忆出全部或大部分内容，就证明自己的预习和听课效果是好的；否则，就应当及时寻找原因，改进预习和听课方法。回忆时，可以边回忆边看书，也可以先回忆后看书。这种复习法不一定需要大块时间，可以利用饭后、睡前等零星时间闭目思考和看书。

（3）整理复习法。复习时，可将预习笔记、课堂笔记和教材放在一起，对照、总结、整理、提高。一看预习中遇到的问题课堂上是否全解决了；二看听课中遇到的问题目前是否清楚；三看本章节的要点是否真正掌握；四看是否还有新的问题。同时，要把笔记不全的地方再加以补充完善，对重点或难点问题可用特殊符号标注出来，以便于考前的总复习。

（4）自我检查复习法。课后教师留作业的目的实际上正是为了检查课堂学习的状况。作为学习者一方面要认真完成作业；另一方面，还要学会自我检查学习效果。大学理工科学生每次课后基本都有作业，而文科学生作业就较少，因此学习者特别是文科学生要通过多种形式检查对知识的理解和掌握情况。例如，自我提问题和自我解答问题，自己找一些有关的问题和习题做练习，同学之间相互提问题和相互解答问题等。这样，可以进一步巩固、扩大所学知识，并使自己的能力也得到相应的发展。

2. 总复习方法

总复习，一般是在一个学期结束之前或者一门课程结束之后考试之前所进行的对一个学期所学的知识或一门课程的总的复习。这种复习可以概括为两大基本方法，即"梳辫子""过筛子"的方法。

（1）"梳辫子"的方法。所谓"梳辫子"，就是对已经学过的一个学期或一门课程的许多零散的知识点进行归纳、整理，从中理出头绪，找出知识点之间的内在联系，反过来进一步加强对原有知识的记忆、理解和应用的复习方法。这种复习方法，可分为以下四个步骤：①把学过的知识点在头脑中再进行回顾。究竟学了哪些知识，这些知识在头脑中的印象深刻程度如何，头脑中是否有总体轮廓。②在回顾基础上，对这些知识进行归纳、整理。哪些是应掌握的基本的知识，哪些是派生出来的知识。并对这些知识点进行分类，用图表或树形方式表示出来，让自己对学过的知识一目了然。③以前一步归纳的总纲为指导思想，再回过头来对所学过的每一个知识点进行具体深入的复习。对于每一个具体的知识点应掌握哪些要素，请参照关于理解的具体方法等内容。④在系统复习基础上，再回过头来检查一下前面归纳的总纲是否完整和准确，可对其进行适当修改，再反过来指导具体知识点的复习。这样反复几次，就可以达到对知识理解深刻和掌握熟练的程度。

（2）"过筛子"的方法。所谓"过筛子"，就是通过自答、讨论、做习题等形式自我检查对知识的记忆、理解和运用的程度，对相对比较熟悉和理解深刻的知识采取过筛子逐步淘汰的方法，对相对不熟悉或理解不深刻的知识集中力量打歼灭战，经过几轮过筛子，就可以达到全面复习的目的。这种复习方法不是与"梳辫子"方法绝对对立的没有任何联系的方法，而是在前者基础上继续深入的方法，是对前一种方法的补充。

"过筛子"复习法又可以派生出以下几个更为具体的方法。

①做习题方法。在理科学习中复习时，有大量习题可做。做习题时，不要做完了事，无论会做还是不会做，做后都要认真思考一下，会做或不会做的原因是什么。如果会做，表明自己哪些知识点掌握了；如果不会做，表明自己哪些知识点没有掌握，是记忆问题还是理解问题等。由此筛选出是掌握还是没有掌握、掌握熟练还是不熟练的知识来。②自答方法。可以按照教材上每一章后面的复习思考题或教师布置的思考题合上教材和笔记本，口头或笔头自答。然后，再对照书本、笔记或找其他同学，由此检查出不同的知识来。③讨论方法。复习中可找两个或两个以上的同学共同复习，相互提问，相互讨论，相互争辩，由此发现自身对知识的理解和掌握程度。④自我提问方法。在复习每一知识点时，不要只是按照教材上或教师布置的思考题进行复习，自己要学会从不同的视角提出多种多样的问题，然后自己回答，以检查对知识的掌握程度。⑤综合检查方法。可以找出本课程曾经考过的几份试卷，自己独立试答一下，全面综合检查自己对知识的理解掌握程度，找出存在的问题，有针对性地进行复习。

3. 应当注意的几个问题

复习是在校大学生全面掌握知识的一个极其重要的程序、环节。在校大学生在复习中应注意这样几个问题。

（1）一定要明确复习的目的是在原有知识学习基础上再提高的过程，要克服单纯为考试而复习的心理。考试作为教学中的一个环节只是教师检查学生学习的一个重要手段。现行教育体制下的考试方法多种多样，每种方法各有利弊。每种考试方法只能大致反映学生的学习状况，不能完全准确反映每一个学生对知识的实际掌握和运用能力。大学生重视考试并由此督促自己复习是正确的，但不能把考试作为学习的唯一目的。如果只是为考试而复习，完全围绕考试的方法、题型特点而复习，即使分数上去了，但对知识理解掌握的程度并不一定很扎实、很牢固，也会直接或间接影响下一阶段或其他学科的学习。

（2）一定要抓住众多知识点的总纲，以总纲为指导思想去复习每一个知识点，切忌一上来就采用一节一节的、一个一个知识点的孤立复习的方法。因为前者可以从整体上把握知识之间的内在联系，而后者极容易把知识之间的内在联系割裂开来，用孤立、静止的方法对待每一个知识点，导致对每一个知识点的记忆、理解和应用上的肤浅性和简单化。

（3）对基本的概念、原理一定要牢牢记住，但反对把复习归结为只是单纯的死记硬背。复习应包括记忆、理解和应用三个环节，而最重要的环节是理解。理解基础上的记忆才能更加牢固，理解基础上的知识才能更加自觉的应用。

（4）复习中一定要有计划、有步骤。心中要有数，按照先后顺序一步一步地来。千万不要东一榔头西一杠子，或者眉毛胡子一把抓。复习中急于求成，企图一口吃个胖子的想法是绝对要不得的。

（5）复习中一定要有自主性，不要盲目跟着教师或同学跑。因为教师是根据学生的普遍存在的问题进行复习的，而每个学生有各自的具体情况。学生在参照老师的复习计划的同时，更要根据自己的实际情况进行复习。

（6）复习中要正确处理好教材、笔记、参考书、习题集、复习题库等之间的关系。要以教材为主，绝不可喧宾夺主，用笔记、参考书等其他辅助材料取代教材。

（四）其他课堂环节学习方法

课堂教学除教师讲授以外，还有习题课、讨论课、辅导答疑课等其他教学环节。根据课程性质，教师还会布置不同类型的课后作业，如习题、小论文、读书报告、小型专题调查、编写案例等。这些辅助性课堂教学环节都是十分必要的，大学生应当积极参加并完成相关课后作业。

参加这些教学环节的重要性在于：一是加深对讲授内容的理解；二是扩大视野，启发思路；三是理论联系实际，初步进行运用，以深化理解，活学活用。

这些教学环节的学习，需要注意以下几个问题。

（1）和上课一样都要做好充分准备，要发扬勤学好思的精神。

（2）尽可能通过图书馆、因特网等途径收集相关学习资料，目的在于扩大视野、开阔思路，掌握分析、解决问题的方法，并不完全在于扩大信息量。

（3）所有课后作业都应该独立自主完成，不能互相抄袭。不良学风不仅是欺骗老师，更是欺骗自己。

（4）认真做好课程和学业总结。总结的目的在于提炼、提升、提高，做到纲举目张，把握经纬脉络。要把总结当作学习的一个必要环节来对待。课程总结可以按一堂课、一章一节进行，也可以在学完课程后进行。课程总结要向任课教师请教，与同学相互交流，要拿自己的总结请他们评价指正。

二、实践教学的学习方法

实践观是我国高等教育人才观的一个重要方面。我们强调树立实践观，重要的是培养大学生的独立自主意识，培养其将知识转化为力量、思想转变为行动的意识和能力，培养其创业意识和创业能力，为我国现代化建设做贡献的实际本领和才干。

进入 21 世纪以来，教育部接连出台了多个指导性文件，对高校在实验实习经费投入、高水平教师从事实验和实习教学工作、加强实验室和实习基地建设等方面都提出了日益明确、具体的要求。而在教学要求上，由"进一步加强实践教学"到"大力加强实践教学"，再到"高度重视实践环节"，标准不断提高。

实践教学在教学中具有十分重要的地位。这主要表现在以下四个方面：①高等教育是理论与实践教学的统一体，理论联系实际是教学的基本原则。实践教学不是理论教学的依附和验证，两者密切相关，又相对独立、相辅相成。②社会对应用型人才知识、能力、素质协调发展的要求，需要在人才培养过程中以能力培养为中心，理论与实践并重。③实践教学对提高大学生的综合素质、培养创新精神与实践能力有着理论教学不可替代的特殊作用。④在实践教学中，大学生是教学的主体和核心，应围绕解决问题的思路展开实践，而不是被动地接受知识的灌输。

(一) 实验课学习方法

1. 实验课的特点和新要求

科学发展的历史表明，许多伟大的发现和发明均来自于实验室。据统计，全世界诺贝尔奖获得者中有72%是在实验室中做出贡献而获此殊荣的。理论知识需要通过实践检验，而实验往往又能发现并产生新的理论。大学实验课是理工科学生获取和探索知识、提高基本技能的一个重要教学程序和环节，在教学计划中的地位和作用十分突出。

实验课是在教师指导下由大学生独立完成的一种教学活动。大学生借助仪器设备和有关用品，对某些自然现象、技术过程、工艺流程，在人为控制某些因素、条件的情况下观察其演化状态、变化规律，从而培养大学生观察现象、验证理论以及分析和解决实际问题的能力，树立实事求是的科学态度、严肃认真的工作作风和探索创新的精神。

目前，在深化教改过程中，国家对实验教学提出了一些新要求。

(1) 改变按理论教学进程、以验证理论为主的实验课的传统做法为单独设置实验课。

(2) 建立了系统的培养学生实验思想、实验技术和能力为主线的实验系列课程，构建实验教学的新体系。

(3) 从因材施教、人才培养个性化、教学计划弹性等原则出发，实验教学也实行"选课制"。

(4) 改进实验指导方法，使实验过程逐步成为大学生自己研究探索的过程。如实验室开放、大学生开展创新性实验等。

2. 实验课的学习方法

在基础实验教学阶段，既要重视大学生实验操作能力的培养，又要关注大学生实验技术理论的学习和提高，如实验原理、实验设计、调试技术、测试方法、数据处理、误差分析等。实验课学习效果，除了指导教师的主导因素之外，还取决于大学生自身的态度和方法。大学生在实验课中，应努力做到以下几点。

(1) 认真做好实验前的各项准备工作。准备工作包括思想准备和物质准备两项内容。①思想准备工作。如复习与实验课有关的课堂讲授的书本理论知识，阅读实验讲义，了解实验目的、要求、步骤、方法，掌握实验原理。即弄清楚为了达到上述实验目的所依据的是什么理论，运用什么样的实验方法，需要测定的项目与哪些因素有关。进而分析实验要点，其中包括实验步骤、需要观察的现象，以及保证实验成功必须控制实验误差的关键等。实验前，要认真听指导教师的讲解，要记下讲解中提出的注意事项，以往做该项实验出现的种种问题，以及取得实验成功的关键。②物质准备工作。如实验方案中提出的有关设备、仪器、原料及用量，实验前一定要准备充足，并进一步熟悉所使用实验仪器设备的性能、操作方法、测量范围和注意事项等。具体实验前，再检查一遍实验用品是否齐全，放置是否得当。例如，常用读数仪表、开关，要放在便于就近读数和操作的位置。

(2) 严格执行各项具体的实验操作程序。具体实验过程可以分为两个步骤。第一步："想象"实验。即在正式开始实验之前，先在大脑中回忆一遍教师多次反复强调的实验课的基本的操作程序和注意事项，一些仪器、设备的使用方法，并按照实验方案中规定的实验目的、方法、手段、程序在思想中预演一遍实验的全过程，对可能出现的问题采取什么样的预防措施等。第二步：实际实验。即按照实验方案中确定的实验程序、步骤进行有序的、准确的、具体的实际操作。每一个具体程序开始前，还可以再想一遍预先设计好的步骤和注意事项，如果记忆不准确，再看一看实验方案，然后再具体操作这一程序。在记忆不准确的情况下，千万不能盲目或贸然进行下一步骤。实验中结果与预想不相符合或出现预料不到的问题，尽量自己先思考分析一下原因，不要急于问他人。找到原因之后，可重新操作实验一次。若继续重复出现问题，可请教实验课的老师或周围的同学。在实验操作中，要有条有理、从容谨慎，切忌杂乱无章、草率从事；要避免无意识操作；有些基本操作要力求规范，不断提高实验技能。

(3) 具体观察实验过程中出现的各种现象。实验过程中每一步骤都要认真观察与思考，有意识地培养自己的观察能力，其中包括持久而稳定的注意力、细致敏锐的观察力。观察力与思考力是共生共存的，要用科学的思考指导观察。要观察与思考在实验的不同阶段应当出现的现象是否呈现，这样才能把握实验现象的本质特征和内在联系。

在实验过程中，实验对象总要发生这样或那样的许多变化和出现一些新现象。实验者一定要认真、仔细、耐心地观察这些现象及其变化。一是要用感官去观察这些现象；二是要借助于各种仪器设备观察其变化。然后，对这些现象及其变化，以及各种具体的数字详细地记录下来。对实验过程中出现的各种反复的或异常的现象，也要记录下来。如同一具体程序重复实验几次，每次的不同结果，特别是出乎预料的结果。不能只记录与预测结果相近或等同的一两个现象或数值，或者按主观意愿任意编造和涂改某些数值。应当以实事求是、一丝不苟的科学态度对待这些结果。

(4) 高度重视实验安全。在实验中要十分注意增强环保意识、重视人身安全。如化学试验要注意通风设施是否完好。易燃易爆物品、有毒物品的领取、使用，残留清除，人身防护等，都必须严格遵守有关规定。用电安全、消防设施的使用等，都应在密切关注之中，以免发生意外时惊慌失措。虽然这些主要是实验室管理人员的职责，但参加实验操作的人员都应当了解并掌握排除意外的常识和技术。实际上，这也是在实验课中应当学习的重要内容。

(5) 对实验过程及其结果进行分析总结。实验结束之后，要对实验过程及其结果进行认真的分析、讨论和总结。一是把实验过程中所测量的各种数值进行整理、计算，根据教学的要求制成图表或曲线。二是与理论进行比较，对各种出现的现象结合所学的书本理论知识给予科学的说明和解释，或者根据实验事实对传统的理论观点提出质疑，并提出自己对这一问题的新的见解和认识。三是将实验过程、结果，对实验结果的分析、认识、推理过程等按照教学要求写成实验报告。

实验报告一般都有固定的格式。其内容大体包括实验目的、实验原理、实验步骤、实验现象、数据处理及误差分析等内容。认真做好实验并写好实验报告，不仅是为了培养大学生实验能力和技巧，而且也是为其日后进行科学研究、撰写论文打下良好基础。

大学生的实验能力训练，不应停留在验证实验水平。在经过基础性实验课训练后，应多参加一些综合性、设计性、探索创新性实验，培养大学生的实验设计和创新能力。这些实验项目由大学生提出，实验方案由大学生拟定，实验方法由大学生设计，实验过程由大学生独立操作，实验结果由大学生总结分析，教师只起咨询监督作用，能够培养大学生独立的实验研究能力。

（二）实习中的学习方法

实习是本科教学中非常重要的教学环节。所谓实习，就是大学生在教师或有关人员的带领下，到工厂、社区、医院、工地等有关场所，从事一定的实际观察或实际工作，以获得与书本知识相联系的大量有关的实际知识和实际能力，并学会运用理论知识分析和解决实际问题，培养独立的工作能力。

大学生实习的目的，在于使大学生通过亲身参加生产实践、社会活动，对生产过程有所了解，认识社会、认识国情，熟悉自己所学专业在国民经济、社会发展中的作用，增强事业心、责任感，提高为人民服务的自觉性。同时，获得与书本知识相联系的大量有关的实际知识和实际能力，并学会运用理论知识分析一些社会现象及生产中的实际问题，尝试提出解决这些问题的方法，培养独立的工作能力，为以后从事岗位工作打下一定的实践基础。

由于专业类别的不同，大学生实习的内容、次数安排等也不一样。理工科专业有认识实习、生产实习、毕业实习；文科专业有结合课程的教学实习、社会调查、毕业实习；医学专业则有较长时间的临床实习，与临床教学结合进行。

一般来说，实习主要包括认识实习、课程实习、生产实习和毕业实习等多种形式。认识实习，主要是离开学校到生产第一线、展览馆、博物馆、纪念馆、一些历史文化遗迹和现实生活中的主要事件事发地等进行参观访问。这种实习形式能够给予大学生以课堂上所没有的更多的感性事实材料，有助于大学生加深理解书本理论知识，并激发学生对该门课程的热情和兴趣。

课程实习，主要是一些实践性较强并兼有技能培养的课程，一般安排在校内课堂上进行的实习活动。例如,计算机课要安排上机实习,生理解剖课要安排生理解剖实习等。这种实习主要是将书本上讲到的关于技能性的知识较迅速地转化为学生的实际操作能力。一般来说,这种实习课程次数越多,越有利于学生实际技能的形成和提高。但学校受仪器、设备等物质条件的限制,其课程时数总是相对固定的。因此,大学生一定要珍惜每一次的课程实习。实习前做好准备工作,实习中严格按照操作要领,认真操作每一具体程序和步骤,提高每一次课程实习的实际效果。

大学生实习的最主要形式是生产实习或毕业实习。这种实习主要是根据专业知识特点深入到与该专业直接有关系的实际场所参加一定的实际工作。例如,理工科学生要到厂矿企业去实习,医学院校学生要到医院去实习,财会专业学生要到金融系统或各单位的财会部门去实习,师范院校学生要到中小学校去实习。这种实习的主要特点:一是时间相对较长,一般至少有一个月时间,有的可多达半年、一年。二是综合性强,不仅要使学生获取大量感性知识,加深理解书本理论知识,同时还要锻炼和培养学生运用所学知识分析问题和解决问题的实际能力,为后续专业课的学习、课程设计和毕业设计打下良好的基础。三是对大学生进行实践观点、劳动观点、群众观点和集体主义观点的教育,提高大学生的思想觉悟。在此,着重介绍这种实习的主要方法。

(1)做好实习前的各项准备工作。实习前的准备工作非常重要。准备工作的好坏程度直接影响着实习过程和结果。这些准备工作包括三个方面:一是思想准备。实习要去一个新的不熟悉的环境中,有可能遇到一些这样或那样意料不到的问题和困难,因此要有吃苦的思想准备。二是知识准备。实习前,要把已经学过的各种基础和专业知识再复习一遍,特别是自己相对不熟悉的但实习过程中可能遇到和需要的知识要多下一些功夫。因为实习过程中各种事务性工作或琐事较多,没有较多的大块时间再翻书本知识。三是物质准备。如新的工作生活环境中所需的个人必备的工具、生活用品等。

(2)严格遵守实习单位的各项规章制度。来到实习单位后,首先应了解实习单位的基本情况,熟悉自己将经常接触的有关人员,特别是要熟悉实习单位的各项规章制度。因为规章制度是任何一个单位正常运行的一个最基本的条件。该单位的任何人员都必须严格遵守规章制度。大学生来到实习单位,以一个普通工作人员的面貌出现,也必须严格遵守这个单位的规章制度,绝对不能以不熟悉为由,我行我素。

(3)摆正位置,虚心向实习单位的工作人员学习。在实习过程中,大学生可能会看到许多学校中没有看到过的社会生活中的一些落后的因素和阴暗面,可能会看到所接触的某些工作人员的缺点和不足,因此极容易产生瞧不起他人、放不下学生架子的心理倾向。这种倾向是极其有害的。大学生应该学会用辩证唯物主义的观点,全面地认识社会生活,学会认识社会生活的本质,认识群众的本质、主流,学习实际工作人员的丰富的社会实践经验,善于发现他们身上一切闪光的思想和品质以及长处和优点,真正放下学生架子,拜一切实际工作者为师,虚心向他们请教,心甘情愿地做他们的小学生。这既是完成实习任务的一个非常重要的基本条件,同时它本身就是实习工作的极其重要的任务之一。当然,虚心向实际工作人员学习并不是说盲从实际工作人员的一切认识和行为。对于所看到和接触到的一些错误的不健康的思想和行为也应该有一定的辨别能力,自觉抵制这些思想和行为对自己的影响,并在力所能及的情况下,同错误思想和行为做必要的斗争。

(4)坚持理论联系实际的实习总原则。大学生在实习单位总要承担一定的具体的工作任务。作为实习者来说,一定要认真完成这些工作任务。但是,实习者不只是为完成任务而完成任务,更重要的是要把在学校所学的书本理论知识应用到实际工作中来,同时观察和搜集学校里和书本上接触不到的实际生活中的各种感性事实材料。因此,要求实习者一定要坚持理论联系实际的实习总原则,把书本知识与实际知识很好地结合起来。一方面用感性事实材料验证书本知识;另一方面,用书本知识指导实际工作,培养自己的实际工作能力。同时,还要善于发现书本理论知识的缺陷、不足甚至是错误的内容。为了便于实习后的总结工作,实习者最好在实习过程中做实习笔记或日记。

(5)认真做好实习后的总结工作。实习结束之后,大学生要做好实习总结工作。实习总结的过程,实际上是在实践中从获得的大量感性认识上升到理性认识的过程,是再认识、再提高、再学习的过程。实习者一定要认真对待。实习总结主要做三方面的工作。①总结专业知识和专业能力方面的收获、体会和存在的问题。自己究竟在哪些专业知识方面体会和认识较为深刻,哪些能力方面有所提高和增强,实习中暴露出自身的知识结构和掌握程度方面究竟存在什么问题,原因是什么等。②思想方面的收获、体会和存在问题。实习的过程也是一个不断加强世界观改造和提高思想觉悟的过程。实习总结中也要结合这方面的内容,谈谈自己对社会生活的认识,自身世界观和思想觉悟方面暴露出来的问题及其原因,人生价值观和社会责任感方面有什么变化和提高等。③自己今后的努力方向和教育改革的建议。从实习中所反映出来的自身存在的各种问题,制定自己在以后的学习生活中努力的方向和应采取的措施、方法等。同时,实习中大学生身上反映出来的问题在一定意义上也反映了学校教育和教学方面存在的问题。因此,实习者在分析自身的问题及原因时,也要从大学的教育制度、教学内容、教学方式、课程设置等方面寻找根源,揭露和批评这方面存在的问题,并对学校今后的教育改革提出这样或那样的建议来。这样,一方面可以促进学校的教育改革;另一方面,也体现说明了现代大学生对我国教育发展的社会历史责任感。

三、科学研究活动中的学习方法

科学研究能力是现代大学生应当培养的基本能力之一。科学研究能力不是与人才其他能力绝对对立和毫无任何联系的,而是有内在的紧密联系,是相辅相成的。科学研究能力必须以学习能力、观察能力、独立思维能力、表达能力、鉴别审美能力、自我控制调整能力等为前提和基础。同时,科学研究能力的提高,也会促进其他能力的发展。科学研究能力的提高、发展不是大学毕业之后的事情,而应该在大学学习期间就自觉地培养。所以,一般大学本科教育在四年学习期间对大学生的科学研究活动都有基本的要求。例如,要求大学生每年必须完成学年论文,毕业之前有毕业论文等。当然,大学生的科研活动还不完全等同于专业的科研人员或从事具体职业的实际工作人员。大学生的科研活动既有与他们的科研活动共同性的一面,如都要探索现实事物及其规律性，都力求提出和阐发新观点、新认识、新理论、新技术等，但也有不同的方面。这是因为大学生的基础知识、基本能力和知识结构等方面同专业或实际工作人员还有一定的差距，虽然也对大学生提出同专业和实际工作人员共同的创新要求，但除少数学生之外，多数学生还不能完全做到。因此，大学生的科研活动在很大程度上带有学习、锻炼、培养的性质和目的。从这个意义上来说，大学生的科学研究活动也是一种学习活动，是大学整个学习生活中的一个特殊环节和特殊形式，也是非常重要的环节和形式。

大学生在科研活动中怎样才能深入学习、锻炼培养和自觉提高自身的各种能力特别是科学研究能力呢？

（一）从一年级起就要树立科研意识

大学生不能等到开始写学年论文或毕业论文时，才有进行科学研究的意识和愿望，而应该从大学一入学就要明确大学的学习生活。学习活动也应不仅仅是纯粹的继承前人和他人的成果，而应不同程度地包含"科研"的内容和性质。因此，从一年级就要树立科研意识，并把这种意识贯穿于学习活动的全过程中。

1. 问题意识

科学研究总是从人们实践活动和理论发展中的问题开始的。能否发现问题，是科学研究中首要的第一个基本条件。但是，问题并不是自动跑到研究者头脑中来的，而是需要研究者主动去发现和揭示出来。而能否发现和揭示问题的本身就是一种能力。这种能力也是一种内化为自身素质的方法，即质疑方法。因此，大学生要从一年级开始，就树立问题意识，培养质疑方法。

2. 观察意识

科学研究绝不是纯粹的逻辑推理。无论问题的提出还是问题的解释、论证和解决，都离不开生活和客观现实。因此，没有对自然、社会和生活的观察能力，是不可能有科学研究能力的。大学生在学校期间，不能只是读书本知识，更应该极大地关注社会现实，应该学会对生活的观察。不仅要学会观察自己不熟悉的不常见的各种现象，更要学会观察天天发生在周围的自己非常熟悉的各种现象。许多有作为的科学家、思想家,都是从大家都非常熟悉的自然或社会现象中发现了大道理,如牛顿、马克思等。因此,大学生要从一年级开始,就要树立观察意识,培养观察能力。

3. 写作意识

任何科研成果都要通过论文、专著或者调查报告、实验报告等形式体现出来。在这些形式中,绝不是将认识结论简单地罗列出来,而是将自己的研究和思维过程按照一定的逻辑联系通过语言、文字、图表等符号表述和阐发出来。这就需要研究者必须具备思维能力(包括形式逻辑思维、辩证逻辑思维,理工科学生还需要数理逻辑思维)、语言表达和写作能力等。写作意识和写作能力不单纯是文字表达能力,其中也包含思维能力。作为大学生科研成果的写作能力,要比中小学的一般作文的要求高得多。因此,大学生就应该在日常的学习活动中,多读一些他人的学术论文、学术专著、调查报告、实验报告等,不仅要学习和了解其中的学术内容,同时也要熟悉和了解其论文、报告等的写作框架、整体结构、阐述思路方法等。此外,还可以经常写写短小论文,以此锻炼自己的思维能力、文字表达能力等。

4. 创新意识

科学研究同狭义上的学习不同,它不是强调继承、重复,而是强调发展、创新。大学生进行科研活动,最终也是要创新。要创新,就要掌握创新的一般规律和方法,就要处理与继承、重复之间的关系。大学生要进行科学研究,就必须树立创新意识,就必须熟悉和掌握创新的一般规律、方法和技能,就必须正确处理与重复、继承之间的关系。因此,大学生在平常的学习过程中怎样学习和掌握创新的规律、方法、技能,不仅是学校领导者和广大教师经常思考的问题,更应当是每一个大学生自身也要经常思考的问题。这对于大学生今后进行科研活动会有极大的帮助。

(二)明确科学研究的选题原则

进行科学研究就必须有科学研究的题目。题目选择是否得当,是关系到能否最终取得实际成果的一个非常重要的因素。历史和现实生活中不乏一些有志之士因选题不当,耗费了自己相当多的时间乃至一生而无所作为。这就存在一个科研题目的选题原则和指导思想问题。大学生进行科研活动时，应该明确以下几个科研选题的基本原则。

1. 创新性原则

科学研究活动的本质或根本特点在于创新。没有创新，科研活动就失去了意义。创新表现在多个方面，如观点的创新、思路的创新、论证方法的创新、资料的创新、技术的创新、工艺手段方法的创新、材料设备的创新、产品的创新等。只要在整个科研活动及成果中，在某一方面哪怕是极微小地方有区别于前人或他人的创新，就能称得上是在进行科学研究活动。因此，科研活动者必须考虑自己选择的研究题目是否有可能在观点、思路、资料、方法、技术、手段等某一方面有所区别于前人或他人，能否把人们的认识、方法、技术等方面在原有基础上有所提高和发展。如果没有这种可能性，就根本不要选择；如果有这种可能性，就可以选择。

2. 价值性原则

人类进行任何活动都应该有价值性，科研活动也是如此。换言之，人们所研究的科研题目、项目必须有一定的理论意义和现实意义，能够对现有的理论的发展和人们的实践活动的深入有积极的促进作用和指导意义。当然，科研题目的"有用性""价值性"不能理解得过于狭窄，不能仅仅从眼前的、局部的、直接的、实用的意义上来理解。有些题目在当下或实用价值上似乎意义不大，但从长远、全局、理论、观念等角度衡量，却具有较大和深远的意义、价值。

3. 可行性原则

辩证唯物主义认为，任何事物的存在和发展必须具备一定的条件，科研活动也要具备一定的条件。如果说前两个选题原则是一种科研活动即将进行的可能性的话，那么要把这种可能性转变为现实性，就必须具备这种转化的基本条件，即可行性问题。这种可行性条件一是指主观条件，即指研究者的知识结构、研究能力、科研品格、兴趣爱好，特别是对所研究项目的有关方面的熟悉程度，如国内外对该题目究竟研究到什么程度，哪些问题搞清楚了，哪些问题还没有搞清楚，应该从何处入手等，以及自身对该项目的研究基础等。二是指客观条件。即指文献资料、资金设备、研究手段、学术氛围、导师条件等。如果没有这些基本条件，即使研究题目的创新性的可能性再大，价值性再高，可能性变不成现实性，科研活动也失去了其作用和意义。因此，条件性也应当成为科研选题的又一个重要的基本原则。如果不具备这些基本条件，就不能主观随意地进行选择。大学生一定要结合自己的专业特点、实际能力、相对熟悉的内容、兴趣爱好和客观条件等慎重地选择题目，不可好高骛远，不切实际地选择难度、深度极大的题目。当然，对于条件不能形而上学地理解。有些条件，通过一定的努力，是可以改变的。选题时，也应该有所估计。

以上三条原则应当综合考虑，只考虑其中一条或两条而离开另外一条是不正确的。

（三）科研过程中应该注意的几个问题

1. 要注意广泛搜集资料，不要在占有极少量资料的情况下，就匆匆忙忙下结论

任何一个理论上的新观点、新见解、新认识，都必须植根于所搜集和观察到的大量的事实感性现象材料的基础上。这种材料越丰富、越广泛，越有助于研究者进行理论上的概括和抽象，越有可能概括抽象出新的认识和见解。在一些有深刻的创新见解和观点的论文或专著中，并不是所有搜集到的材料都反映在文字上，但每一个新见解的背后都有大量的事实材料做后盾。研究者千万不要以为那些有创新型的论文只是内容中阐发出来的几条材料。仅仅依靠少量资料就过早下结论并企图有所创新是不可能的。研究者一定要在力所能及的情况下，尽最大努力，搜集到尽可能多的事实材料。

2. 要注意反复多次实验，不要依靠一两次实验结果就过早下结论

有些科研过程需要经过实验，如一些理科、工科的科学研究活动；文科一些带有方针、政策性的研究以及一些需要经过自然科学手段进行科学鉴定的研究等，都需要经过实验。由于种种主客观原因，一两次实验的结果并不一定都是真实的正确的结果，有些情况、结果可能是偶然现象。如果只是依靠一两次或少数几次实验过程或结果，就匆忙做结论，也往往会导致肤浅的

甚至是片面的、错误的结论来。要反复多做几次实验，对实验中出现的不同情况和数值要做具体分析，对实验中的最终结果要做出科学的说明、解释。

3. 要有耐心和毅力，不要浮躁和急于求成

科学研究不是一件非常轻松和愉快的事情，研究创新过程中要遇到许多困难和阻力。正如马克思所说：科学大道上没有平坦之路可走。即使是一篇短的论文也要付出辛苦和代价。这就要求研究者在研究过程中一定要有耐心、有持之以恒的精神、坚忍不拔的毅力和勤奋的工作态度。在实验中，要耐心观察；在写作中，要深入思考、反复修改；在遇到困难时，要千方百计地予以克服；在不利环境或外界干扰时，要保持心态的平衡，自觉抵制这些影响和干扰，并力求使之转化为激励自己发奋前进的有利条件和内在动力。古今中外历史上许多创新性的优秀的成果，往往都是在处于逆境的情况下产生的。心浮气躁、舒舒服服地搞科研，遇到一点困难就打退堂鼓或总是急于求成，企图"一口吃个胖子"，是绝对不会出有水平的高质量的研究成果的。

4. 要实事求是，不要弄虚作假

科学研究是"科学"的研究，因此也就必须老老实实、实事求是地研究。"诚实"是一个科学工作者科学研究的最基本的素质和品格。它要求研究的事实材料是真实的、可靠的，而不是虚假的、主观猜测或臆造的；它要求研究的过程是实实在在的，而不是马马虎虎、做表面文章形式主义的；它要求研究成果中一切有创新性的地方都是研究者独立做出来的，而不是弄虚作假、东拼西凑来的。科学研究中不反对借鉴前人或他人的成果，而且认为必要的借鉴是创新的基本条件之一，但绝对反对借借鉴之名，行抄袭剽窃之实。

5. 要虚心接受指导教师的指导和帮助，既不要自以为是，也不要一切盲从

大学生开展科研活动，一般都配备指导教师。指导教师从科研选题、研究过程、写作修改，一直到最后定稿，基本上都是以指导者和参谋者的身份参与到大学生的研究活动中来。指导教师一般都比较熟悉本学科领域内学术

研究的基本状况和动态，都有较丰富的科研工作的经验，同时他们中的有些人还是国内外知名的学术造诣非常深厚的学者、专家。因此，大学生一定要虚心、诚恳地向指导教师请教，在选题、实验、列大纲、研究和写作过程等各个环节都要认真听取指导教师的意见，认真修改，绝不能自以为是，听不得指导教师的任何批评。当然，接受指导教师的批评指导，并不是说一切都盲从教师的意见。这里有两种情况：一是教师的意见确实是正确的，但被指导的学生认识上一时还没有完全转过弯来。这种情况下，不要急于修改，而是要反复思考、琢磨教师的意见。如果还想不通，再与指导教师交换意见，把自己想不通的"扣"摆出来，直到真正弄明白弄懂之后，再去修改。二是教师的意见也有不正确的地方。这种情况下，也要和教师反复商讨，如果学生的观点是正确的，相信指导教师也能够虚心接受学生的意见，甚至鼓励和赞扬学生的独立见解和敢闯精神。如果认识上确实想不通，但又害怕教师在成绩上给自己打折扣，就简单机械地盲从教师意见。这种思想和行为是要不得的。

6. 要重科研过程，不要过于看重结果

大学生的科研活动既有一般科研工作者的共同目的，也有自身的特殊目的。这个特殊的重要目的就是学习，就是学习怎样进行科研活动，学习怎样将所学到的书本理论知识运用到现实生活中来，学习怎样不断地将知识转化为自身的素质、能力，为毕业以后真正从事科学研究活动奠定一个坚实的基础。大学生进行科研活动，看重自己的研究结果和成绩并不错误，但由于每个人的基础、知识结构、能力以及受所选题目的限制等原因，其最终的水平和成绩必然有所差异。如果把这种结果看得过重，而不对研究过程中的得失和差距做认真的分析，找出自身课程学习中存在的问题，明确今后努力的方向，那么这次科研活动也就失去了它的真正意义。即使成绩不错，也不能说明自身已经具有较高的科研能力、平常的课程学习已经达到非常优秀的程度。成绩不错的学生也应该从科研的整个过程中揭示出自己存在的种种问题，用更高的标准严格要求自己。所以，无论成绩较好还是不好的大学生，都要认真总结科研的全过程，看自己究竟在哪个环节或问题上有所得，在哪个环节或问题上有所失，原因是什么，怎样在今后的学习和科研活动中发扬自己的长处，不断改正自己的不足。只有这样，才能真正提高自己的科研能力和水平，才能真正达到在校期间科研活动的目的。

四、论文写作

专业论文写作训练是大学生人文素养、科学素养和实践能力培养的重要环节。一份工程设计说明书、一篇毕业论文或学位论文，不但体现了撰写者的科学研究成果及其学术水平，而且反映了撰写者的科学态度、科学方法、思维方式、写作能力等人文素养与科学素质。论文写作和专题设计是本科教学中综合性的实践和专业能力训练的教学环节。

（一）论文写作的类型与目的

高等学校各专业教学计划中一般都安排了专业论文写作这一教学形式，作为对大学生进行综合训练的独立作业。其主要类型有课程或课题论文、学年论文和毕业论文。一般来说，调查报告的写作、实习报告的撰写也可列入论文写作范围。

大学生专业论文写作的目的是：促进大学生掌握专业知识；培养大学生的思维能力，把握研究方法；促进大学生关心社会、了解社会；提高大学生的论述表达能力；增强大学生为社会做贡献的信心。不仅如此，大学生专业论文写作还具有评价功能。专业论文质量高低，是大学生自己对掌握专业知识的深浅、运用专业知识解决实际问题能力大小的自我考核，是大学生毕业及学位资格认证的重要依据，也是衡量高等学校教育质量和办学效益的重要评价内容。

（二）论文写作的特点

大学生专业论文除与一般学术论文一样应具有的学术性、科学性、创新性、专业性、实践性和系统性之外，还有练习性的特点。这主要表现在以下几个方面。一是要按规定的时间和质量要求完成。二是要在教师和教材（包括文献资料）的指导、提示下进行。三是要紧密联系所学专业知识、理论，并在写作运用中进一步学深学透。四是要大胆探索、创新，抱着认真练习的态度，不怕不成熟。五是大学生应有虚心学习的态度，向老师、专家请教，改正缺点，弥补不足，培养自己严肃认真的工作作风和老实严谨的科学态度。

（三）论文写作的基本要求

就论文写作的形式来讲，论点、论据、论证是构成大学生毕业论文的三大要素。文章主要以逻辑思维的方式为展开的依据，强调在事实的基础上，展示严谨的推理过程，得出令人信服的科学结论。因此，论文写作时要坚持以下三个原则要求。

1. 在立论上要实事求是，并力求创新

（1）撰写毕业论文必须坚持理论联系实际的原则。大学生在观察、分析问题时能否坚持实事求是的科学态度决定了其论文的科学性。在科学研究中，既不容许夹杂个人的偏见，又不能人云亦云，更不能不着边际地凭空臆想，而必须从对客观实际的分析出发，力争做到如实反映事物的本来面目。

（2）观点要创新。大学生毕业论文的创新是其价值所在，也是科学研究的目的所决定的。文章的创新性，就是要求不能简单地重复前人的观点，而必须有自己的独立见解。大学毕业论文的创新性，具体表现为以下几个方面。

①所提出的问题在本专业学科领域内有一定的理论意义或实际意义，并通过独立研究，提出自己的认识和看法。②虽是别人已研究过的问题，但作者采取了新的论证角度或新的实验方法，所提出的结论在一定程度上能够给人以启发。③能够以有力而周密的分析，澄清在某一问题上的混乱看法。虽然没有更新的见解，但能够为别人再研究这一问题提供一些必要的条件和方法。④用较新的理论和方法提出，并在一定程度上解决了实际生产、生活中的问题，取得了一定的效果，或为实际问题的解决提供新的思路和数据等。⑤用相关学科的理论较好地提出并在一定程度上解决本学科中的问题。⑥用新发现的材料（数据、事实、史实、观察所得等）来证明已证明过的观点。

2. 在论据上要真实、充分、准确

一篇优秀的大学生毕业论文仅有一个好的主题和观点是不够的，还必须要有充分、翔实的论据材料作为支持。大学生必须经过认真的阅读、周密的观察和实验，尽可能多地占有材料，以最充分的、确凿的典型材料作为立论的依据。大学生必须把大学期间所学的理论知识综合运用到论文当中去，让人看到你充分的、确凿的、典型的论据，做到以理服人。

旁征博引、多方佐证，也是毕业论文有别于一般性议论文的明显特点。一般性议论文，作者要证明一个观点，有时只须对一两个论据进行分析就可以了，而毕业论文则必须以大量的论据材料作为自己观点形成的基础和确立的支柱。作者每确立一个观点，必须考虑：用什么材料做主证，什么材料做旁证；对自己的观点是否会有不同甚至相反的意见；对他人持有的异议应如何进行阐释或反驳。毕业论文要求作者所提出的观点、见解切切实实是属于自己的，而要使自己的观点能够得到别人的承认，就必须有大量的、充分的、有说服力的理由来证实自己观点的正确。

毕业论文的论据不仅要充分，还须运用得当。一篇论文中不可能也没有必要把全部研究工作所得，古今中外的事实事例、精辟的论述，所有的实践数据、观察结果、调查成果等全部引用进来，而是要取其必要者，舍弃可有可无者。材料的简单堆砌不仅不能证明论点，反而给人以一种文风拖沓、杂乱无章、不得要领的感觉。因此，在已收集的大量材料中如何选择必要的论据，就显得格外重要。一般来说，要注意论据的新颖性、典型性、代表性，更重要的是考虑其能否有力地阐述观点。

毕业论文中引用的材料和数据，必须正确可靠，经得起推敲和验证，即论据的正确性。具体要求是，所引用的材料必须经过反复证实。第一手材料要公正，要反复核实，保证其客观真实性。第二手材料要究根问底，查明原始出处，并深领其意，而不得断章取义。在引用他人材料时，需要进行认真的筛选和鉴别，做到准确无误。撰写毕业论文，应尽量多援引自己的实践数据、调查结果等作为佐证。如果文章论证的内容，是作者自己亲身实践所得出的结论，那么文章的价值就会倍增。当然，对于掌握知识有限、实践机会较少的大学生来讲，在初次进行科学研究中重复别人的劳动，在毕业论文中较多地引用别人的实践结果、数据等，在所难免。但是，如果全篇论文的内容均是间接得来的东西，很少有自己的创获，那就完全失去了撰写毕业论文的意义。

3. 在论证上要严谨而富有逻辑

论证是用论据证明论点的方法和过程。论文要以理服人，靠的是逻辑力量。即在概念、判断、推理的使用上遵循思维规律，符合辩证逻辑。论证一定要严密，富有逻辑性。从论文全局来说，作者提出问题、分析问题和解决问题，要符合客观事物的规律，符合人们对客观事物认识的规律。从局部来说，对于某一问题的分析、某一现象的解释，要体现出较为完整的概念、判断、推理的过程。

大学生毕业论文是以逻辑思维为主的文章样式，它诉诸理性大量运用科学的语体，通过概念、判断、推理来反映事物的本质或规律，从已知推测未知。要使论证严密，富有逻辑性，首先就必须做到概念判断准确，这是逻辑推理的前提。其次，要有层次、有条理地阐明对客观事物的认识过程。

五、专题设计

专题设计是理工科专业、部分农科专业、艺术类专业、新闻传媒类专业等采用的一种综合实践课。一般分课程设计及毕业设计两种形式。

（一）课程设计

课程设计是一种综合性的实践课。一般在大学生学习了本专业主要技术基础课以后安排这一环节。要求运用所学理论知识及相关的实验技能初步练习解决一些局部性的工程实际问题，使大学生初步树立正确的设计思想、工程技术方法和科学研究方法。具体要求：①培养大学生运用所学课程理论知识解决工程问题的能力，以及正确进行工程运算和使用技术文献资料的能力。②培养大学生树立正确的设计观点和掌握零部件、工艺过程、工艺装配等方面的设计方法。③培养大学生使用工程语言简明精确地表达设计思想的能力，绘图、编写说明书和答辩的能力等。

课程设计的内容视课程不同而异，课题不同则课程设计的程序不同。课程设计要根据课程设计指导书严格按要求进行。

（二）毕业设计

毕业设计是对大学生进行科学教育、强化工程基本训练和提高综合工程实践能力的重要阶段。通过毕业设计的创作活动，培养大学生综合运用所学基础理论知识和基本技能，提高大学生分析问题和解决实际问题的能力，培育大学生的创新能力和意识。毕业设计更是对大学生进行综合素质教育，培养严肃认真的科学态度、优良的思维品质和严谨求实的工作作风的重要途径。

1. 毕业设计的基本要求

毕业设计应满足工程设计的基本要求。即设计思想的科学性、设计内容的新颖性、设计表述的规范性、设计约束的严密性、设计过程的综合性以及设计结果的实用性等。

（1）设计内容的科学性。设计方案的论证，需要以科学理论为指导，以科学实验和工程实践为依据。设计内容应科学准确，符合技术要求。

（2）设计思想的新颖性。从设计的构思到设计成果的呈现，是继承与创新的有机结合，设计不是原有设计对象的复现，设计是运用智慧进行的开发与创造。设计应体现探索创新的特征。

（3）设计表述的规范性。设计工作的进行，应依据国家标准及各种规范，并结合科学技术、生产实践及经济发展状况，精心组织完成。

（4）设计条件的约束性。实现设计目标是有约束条件的，设计受到内、外约束条件的制约。设计中应采用科学的方法，综合研究各种条件，以期实现最佳方案的选择。

（5）设计过程的综合性。设计过程是科学先进的设计思想、可提供的物质资源与条件、现代设计方法的综合；设计过程是多学科的知识、科学实验、工程实践的综合。其综合性含有技术特征与非技术特征。

（6）设计结果的实用性。设计过程应与生产实践紧密结合，其成果能产生较好的经济效益和社会效益。

由于高等工科院校的毕业设计是在特定条件下为实现其功能而进行的设计工作，因此它还具有与一般的工程设计不同的特点：一是毕业设计课题的确定首先要符合专业教学基本要求，同时也要结合生产实际，兼顾科学研究的实际需要。二是毕业设计时间的限定性及学业的规定性。毕业设计任务规定为学生毕业前必须完成的综合训练必修课程。三是毕业设计是在教师指导下由学生独立完成的。指导教师可以是学校教师，也可以是工厂、科研院所的工程技术人员、设计人员及科研人员。

2. 毕业设计的步骤和工作重点

（1）确定设计题目，明确设计任务要求。

（2）毕业调研实习，查阅文献，收集有关资料。了解资料信息中反映出的先进生产技术及手段，可使研究和开发的思路开阔，少走弯路，提高效率。在调研实习中要向生产实践学习，向生产第一线的工程技术人员学习，向使用者学习，多听第一线人员的意见，还要学习相关的技术资料。这些所学内容应概括写入调查实习报告并在报告中提出设计的基本思路。

（3）设计阶段。以机械产品设计为例，一般包括方案选择设计和论证，总体设计以及详细方案设计及计算，局部结构设计及计算、试验或编程等步骤。方案选择及总体设计必须做到周密慎重，以免进入局部设计时发现原则错误造成重大返工。设计环节环环相扣，必须前后呼应。

（4）编写设计说明书。要在教师指导下严格按规定的格式编写。设计说明书文本主体，包括引言、正文、结论等部分。其中，正文部分是说明书的核心。设计说明书撰写大体上要经过拟写提纲、写成初稿、修改、定稿等步骤。

（5）毕业设计答辩。答辩成功与否首先决定于毕业设计过程中的实际成果水平，但也与答辩准备是否充分有关。答辩是大学学习阶段的最后一次考核，是一次口头考试，也是一次口头表达能力锻炼的机会。

第二节　大学课程的学习策略

一、基础课的学习策略

基础课程学习阶段十分重要，是完成大学学习任务的基础工程。大学教育包含的学科专业门类众多，涉及的基础课程性质各异。随着教学改革的不断深入，大学课程体系出现了诸多变化，基础课的概念已经拓展并且愈加复杂化。大学生要学好基础课，应当针对不同类别特点的课程，采用不同的学习方法和策略。为了便于学生更好地掌握基础课程的学习方法，可将基础课归纳为分析性基础课和综合性基础课两大类。

（一）分析性基础课的学习策略

分析性基础课，主要是指数学、自然学科、技术科学性质的课程。大学生要学习这些课程，应注意把握以下几点：

1. 明确课程的特点和学习要求

现代科学技术可分为三大类：自然科学、技术科学和工程技术。它们具有各自的研究对象和不同的功能：自然科学揭示客观世界的图景，而不承担改造世界的任务；工程技术直接服务于生产和其他社会活动；技术科学介于两者之间，它解决自然科学应用于工程实践的技术关键问题，或是针对工程技术中带普遍性的问题，做出统一的处理。在高等学校教学中，与此相对应就有基础（科学）理论课程、技术基础课程和工程技术（专业）课程。前两者属于分析性课程。

所谓分析，就是在头脑中把事物的整体分解为部分，或者把整体的个别特征解析出来，也就是"化整为零"。分析性基础课是为自然或工程对象的不同类别、不同部分、不同性质的分析提供分析的理论和手段、提供抽象思维的充分训练，对开发人的左半脑具有极大的价值。

高等数学是为自然或工程的数学关系和变化提供分析理论和手段，是一门典型的分析性基础课程，是高等学校理、工、农、医等许多专业学生的一门必修的重要基础理论课程。通过对这门课程的学习，使大学生获得相关内容的基本概念、基本理论和基本运算技能，为学习后继课程和进一步获得数学知识奠定必要的数学基础。

高等数学在传授知识的同时，不仅要通过各个教学环节逐步培养大学生具有抽象思维能力、逻辑推理能力、空间想象能力和自学能力，还要特别注意使大学生具有比较熟练的运算能力和综合运用所学知识去分析问题和解决问题的能力。

自然科学基础学科课程，主要是物理、化学、天文学、地球科学及生物科学（生命科学）等（也有的学者把天文学、地学及生物学的一些学科列为描述性基本研究范畴之内，以示有别于物理、化学这类分析性基本研究类型科学）。对于这些学科，应视其在相关专业内的地位、作用而分别提出不同的教学要求。例如，开设大学物理课，一方面要为大学生较为系统地打好必要的物理基础；另一方面，要使大学生初步学习科学的思维方法和研究问题的方法。这些都起着开阔思路、激发探索和创新精神的作用，不仅对大学生在校学习十分重要，而且对大学生毕业后的工作和进一步学习新理论、新知识、新技术、不断更新知识，都将发生深远的影响。

对基础课程的教学要求，也就是对大学生学习这些课程的目标要求。为此，需要特别注意，不仅要求大学生对课程内容本身进行理解和掌握，还要在思维方法、能力、个人品格、素质等方面有所提高。

2. 建立自己的课程学习程序

对于分析性基础课，大学生要从自己的实际情况出发，与相应的教学环节相结合建立自己的学习程序。

（1）做好预习。通过粗略阅读教材，了解要学的内容，力求对学习的重点和要解决的问题做到心中有数。若能理清提出问题、分析问题、解决问题的路径、思路，甚至解决问题的多种方法，则更佳。

（2）听好课。听课是系统学习知识的基本环节和重要方法。大学生要想学得好，就得会听课。听课时除了全神贯注、集中思想外，更重要的是随着教师讲课的思路积极思维，做到与教师的信息传递实现同步思维，达到共鸣的双向效应。只有这样，才能提高听课效率。

（3）做好复习巩固。复习是使自己对理论、方法加深理解、牢固掌握的深化过程。在复习过程中，要采取多种方法培养自己的思考能力。

（4）选做适量习题和阅读参考资料。演题要在掌握知识的基础上进行。通过演题，可以检查自己对所学的知识是否能正确理解，是否能正确应用，重点部分是否达到熟练运用的程度。这样，可以培养和提高大学生分析问题和解决问题的能力。阅读参考资料可以起到扩大视野、充实内涵、触类旁通、提高层次等方面的作用。

（5）重视总结，正确对待考试。教学是一章一节进行的，在复习基础上的总结也应按章按节进行。在此基础上再进行大教学单元以至课程结束的总结。这样，可以从整体上把握、理解各部分教学内容之间的内在关联，从而形成整个课程的理论框架体系，乃至达到"由博而约"的境界。

课程测验、考试是上述总结的自然延伸，是对自己学习的客观总结。大学生必须正确对待考试，切不可抱着蒙混过关、闯关等错误思想。对考试结果，应持"不问收获、但问耕耘"的心态。不要怨天尤人，只需反躬自省。

大学若能在基础理论教学的学习阶段逐步建立和完善自己的课程学习程序，不仅在大学学习期间收益，而且会终身受益。

3. 掌握基本概念和基本原理

分析性课程学习的重点和关键，就在于掌握学科的基本概念和基本原理。每个基本概念和基本原理都有严格的定义。在学习中，大学生应当通过各种方式，辨明和深刻理解各种概念以及与之相关的不同知识，主要包括以下几点。

（1）基本原理、定律或方程的叙述。

（2）确认定律中引用的全部概念的含义。

（3）辨别因变量与自变量。

（4）测量值的数量单位。

（5）列出应用的范围，辨别限制与假设。

（6）防止应用差错的提示。

（7）关于某原理在什么时候最为有用的重要提示等。

另外，在学习中要真正辨明基本原理，还要十分重视理解一些术语的正确定义。

（二）综合性基础课的学习策略

所谓综合，就是在头脑中把事物的各个部分联合起来，或者把事物的特征、方面结合起来，也就是"化整为零"。在理工类教学计划中的人文社科类的公共课、专业课、专业实践课和设计，均属于这种综合性的课程。这一类课程理应当提供对开发人的右半脑具有极大价值的形象思维或综合思维的充分训练。

综合性基础课程或通识教育课程涵盖人类知识的主要领域，即：人文艺术、社会科学、自然科学（包括数学）、道德教育、基本技能（包括计算机技术、语言能力、定量处理）等五大类。加强以人文社会科学为重点的综合性课程基础并使之与分析性课程基础相结合，其深层含义和动因就在于促进科学教育与人文教育的整合，培养全面发展的人才。

大学生综合性基础课程学习策略，主要有以下几点。

1. 明确以人文、社科为重点的基础课程设置的教育价值

大学生只有明确人文、社科基础课程的教育价值，才能端正学习方向和目标，提高学习的自觉性。

（1）育人价值。培根说："读史使人明智，读诗使人聪慧，哲理使人深刻，逻辑修辞使人善辩。"这句话很好地反映了基础人文课程的育人价值。

人文教育在以全面提高人的综合素质为宗旨的现代大学教育中发挥着独特的作用。因为它告诉人们：人类的文明是怎样产生的，人类社会是怎样组成和发展的，人对自然、人对社会、人对别人、人对自己应该持有什么态度；什么是正义，什么是邪恶？什么是高尚，什么是卑劣？什么应该捍卫，什么应该摒弃？等等。总之，人文科学可以使人们了解世界、了解自己，了解人的社会责任。

（2）方法论价值。我国高等教育理论在阐述本科教育学习标准时，第一次提出在系统掌握本学科、本专业必需的"三基"（基础理论、基本知识、基本技能）之外，还有"方法和相关知识"的新要求，和过去的表述有明显的不同。显然，此处提出的"方法"不是包含在"三基"之中的一般工作方法和技术方法，而是强调进行方法论，特别是思想方法论的教育。

人文科学、自然科学和社会科学这三类知识分别代表了人类对世界的评价、判断和批评，社会科学介于自然科学和人文科学之间，既重描述又重评价。因此，只有进行人类三大知识领域及三种不同方法的全面教育，才能使

学生获得合理的知识结构、能力及方法论结构，使他们不仅能掌握判断的观念和方法，而且能掌握社会行为评价的准则。康德有句名言："人，唯有人可以凭借教育成为人。"即通过教育使自然人变为社会人，也就是能按社会行为准则行事的人。所以说，教育的本质就是人的发展的（社会）价值设定。

（3）服务社会的价值。主要包括：存续文化；建设深层次的精神文明；直接参与经济建设；资政利治。

2. 根据人文科学的特点采取相应的学习方法

大学生在学习人文文化课程时，必须认真选读原著、著作及名著、名作，而不能满足于简介性的二手教材的阅读、学习。同时，还要从双重方位去看这些原著、名著，尽量感知它们在自己的时代意味着什么，以及在我们的时代又意味着什么。通过学习不仅求得文化知识的长进，更主要的是求得文化精神的感悟和激励、思想的净化、品格的提升。在学习方法上，除听课外，更主要的是自学、参悟和讨论启发。

3. 知与行协同，理论与实际结合

以人文、社会科学为重点的综合基础课程的学习既有"学会学习"的目标和任务，也有"学会做事""学会共同工作"及"学会生存"的目标和任务，并且特别地具有教化养成的作用。因此，在学习过程中要坚持知与行协同发展、理论与实际相结合的原则，使人类文化的精神财富、中华文明优良传统成为学生提高思想品德素养的强大动力。学习的效果要看"知、情、意、行"，即不仅要获得知识的增长，还要看思想、感情、意境的提高，更要见诸行动。知识靠积累，能力靠锻炼，素质靠长期实践中逐步养成。大学生要充分运用校园日常教学、文化生活条件及有组织的社会实践活动，主动积极地进行自我修炼。

在综合性基础教育模块中，有工程实践或专业实践课程的安排，其目的是促进基础教育与专业教育的早期结合，创造更多理论联系实际的机会。基于同样的理由，基础性的人文、社科课程也往高年级延伸安排。

二、专业基础课的学习策略

专业基础课,是基础课与专业课之间的中介性、过渡性课程系列。由于专业的学科特点不同,各类专业基础课程具有不同特点以及学习方法上的差异性。同时,各类专业基础课也有一些共同特性,如从基本要素到服务社会实际应用的中介,由总论到分论的过渡,由基本要素到衍生合成的发展等。

专业基础课不仅在整个大学本科学习过程中处于由基础到专业转变的关键地位,而且在未来实际工作中也具有"看家本领"的作用。这是因为,基础课知识难以直接应用,专业课知识又更新太快,而专业基础课知识则可能在较长时间内伴随着你,时时为你提供实际的服务。

(一) 专业基础课的特点

专业基础课,又称"技术基础课"或"学科基础课"。就工科而言,这类课程的学术形态就是技术科学。专业基础课具有以下基本特点。①大学生的学习由认识客观开始进入改造客观领域,并有特定的目标导向。②以知识为基础开始形成某种特定的能力和技能。③除通过理论思维形成的理论知识外,还有经验知识的获得和积累。④形成了繁简不一的人—机系统。

与公共基础课阶段相比,学习技术基础课的难度在某些方面有所增大。因为公共基础课的许多科目与中学所学课程有一定的联系和连续性,而技术基础课程却联系较少。在技术基础课程学习阶段,一般专业的所谓"重头课"比较集中,课时较多,增加了学习难度。

(二) 专业基础课的学习策略

1. 要注意技术基础课在不同专业中的定位

例如,理论力学是各门力学的基础,在许多工程技术领域中有着广泛的应用,因此是一门理论性较强的技术基础课;工程流体力学(水力学、气体动力学)在动力类专业是技术基础课,在水利、航空专业则是主干技术基础课;制图是机械、电子、管理等专业的必修技术基础课;机械原理则是机械专业的主干技术基础课;信号与系统则是电子、通信类专业继电路之后的一门重要技术基础课;而金工实习则是机械类各专业实践性的技术基础课等。

2. 要重视课程之间的内在联系

由于技术基础课的中介性，因而在学习过程中要重视课程之间的内在联系。例如，电磁场理论课是在大学电磁学的基础上，进一步掌握宏观电磁场的基本规律，并结合各专业实际介绍其技术应用的基本知识。通过教学，培养大学生用场的观点对电气工程中的电磁现象和电磁过程进行定性分析与判断的初步能力，了解进行定量分析的基本途径，为进一步学习和应用各种较复杂的电磁场计算方法打下基础。不仅如此，电磁场理论将增强大学生的适应能力和创造能力。因此，在学习这类课程之前，一定要对先修课程相关基础部分进行必要的复习。有时，在技术基础课运用先修课程中的某些基础理论，还会因为通过实际运用而有新的认识和理解。若能连贯起来深入学习和思考，还可起到进一步加固、夯实基础的作用。

上述情况在理工农医类专业中比较常见，即课程阶段之间内在理论体系比较紧密。人文社科类专业的课程衔接表现为另一种特点。例如，历史专业，学科基础课程除中国及世界通史为主干学科基础课外，还有史学史、读史基础、史学论文写作的功能、史学方法论的基础，以及古代汉语作为工具性基础。前后课程的联系是从总体到局部、从一般到个别、由宽博到精深的发展线路。先修课为后继课提供整体背景和方法论基础。例如，由中国近代史、现代史到中国近代思想史，进而可以研究中国近代政治思想史，一般都是经由通史到专门史再到专题研究。这里要特别重视史学背景（包括外部化境）及史学方法论的基础联结问题。因此，大学生既要根据学科、专业的自身特点重视课程体系的结构和联系，又要注意从整体上把握，以求达到融会贯通的境地。

3. 认真做好实验

认真做好实验是理论与实际相结合的一个重要途径。

从基础课学习进入技术基础课学习阶段，对事物的分析便从理想状态进入现实状态。技术科学以数学和基础科学作为自己的基础，同时把它们的原理和方法进一步扩展到工程技术或专业技术的创造性应用中去。因此，技术科学本质上皆为实验科学。

为了体现技术科学的科学实验基础，许多技术基础课在提出理论教学要求的同时都提出实验教学的要求。例如，研究工程材料强度理论就不能停留在理论模型的分析上，而是必须通过工程材料的强度实验了解工程实际中的应用情况，从而使大学生逐步将数理基本理论用于解决工程实际问题的理念，并在实验、实践过程中积累经验。因此，实验教学在知识、技能（经验）和态度三方面所能实现的教育目的，无疑是其他课程单元难以替代的。做好技术基础课的实验，关键在于了解所做实验的工程或实际问题背景，追溯形成基本理论实验的原型。

三、专业课的学习策略

当前，我国高校教学计划中对专业课设置的基本要求是：既要体现专业培养目标的要求，又要体现专业自身的特点和办学特色，要根据需要和可能适当减少其占有的学时比例。本科人才培养目标、规格除专业的"三基"即"基础理论、基本知识和基本技能"外，要求具有独立获取知识、提出问题、分析问题和解决问题的基本能力及开拓创新的精神，具备一定的社会活动能力、从事本专业业务工作的基本能力与素质。这些基本要求应在专业课学习过程中逐步强化并充分体现出来。

在基础、技术基础与专业三大类课程中，专业课的学时比重因专业不同占10%~20%，所占比重不大但有显著特点，主要是与生产、科研、社会各方联系紧密，能触及学科前沿，案例具有典型性，反映行业、事业及学术发展方向乃至某些重要的决策分歧、学术争论等。因此，大学生在专业课的学习方法上应重视以下几个方面。

（一）用分析的态度对待专业课教学

专业课的类型多种多样，尤其在选课制的情况下，其设计内容比较广泛。有的属于专业的工艺、流程、生产及管理方法；有的是学科分支或跨学科、交叉学科介绍；有的属于基础理论深入提高部分（课程名称前面往往冠以"高等"字样，如"高等结构力学"）；也有属于研究专题的，或相近专业基本内容简介的（也可发展为辅修专业课程组），等等。

专业课形式多样，内容深浅不一，大学生在学习过程中应持批判分析态度。一般来说,专业课均有专业理论部分和实际应用部分,应当重视有关理论学习,而不要局限在专业操作训练上。专业课教材常常量大面广,但仍不能以教材及课堂讲授为满足,大学生必须多多阅读参考书籍和资料,特别是对相关学术期刊的阅览、网上的信息搜寻等,可以进一步把握学科和专业发展的前沿问题。对于概论性专科课程,则有深入课题可以探讨。对于学术前沿、专题研究、讲座等,一般都有"新"与"深"的特点,也往往有不同流派、不同观点的争论,同样也为深入学习提供机会和可能。因此,用分析的态度对待教学内容,是大学生学习专业课应持有的一种基本态度。在大学学习过程,大学生要努力提高自学能力,勤于思考,遇事能提出自己的独立见解,使教学过程真正成为师生交流、探讨问题的过程,发挥教学相长的作用。大学生要以自己的学习心得或形成的独立见解参与师生间、学者间的交流讨论,这种交流不在结果如何,关键在过程。其目的是通过这种交流,提高大学生自主学习的积极性和能力。

(二) 发挥大型作业的教学作用

大学生独立完成课程设计(学年论文)、毕业设计(毕业论文)等大型作业,具有十分重要的教育、教学作用。一是可以总结所学理论并训练在实际问题上综合运用理论的能力;二是可以体现理论联系实际的原则,考查并培养大学生分析问题、解决问题的能力;三是可以了解和提高大学生的创新精神和创新能力;四是可以考查和改进大学生学风和工作作风的状况。

从更广泛的角度来看,完成课程的习题、做小论文、做实验、参加课堂讨论等,都是独立完成的作业,必须从小处做起,一丝不苟,独立完成,持之以恒。只有这样,才能养成良好的习惯。当然,完成习题一般主要有正误之分;而论文、设计的评价除正误之分外,还有优劣之别。基本正确无误只是及格水平,有一些不凡之见可评为良好,有创新独到之见解方可评为优秀。也就是说,对设计、论文的评价突出了对创新精神、创新能力的考核。

总之,对毕业设计、毕业论文这类大型作业的完成状况,不能仅从一种教学环节的质量如何来考查,而应当从本科教育培养大学生的全面要求来分析。这是一面镜子,是对大学四年教学状况、学习状况的整体反映,应当看作是"全息性"的反映。这也是一次"合成军事演习",看看大学阶段所学的"十八般武艺"在实践中运用得怎样。也就是说,进入专业课学习阶段以后,大学生对教学及学习的思考不能仅限于专业课的课堂教学,而应着眼于综合素质的养成。

(三) 积极参加科研创新活动

我国高等教育法对本科教育的学业标准化的要求更高。在毕业生应具备能力的表达上,以往只提具有从事本专业实际工作的初步能力。现在的提法又加上了"研究工作的初步能力"。因此,应当大力提倡大学生积极参加各种形式的科研、科技创新活动。

大学生参加科研创新活动,可以采取多种形式。例如,可以参加大学生学术社团组织;可以由个人或课题小组选择项目,向学校各级组织申请立项,开展研究工作;可以创造条件参加教师的科研课题研究工作,也可以承担来自社会的委托研究课题,结合毕业论文和毕业设计开展专题研究,等等。

当然,培养创新能力可作广义理解,以便开阔视野、多方组织进行。例如,从事文学创作、艺术创作、竞标创意设计、大型文化活动的组织领导和创意活动,甚至可以包括承担文字翻译工作,参加数模竞赛、科技成果制作比赛,等等。

大学生参加科技创新、创作活动,可以从多方面获得锻炼。首先,是在专业学术领域获取新知识,提高能力以及学风、作风等品格的养成;其次,可以培养自己的团队精神以及与人交往、共事合作的能力,锻炼和提高参与社会工作的能力,提高语言和文字表达能力等。目前,一些高校大学生的科技成果已获得专利并进入知识产品市场,获得了良好的社会评价。

第四章

大学生学习的潜能开发与自信心提升

第一节 大学生学习的潜能开发

潜能就是潜在的能量,正常情境下并不显现出来,只有在一些特殊的情境下才会被激发出来,比如说,有人在逃命时能跨越 4 米宽的悬崖,这是平时不可能跨越的宽度。潜能来源于潜意识,从某种意义上说,潜能就是潜意识。开发潜能的力量,就是诱发潜意识的力量。潜意识是相对于意识而存在的,又称"右脑意识""宇宙意识""祖先脑"。潜意识,就是人类原本具备却忘了使用的能力,这种能力被称为"潜力",也就是存在但却未被开发与利用的能力。潜能的动力深藏在我们的深层潜意识当中。

英国学者托尼·巴赞认为,人类需要认识和开发以下九大潜能:①感觉潜能;②表达潜能;③身心潜能;④空间潜能;⑤计算潜能;⑥精神潜能;⑦自我认识潜能;⑧社会潜能;⑨创造潜能。

美国知名学者奥图博士说:"人脑好像一个沉睡的巨人,我们均只用了不到 1% 的大脑潜力。"如果人类发挥出其一小半潜能,就可以轻易学会 40 种语言,记忆整套百科全书,获 12 个博士学位。所以,如果我们可以把我们的潜能开发出来,我们的学习将不再是难题。

一、大学生潜能开发的三个层次

尚在求学阶段的大学生潜能开发有三个层次。

第一，调动起学习的积极性，发挥潜能，完成学习任务。

第二，在完成学习任务的过程中，认识自我，认识客观世界，增长才干。

第三，明白"老师的教是为了不需要教"，进入"自奋其力，自致其知"的境界。

达到第三个层次的同学，学习知识、能力提高的效率明显提高，创造性思维活动增强，产生浓厚的解决实际问题或探索科学规律的兴趣，灵感增多，主动克服困难、完成学习任务，创造性人格也得到发展。

二、大学生潜能开发的三要素

怎样发掘潜力？专家认为，要想达到身体健康的极限，必须具备良好的心理素质。稳定的人格、没有偏激与猜疑、拥有积极向上的生活和心态等，都是开发人体潜在力量的前提。只有积极开发人的心理潜能，才能带动生理潜能的共同开发。潜能开发的三要素如下。

（一）高度的自信

如果你够自信，心底就会油然而生起一股激情，会有一种灵感四溢的感觉，做起事来也会有事半功倍的效果；而相反，如果你不够自信，内心的胆怯会阻碍你大脑的正常运作，从而会影响你的做事效率。学习亦是如此。所以，对待学习，自信一点吧！信心是潜意识能量的精髓、灵魂，没有信心，将一事无成。

（二）强烈的愿望

当人强烈渴望某个事物，特别是当这种渴望已深入影响到潜意识时，他便会求助于潜意识中的意志和智慧的潜在力量，这些力量在愿望的推动和刺激下，会表现出不同寻常的超人力量。

（三）坚定的意志

坚定的意志是一个人能成功的关键因素，意志与我们的潜意识有着非常密切的关系。只有当你拥有非常坚定的意志时，在强烈的愿望的作用下，才会有不达目的誓不罢休的气魄，才会最终取得成功。

三、大学生潜能开发的常见方法

（一）强度攻击法

这是国外潜能研究者提出的一种寻找特长潜能及其灵敏点的方法。具体做法是，小组成员将自己的名字写在纸条上，置于容器内，然后以随机的方式抽出一个名字，被抽中的人就成了被攻击的靶子。他先将自己的性格特点及能力一一列举出来，然后问其他人："你们认为我还有什么长处？还有什么能力没有发挥？"大家便根据这个人的人格、实际具有的能力，以及他为何没有充分发挥这些能力的原因攻击他。结果发现，别人比自己更了解自己的能力，也更了解自己没有充分发挥能力的理由。攻击接近尾声时，大家还要对下面的问题做延伸性想象："假定从现在起，这个人能够将我们所发现的潜能完全发挥，5年后将是怎样的光景呢？"这种方法，既可以发现人的多种潜能，也能发现人的特长潜能及其灵敏点。

（二）体验高峰经验

每个人在他的一生中都有成功的喜悦，那成功便是潜能开发的最佳状态，那喜悦被人们称为高峰经验。心理学家马斯洛将高峰经验定义为生活中最奇妙的时刻，也就是生活中最欢乐、最欣喜的时刻。体验高峰经验就是重温成功的喜悦，以激发潜能，完成被认为完不成的任务，攀登无法攀登的高峰。高峰经验的体验就是唤起沉睡的潜能，开发沉睡的潜能。一次成功，可以带来以后的无数次成功，这就要珍惜第一次成功，自觉地运用体验高峰经验的潜能开发方法。

（三）放松和静思

这是容易被人们忽视的开发潜能的最佳方法之一。人们总以为，只有在紧张的劳动中，才能发挥潜能，其实，研究中外人才史可以发现，灵感的产生不是在紧张的劳动之中，而是在紧张劳动过后的放松情绪之时。

（四）保持健康的心理

良好的心态这既是潜能开发的前提和保证，又是一种重要的方法。开发潜能，离不开一个健康的心理、良好的心态，没有它，创造思维就不活跃，想象、直觉、联想就不丰富。一句话，就难以进行创造性的劳动。

四、大学生潜能开发的策略

我们必须要保持良好的心理健康状况，这是开发智力潜能最基本的条件。当我们同时具备了上述三个要素之后，还要运用具体可操作的指导来帮助我们实现潜能的开发。

（一）确定目标，立即行动

你的行动反映你的信念，你所做的事情表明你的信仰。在开始的时候，你或许不是很勇敢，也不是很自信。然而，只要你连续不断地努力，你必将会产生那种感觉并变得自信。随着你知识的增多与能力的提升，你的自信心会随之增强的。

（二）客观评价，挖掘潜力

客观地认识自己、评价自己、分析自己。比如说，每个人的英语水平各有不同，同学们都应当客观地评价自己的英语水平，了解自己英语到底是哪个地方有欠缺，然后有针对性地进行补习。潜能是无限的，我们自身的缺点制约了我们自身潜能的开发。明确了自己的优缺点之后，潜能的开发便有针对性，行动就有方向性。

（三）相互督促，共同进步

当你认真学习的时候，你需要一个良好的环境。当你融入一个良好的环境时，坚持到底就不是很难的事了。一个人很难坚持到底，两个、三个或者很多人共同坚持时，彼此之间便形成一种坚持的习惯。每个人都需要有人相信他们，而那些与你关系最为密切的人可能不是最佳的人选，关键是你找到合适的人。因此，应该选择与自己目标一致的同学结成学习伙伴，相互督促、共同进步。

（四）坚定信念，避免盲从

大学里，能否掌握知识，真正起作用的是我们大学生自己。你坚信自己能行，你就一定能行。不要人云亦云，不要盲目服从一切指示。当一个梦想与你的目标达成一致时，并激发你的热情，启发你去计划、去坚持，直至你能实现它时，这个梦想就不是不现实的了。不要盲目追随一切指示，要明白当前最重要的是什么！

第二节　大学生学习的自信心提升

自信代表着一种优秀的心理品质和积极的人生态度。它是一种无形的力量，时刻在充实和完善着自我和人生。自信的人相信自己，相信自己的能力，也相信自己的价值，因而凡事尽力争取，有一种"当仁不让"的主动精神。自信的大学生表现出活泼、开放、幽默、果断等特点。每个大学生都渴望变得更加自信，都想提升自己学习的自信心。

一、自信心的三个层面

自信是一种心态，是对自己能力、非能力和潜能力的信任。

（一）对自己能力的信任

自己能做的事，就相信自己能做，勇于将自己的能力体现出来，不惧人言。这种自信，是保证将自己的能力充分发挥的前提，是自信的第一个层次。如果你拥有自信，又没有任何外界影响，那么你所体现出来的，就是做你能力范围内的事。

（二）对自己非能力的信任

自己不能做的事，就是不能做，坦然处之，而不会觉得低人一等，更不会影响自己对有能力事情的自信。你是围棋高手，没有必要因为象棋不行而自卑。人无完人，每个人都有自己不能做的事，而人又是社会的，总会有人对你的非能力之事做出各种评价，甚至是诋毁。这时人往往会受到打击，会由于对自己非能力的不自信，而导致对自己能力的不自信，认为自己窝囊，什么事情都不行，我们要有意识地避免这种晕轮效应的发生。

一件事的成功，往往需要很多因素。而事实上你只要具备做好关键性因素的能力，就可能获得成功，而你在非关键性因素上的非能力，并不会影响成功。但往往在外界影响下，有的人会因为对非能力的不自信而导致对整个事情的不自信，从而导致失败。

对非能力自信，是能力自信的保证，你如果既有了能力自信，也有了非能力自信，就会在外界的影响下充分展示自己的能力。

（三）对自己潜能力的信任

对自己潜能力的信任，就是相信自己可以在面对困难与挑战的时候，将自己最大的潜能释放出来，相信自己可以在理想和兴趣的引导下坚定不移地走向成功。人有着很大的潜在能力，你本身具备的能力可能并未被你所认识，有些事你可能没有能力做，但你必须做，如背水一战的关键时刻，你必须相信自己能做到，这就是潜能力的自信。

人的潜能无穷。面对一个目标，我们需要考虑的不是"能不能"做到，而是"要不要"做到，换言之是不是一定要做到。相信自己，放手去做，全力以赴，别管"能不能"，才能最大限度地释放自己的潜能力。

相信自己有本事去做事而心安理得、心平气和叫自信；相信自己没本事而不去做事，不做仍然心安理得，也是自信。所以，自信者都有一个良好的心态，对能做的事情相信能够做好，对不能做的事情坦然处之，或学习去做它，对不确定是否能做的事勇于尝试。

二、自信是潜能的"放大镜"

一个人自身所具有的潜能和他在学习、工作、生活中表现出来的能力并不总是1∶1的关系。许多人屡屡在学业和事业上遭遇挫折，他们习惯性地把挫折归结为自身潜质的不足。其实，即便在这些经常灰心丧气的人身上，也往往蕴藏着巨大的、超出常人想象的潜能——只不过，潜能的主人并没有意识到，或者意识到了，却不知该如何释放这些能量罢了。相反，那些特别乐观、特别自信的人总能不断地从自己身上找到前进的动力，总能设法让自己身体里的潜能超水平地发挥和释放出来。

如果我们能多给自己一点信心、勇气、干劲，多一分胆略和毅力，就有可能使自己身上处于休眠状态的潜能发挥出来，创造出连自己都吃惊的成功来。

如果我们不能意识到自身巨大的潜能，或者不善于将潜能释放出来，我们就好像故意在自己的潜能面前放置了一个凹透镜，潜能在凹透镜里的"成像"（也就是我们表现出来的能力）被物理学中最基本的光线折射原理"缩小"了；反之，如果善于发现并释放自己的潜能，我们就有可能突破自己的能力极限，获得巨大的、甚至连自己都无法想象的成功——这种效应就像在自己的潜能面前放置了一个凸透镜一样。

因此，每一个追求成功的人都会设法为自己寻找一个可以放大潜能的凸透镜。而无论从哪种意义上说，"自信"都是最好的潜能"放大镜"之一。

三、自信是成功的关键

马克思说过：客观世界是普遍联系的。我是否自信和别人的看法有紧密的关系，而别人对我的看法又会影响我的自信，所以我想我应该从自我做起，给别人信心，也给自己信心。只有这样我才能重新自信满满，才可能走向成功。

自信对每个人都非常重要。无论面临的是学习的压力还是工作的挑战，无论身处的是顺境还是逆境，自信都可以用它神奇的放大效应为我们的表现加分。因此，一个充满自信的人总会在面对挑战时鼓励自己："嘿！我能行，我一定行的！"

更进一步地说，自信就是相信自己能够成功，并因此形成坦然面对一切艰难险阻的心理状态。自信是对自身能力的正面评估，是一种健康、积极的个人品质。自信的人敢于尝试新的领域，能更快地发现和发展自己的兴趣或才华，也更容易获得真正意义上的成功；自信的人更快乐，因为他不会时刻担心或提防失败。自信才能有主见，才能做出他人从未做过的事情。自信的人每取得一点胜利，就会有一种非凡的成就感，即便遇到挫折，自信的人也能从经验教训中获取继续前行的勇气。此外，根据同理心的反射理论，自信的人会因为自信而信任他人，他们重诺守约，善于在团队合作中发挥自我的价值。就像西方一句名言所说的那样："成功与否并不取决于我们是谁，而是取决于我们如何看待自己。"

四、自信的获得

命运既然让我们降生在这个世界上,就平等地赋予我们每个人这样或那样的优点和缺点。作为一个富有个性和追求快乐的人,关键在于不要随波逐流,总是羡慕他人如何优秀,而应该保持自己的本色,依照自己的条件去充分发挥,这样我们不但可以摆脱自卑的阴影,而且会享受到许多从未想过的幸福,让自己变得越来越自信,使自己的生活变得越来越成功。

从自卑走到自信,需要打破已有的恶性循环,消除对失败的恐惧,摒弃消极悲观的态度,并从现在开始培养积极乐观的思维方式。

获取自信可以采取李开复(见人物介绍)提出的以下六个步骤。

（一）尊重自己,鼓励自己

李开复说:"在批评中长大的孩子最容易自卑;在嘲笑中长大的孩子最容易怯懦;在鼓励中长大的孩子最有自信;在称赞中长大的孩子最懂得宽容……"

的确,鼓励和称赞对于年轻人来说永远都是最好的动力。但从另一方面看,来自家长和老师的鼓励固然非常重要,可自信的关键在于"自己",如果自己总认为自己不行,总是不给自己"打气",那么,无论其他人怎样鼓励,也无法得到真正的自信。

因此,自信的第一个秘密就是永远想象自己有足够的潜能,并因此尊重和鼓励自己。

如果能用尊重自己的态度努力发现和发挥这些潜能,每个人都可以取得成功。

（二）赞美自己,从潜意识做起

自信是一种感觉,你不可能用背书的方法"学习"自信,只能靠"学习"来提升自信。具体的做法是。

用具体的事例反复"训练"你的大脑,经过潜意识的每一次思维,告诉自己你是值得信任的,你应当为自己自豪,你必须成为自己最好的啦啦队。

第一,每天告诉自己一次:"我真的很不错!"每晚入睡前,不妨想一想今天发生了什么值得自豪的事情：得到了好成绩吗？帮助了别人吗？有什么事情超出了自己的期望值吗？有谁夸奖了自己吗？每个人每天都可以找到一件或几件成功的事情，像这样坚持下去，慢慢地你就会发现，这些"小成功"会变得越来越有意义。

第二，改变说话的习惯。除了在心里夸奖自己以外，也要尝试让自己的言语充满自信。因为你讲的每一个字都会在不知不觉中影响着你的潜意识。如果一个人的每句话都带着消极、失望的情绪，那么他肯定会越来越自卑。改变说话的习惯可以帮助你获取足够的自信。因此，在面对困难时，不要说"我做不到某件事"，而要说："到现在为止，我尚未做到这件事"；"我只要……，就能做到这件事"；"为了做到这件事，我要努力做好……""我做不到"意味着消极和放弃。要把这消极的处世哲学转换成为积极的、主动的态度，因为每个积极的人都有选择的权利，都可以为自己带来足够的自信。

例如，对于英语成绩不好的大学生来说，假如总是对自己说"我学不好英语"，那么，在潜意识里已经把自己当作了失败者，这样想是永远无法取得突破的。类似的负面语词会逐渐让大脑感觉到："在英语学习方面，我根本不行。"

显然，这种态度只会让自己愈发悲观，不会对英语学习提供任何帮助。好的做法是，告诉自己"我只是到现在为止，尚未学好英语罢了"。在这里，"尚未"虽然不是正面的、积极的语词，但是，"到现在为止"却表明自己在不远的将来还有改进、提高的机会。

更好的做法是，告诉自己"我只要每天努力学习一小时，就能学好英语"，或者"我只要在英语补习班上勤奋、积极，就能学好英语"。这样鼓励自己的话显然更为有效，会督促着自己认真地将计划付诸实施。

因此，"我能……"才是最正面、最积极、最能提升自信的一句话。

（三）用言行激发自信

有一位同学问李开复："我是一个很容易受别人影响的人，因此也很在意别人对自己说三道四，似乎别人对某件事的看法会在很大程度上影响我，这让我困惑不已。我想做一个更有自信、更有想法的人，但是，我周围的人让我越来越自卑。"

李开复是这么回答的:"美国总统罗斯福的夫人艾莉诺·罗斯福说过:'没有你的同意,谁都无法使你自卑。'自信是一个循环。如果你表现出足够的自信,别人就会认同你的自信,你就会因此而越来越自信。"

容易受别人影响的大学生要勇于表达自己,并善于用自己的言行增强自信心。大家不妨试一试下面这四种训练方法。

1. 正确对待别人的看法

不能因为在乎别人的意见而失去了自己的想法和主见。自信源于自我认同,如果一切都以别人的意见为准,就会失去真正的自我,并会因此而失去自信。做事情时不一定要严格区分什么是别人的想法、什么是自己的想法——只要是你认可的想法,就是你自己的想法。要更客观、更理智地看问题,不要未经判断就盲目接受他人的立场。要知道,对特定的事物,每一个人的看法可能都不尽相同,自己完全有能力、也有机会表达自己的意见。

2. 有自己的想法和主见

理解自己的原则,明白什么是不可放弃的,什么是必须坚持的。在与人交换意见的过程中,绝对不可以在原则上让步,不可以随便同意不符合自己原则的事。当觉得自己对某件事可以"不在乎原则"的时候,那也许正是开始逐渐丧失自我、丧失自信的时候。

3. 勇于自我表现

自己有想法的时候一定要表达出来,不要闷在肚子里。自我表现是对自己最好的鼓励,也是培养自信的必经之路。在很多情况下,自信心是要通过自我表现才能不断加强的。只有将自己的能力、自己的见解充分展示出来,才能真正看到自己对他人的影响力,才能从这种影响力中获取足够的自信。

4. 学习自信的表达方式

在表现自我的时候要注意表达的方式、方法。一个有自信的人和一个没有自信的人说起话来是大不一样的,明眼人只要两秒钟就可以看出他们之间的差异。一般说来,一个有自信的人总会在表达和沟通时注意以下几点。

(1) 多用有魄力的语词,如"我认为""我希望""我要求""我决定"

等。

（2）讲话清晰，声音中气十足，善于用语调、音量、停顿来强调话语里的重点信息。

（3）主动和对方进行眼神交流，向对方传达"我对自己充满自信"的讯息。

（4）坚持真理，不随意接受别人的意见。

（5）表述时不让他人随意打断。

（6）对听众足够尊重，不担心听众不尊重自己。

（7）拒绝沉默，主动表达自己的想法。

（8）在表达和沟通之前做好充分的准备，如必要的演练等。

（9）表达时尽量简明扼要，让听众在最短时间内获得最重要的信息。

（四）从成功里获得自信，从失败里增加自觉

一个自信和自觉的人，能勇敢地尝试新的事物，并有毅力把它做好，会从成功里获得自信，从失败里增加自觉。

你能学会你想学会的任何东西——这不是能不能学会的问题，而是想不想学会的问题。如果对某件事有强烈的欲望，就会在做这件事的时候具备坚韧不拔的精神，就能用自信克服前进道路上的所有困难。

另一方面，在追求成功的时候，也不要成为自傲、自负的人。自信的态度与自我偏执、不允许自己犯错、以自我为中心、失去客观立场等做法是绝不能画等号的。

带有自傲倾向的自信或是不自觉的自信甚至比不自信更加危险。在有勇气尝试新事物的同时，也必须有勇气面对失败。当你畏惧失败时，不妨仔细想一想，你最怕失去什么？如果失败，最坏的下场是什么？这样的下场是你不能接受的吗？

自觉的人会从失败中学习，认识到自己不适合做什么事情，并以此提升自己的自觉。因此，不要畏惧失败，只要曾经尽了力，只要愿意向自己的极限挑战，就应为自己的勇气而自豪。

唯有自觉的人才能真正获取积极、健康的自信。有自觉的人不会过度地

自我批评，也不会盲目地乐观，他们能客观地评估自己。所以，会坦诚地面对自己的能力极限，不会轻易地接受自己能力范围外的工作，不会对自己设定不合理的目标。当然，他们仍乐于接受挑战，但会在接受挑战时做客观的风险评估。

自觉的人不但对自己坦诚，对他人也坦诚。坦诚地面对失败会得到别人的信赖，因为对方知道你已经接受了教训。坦诚地面对自己的缺点也会得到别人的尊敬，因为对方知道你不会不自量力。所以，自觉的人更容易成功，也更容易获得自信。

（五）制定具体目标，由自觉达到自信

培养自信时，一方面要基于自觉的态度，另一方面也要设定具体的目标，并据此一步步向目标迈进。与制定人生目标和工作目标相仿，这些目标也必须是可衡量的。

除了可衡量的目标之外，培养自信的目标也一定要有可行性。结合自身实际制定的目标，成功的可能性大，也容易引发良性的循环；不符合实际的目标容易造成失败和沮丧，并进而引发恶性的循环。

有相当多的学生提出过以下类似的问题：

"我找不到工作，谁可以借我100万元，用来创业呢？""我要成为钱学森第二！""我虽然高考失利，没考上大学，但我的目标锁定了清华大学，明年重考一定要考上。"

会制定这些目标的学生的心态普遍比较浮躁，他们的自信也不太合实际。也许，这种浮躁的心态与中国普遍存在的一元化成功的思维有关，也与中国根深蒂固的望子成龙、望女成凤的传统观念有关。很多时候，父母亲将自己争取不到的社会地位、实现不了的理想寄托在孩子身上，希望孩子代他们实现。太多的孩子生活在这种巨大的压力之中。在他们的成长过程里，父母总要求他们制定最高的目标，却很少考虑他们是否具备这样的能力、是否有信心去面对这么多的困难和期望。如果平时没培养孩子的自信心，当困难来临时，他们就会因为惧怕失败而陷入恶性循环之中。因此，对孩子提出不切实际的要求，并不是在帮助孩子，而是害了孩子。

对自己的要求也是一样。许多时候，失望的最大原因就是期望太高。因此，无论制定的是哪一类的目标，都必须从实际出发，从正确的自我认识和自我评价出发。

自觉的人不但能公正地评价自己，还会主动要求周围的人给自己提供批评和反馈意见。他们明白，虽然自己具备了自觉的能力，但别人眼中的自己也很重要。一方面，别人眼中的自己更为客观，另一方面，别人眼中的自己才是真正存在的自己，所以会虚心地理解和接受别人的想法。在很多方面，都可以斟酌使用别人的反馈作为自己的最终目标。

一般说来，获得坦诚的反馈（特别是负面的回馈）并不容易。所以，最好能有一些坦诚的知心朋友，他们愿意在私下里对你说真心话。当然，不能对负面的反馈有任何不满，否则以后就听不到真心话了。

2004年轰动全国的"马加爵事件"中马加爵说："同学都看不起我。"其实，如果他有勇气向他信任的同学求证，他也许就会发现自己错怪了同学；也许就会发现交错了朋友；也许就会证实同学确实看不起他，并了解其中的原因，然后自我改进。坦诚的交流，结交真心的朋友或许都可以帮助马加爵，避免悲剧的发生。

所以说，有自觉的人善于为自己制定现实的目标，客观地衡量自己并会请他人帮助评估，这样的人能持续提升自己的自信，也能避免这种自信发展为自傲或自负。

重视或采纳他人的反馈意见，并不意味着你要依赖别人，因为最后的选择还是要由你自己决定。一个过分依赖别人的人无异于在向他人表明："你的看法比我对自己的看法更加重要。"一旦持有这样的态度，还怎么能够培养出正确、健康的自信心呢？

当你听取他人的反馈意见时，应当客观地评估、采纳其中可行性较高的建议或目标。但同时也要努力培养自觉和自信，不要一听到别人的赞许就飘飘然地开始走向自负，更不要因别人的批评而陷入自卑。当你认识到自身的价值并做了最终决定之后，即便有人反对，你也不必在意——你就是你自己，你的自信可以帮助你发挥优势，释放潜能。

(六) 发挥优势，放飞自我

培养自信的关键在于认识并发掘自身的优势，从某种意义上说，这比弥补自身的劣势更重要。许多年轻人缺乏自信的原因是，以往的教育总强调人的成长是不断克服缺点的过程，中国的家长和老师更喜欢批评而不是鼓励学生。在这样的教育环境中，许多学生逐渐相信了家长和老师在批评自己时使用的说法，并慢慢认为自己脑筋迟钝、无可救药，自信因此而从成千上万名资质甚佳的学生身边悄悄溜走了。所以，中国的青年一代更需要在自信的指引下，仔细而全面地寻找自身的优势。只有这样，才能找到真正的自我。

美国的一本畅销书——《现在，发现你的优势》中指出：大部分人在成长过程中都试着"改变自己的缺点，希望把缺点变为优点"，但却碰到了更多的困难和痛苦；而少数最快乐、最成功的人的秘诀是"加强自己的优点并管理自己的缺点"。所谓"管理自己的缺点"，就是在不足的地方做到足够好而不是放弃努力；"加强自己的优点"，就是把大部分精力花在自己有兴趣的事情上，让自己有最大的机会得到最好的结果，从而培养自信、走向成功。

自信是自身潜能的"放大镜"，自信也是发挥自身优势的"催化剂"。希望大学生们都能在认识自己、鼓励自己的基础上，将自卑、自怨的心理阴影抛到九霄云外；并能由此进入一个良性的心理循环——在自信中品味成功，在成功中享受快乐，在快乐中放飞自我。

五、培养自信心的十八种方法

(一) 一鼓作气

有些人做事喜欢慢工出细活，而有些人则非得要用一鼓作气的做事方法不行，因为只要一中断，可能就没下文了。

如果你是缺乏自信的人，那么你最好选用一鼓作气的做事方式，那会让你的做事效率提高许多，对于自信心的养成也较有帮助，否则你可能会一直迷失在一事无成的消极情绪中。譬如说确定了某一个目标之后，就立刻去执行它；想到要做一件事，就不要拖拖拉拉、犹豫不决；已经开了头的事情，就一口气把它做完，千万别边玩边做，避免不了了之。等到习惯成自然之后，你就会发现原来自己也是一个可以做很多事情的人，不知不觉中就培养了自信，鱼与熊掌都能兼得。

(二) 未雨绸缪

有很多失去自信的人，并不是因为本身的条件比别人差，或是际遇比别人坎坷，而是因为他们都没有未雨绸缪的心理准备，一旦碰到较棘手的问题时，即无力招架，从此失去自信心。

做事应该未雨绸缪，居安思危，这样在危险突然降临时，才不至于手忙脚乱。"书到用时方恨少"，平常若不充实学问，临时抱佛脚是来不及的。也有人抱怨没有机会，然而当机会来临时，却又哀叹自己平时没有积蓄足够的学识与能力，以致不能胜任，也只好后悔莫及。

作为学生，老师交待的作业，如果能在假期一开始的时候妥善规划完成的进度，就不会在假期结束之前手忙脚乱，最后只好草率交差；老师所指定的考试，若能提早准备，就不用临时抱佛脚，导致名落孙山。

当你的角色是一个上班族，平时就应该多充实自己的专业知识、增长见闻、培养人脉，而不是计较工作量的多寡、嫉妒表现优异的同事。力气和时间用错地方，只会让自己陷入一种不能自拔的恶性循环之中。

无论你现在正扮演着什么角色，多听、多看、多学，你的自信心就会从心底应运而生。

(三) 具有行动力

具有行动力的人，90%以上都是对自己有信心的人。某些人能说出一套令天地都动容的大道理，但却始终没有做出什么令人佩服的事情，像这种没有行动的人，即使外在表现得多么不可一世，其实骨子里的担心、害怕比谁都要严重。

运用"行动力"的优势，创造美好生活的方式有两种：一种是因为有了十足的自信，所以有敏锐的思维，能够做出正确的判断，以实际的行动力完成任务。另一种则是因为有了身体力行的行动力，所以产生自信和经验，知道自己下次怎么做会更好，不断朝美丽的未来迈进。无论是先有自信，再以行动力实践目标，还是先有行动力，再产生自信，"行动力"可说是"自信"的好朋友。

能够真正在沙场上带兵作战且屡建功绩的人,要他说出一套精辟的兵法,绝对不是一件难事,但是,要让一个只会纸上谈兵的人征战沙场,就等于是要他直接送死。

"说"和"做"之间不会是必然的等号,而且往往"说"的准确性会小于"做",因为实际的行动才是最万无一失的,在行动的过程中你会发现自己疏忽了什么,多虑了什么,有哪些外来的干扰因素以及必要的、意外事件的预防与危机处理。

有勇气以实际行动去冒险的人,必然对自己有几成的把握;有勇气以实际行动去面对困境的人,必然对自己有充分的信心。

(四) 充实知识

从小,父母和老师对我们最常耳提面命的一句话就是:要好好读书,多充实知识,将来做一个有用的人。可见在这些过来人的心中,成为有学问的人是一件多么重要的事。或许,在懵懂无知的岁月里,我们每次听到长辈说这句话时,总是嘴里说:"我知道!"其实根本是左耳进、右耳出,在心上没留下半点痕迹。等到长大之后,自己开始面对无情的生命考验、各种险恶的环境,跌跌撞撞地一路走来,才真正懂得学问对一个人来说是多么重要。

每年或每隔一段时间,就会有某些调查中心提出调查报告,例如"全国最受年轻人崇拜的企业家""全世界最受欢迎的名人"等,而往往能够在这些调查之中榜上有名的人,必然都是学识涵养丰富、表现成熟稳重、对人类有所贡献、值得大家学习的典范。这些人所擅长的领域不同,但却有一个共同点,就是他们皆是好学之人,无所谓年龄的高低、性别的差异、出身背景的好坏,学习是他们成功的关键,也是他们终其一生的目标。

因为学习,所以得到知识;因为得到知识,所以更有智慧;因为更有智慧,所以能够表现出不畏惧困难的自信。这是一个完美的人生过程,只要你多用一点心就能拥有。

(五) 抽离

当问题已经形成、困境已经产生的时候,一味地自责和埋怨是于事无补的，可是深陷在负面的情绪中又是人之常情，怎么办呢？这时候，懂得抽离的人就是赢家。

所谓的抽离，就是想办法从那个令你沮丧、茫然、混沌的情境之中跳开，把原来以为已经绝望的感觉借由时空的转换，提升成理智的自信。

在爱情里，若遇上失恋时，大部分的人都会把自己深埋在痛苦的思绪之中，老是想着"对方为什么要抛弃我？""为什么别人的恋情都是甜蜜的，只有自己是悲苦的？""为什么自己真心地付出，却换不到一段真挚的爱情？"无时无刻在问为什么，却又始终找不出合理的解释和满意的答案，从此之后对感情心生畏惧，总有一朝被蛇咬、十年怕草绳的心理。

诸如此类的情形也可能发生在工作、婚姻、学业、人际关系上，使一个人慢慢失去信心和斗志，其后的发展令人忧心。

当你发现自己信心动摇，或是到了失去自信的临界点时，务必速速抽离，学着用不同的心情来看自己的行动和处境，这样就能渡过难关，以健康的心态继续前行。

（六）声音激励法

有些人的自信是与生俱来的，有些人的自信是后天锻炼和培养出来。对于那些自信不足或没有自信的人，可以试一试声音激励法，就像我们看到一些公司的员工，每天早上要在路旁大声喊口号；就像有些人为了练胆、加强自信，勉强自己去跟陌生人说话或提出某些要求的效果是一样的。

或许一开始你会觉得自己不可能做到，但是几次下来，以前让你闻之色变的"丢脸事"，却慢慢变成一种习以为常的行为，一点都不可怕，甚至有些乐在其中。

想要让自己更有自信吗？对自己出一些要求，譬如在等公共汽车的时候，故意向一位陌生人问路，或是找一位陌生人聊些最近的热门话题，你一定会变得越来越有自信的。

（七）笑容

中国人常说：伸手不打笑脸人。明明是让对方气得火冒三丈的事情，如果你能始终面带微笑地和他讨论解决方案，十之八九都会轻松过关的。

笑容，不但可以呈现你的信心指数，还能为你带来信心。

（八）心中有明确的尺子

现在有个题目，要你立刻作答：你清楚自己的人生目标吗？如果你的答案像是"嗯，不太清楚！""我最近正在思考……""我很清楚，但不知道怎么说！""我……我想……应该一直都没什么改变吧！"之类的话，表示你的心思摇摆不定，抓不到一个准则，那么你是没有自信的人。如果你的答案像是"我希望三年后买一间房子，50岁的时候退休，到公益团体里当义工""我没有确定的目标，因为我觉得人生无常、世事难料，且战且走就是我的人生哲学""感觉对了就去做，定一些做不到的目标很不切实际"之类的话，表示你很明确，有与没有、好与不好，自己心里很清楚，那么你是有自信的人。

看看你的答案，你是一个有自信的人吗？

（九）自我肯定，细化特长

以前的人总是含蓄，自己有什么想法或特长都不敢说出来，可是这个时代可不一样，如果你学不会自我肯定，还眼巴巴地等着别人来称赞自己，那么你可能等到海枯石烂都不一定有满意的结果，现代人的自下而上哲学就是——靠别人还不如靠自己。

首先，你必须彻底对自己做一番了解，找出自己有哪些天分、特质、优点和缺点，并将之分为足以被别人称赞和有待改善这两部分。然后，先把心思放在被别人称赞的部分，特别去加强和扩大它，等到自信心累积到一定的程度，再试着去改变有待改善的部分，这样一来，你不但适度地表现了自己，而且也不至于让别人觉得过火。

（十）开拓视野

一个眼界狭小的人，心胸一定也宽大不到哪里去；一个心胸不大的人，当然也就容不下自信的生存。

从小到大的成长经历中，以正常的发展来说，一个人随着年龄的增长，学习到的经验和见过的世界必然也应该越来越多，这也是为什么长大后的我们，心思会比儿童时期来得复杂，因为接触得多，考虑的层面也变得多了。

一个人的视野是否开阔,关系着他是否有自信去挑战新鲜的事物、他是否有自信去接受各种冒险、他是否有自信去面对残酷又不可测的生命历程。

惟有自信十足的人,才愿意让自己的视野不同于凡人,走出属于自己的路。

(十一)听而不闻

"想当年,你我都是在最高学府里最被看好的企管系高才生,而小青只不过是普通学生,没想到才几年的工夫,他不但找工作比别人顺利,一路平步青云地当上大企业的副总,而且还颇受老板的器重,眼看着就要坐稳接班人的位子了,唉!你说能不让人觉得憋气吗?"

任谁是当事人,这样的话听在耳里,一定都觉得很不舒服,严重的还可能因此而造成心理障碍,把原来的自信都打碎了,产生负面的效果。尤其如果你自认是一个好胜心强、不愿服输的人,听了这样的话,就选择忘掉它吧!否则它将成为你尚未成功之前,心中挥之不去的痛,更是未来发展的绊脚石。

你必须告诉自己:"我不要被他人不成熟、没自信、自怜自艾的话所影响,我只希望全力以赴,做好自己该做的事情,而不是多余的嫉妒和愤懑。"人本来就有选择好的、喜欢的、舒服的人或事物的本能,对于那些让自己不舒服的人或事物,你当然可以大声而坦然地说:"不!"因为这就是自信者的基本原则。

(十二)舍弃负面的比较

"我的命运比他坎坷;我的人际关系比他差;我这个当员工的真可怜,工作压力比老板还要大;同样做一件事,我总是要比别人多走许多冤枉路;我的恋爱运总比别人差……"看到这些复杂的比较关系,你一定不会陌生,因为这些正是许多人最爱做的负面比较。

这就是"比较"的可笑之处,因为那些喜欢运用比较哲学的人,表面上看起来是以自我为中心在对别人做评判,其实他们连自我的位置在哪里都没有把握,还谈什么比较呢?一直怀有比较心态的人,大多都是对自我不满足、不够了解自己、没有自信的人,所以只好借由与他人之间的差异来掩饰内心负面的情绪,因此就造成了负面的比较。

明明眼前的生活优越,却只想和千万富翁比较,当然会觉得自己命不如人,无法开最好的汽车,无法全身上下都是名牌,无法过那种衣来伸手饭来张口的日子,无法没事就到处旅行……好像自己一无是处,俨然成为别人都瞧不起的低下阶层。

时常胡思乱想的结果,绝对不可能产生什么好的能量,只会不断削弱自己的信心,而当你的信心被消磨殆尽的时候,等于只剩下一个无用的空壳躯体,这根本就是庸人自扰、无事生非!

(十三) 社交增强自信

上学时你所熟识的一定是你周围的同学、亲朋好友或左邻右舍,而且范围不会太大,是一群挺固定的人。而毕业参加工作以后,人脉关系和社交能力就会发生前所未有的巨大的变化,就得开始学习与"人"有关的各种课程,例如如何与人融洽相处、如何与家人融洽相处、如何建立你的社会人脉、如何加强你的社交能力等。而这些议题运用的范围之广,超乎许多人先前的想象,包括商业、群体、家庭、学校等,都是被设定的目标。有些自信的来源是自己,有些自信的来源是他人,因此当你有了良好的社交能力,那么来自外界的肯定就会增加,对于你建立自信心是很有帮助的。

试想,一个人际关系不好的人,所到之处,不但得不到赞美之声,反而总是受人冷落、被人敷衍,得不到与别人的互动,生活模式愈趋封闭,怎么可能会有自信呢?

所以,在面对人群的时候,一定要以开朗的心和大方的姿态作为与他人相处的触媒,接下来,合群、善解人意、热心助人的表现也是不可少的。当社交能力不再成为你在人们面前表演的工具而是武器的时候,自信就附身于你了。

(十四) 勇于表现

试想,你现在正参加一项新人歌唱比赛,每个人都不认识彼此,当主持人问了一个问题:"预测自己会在这项比赛中脱颖而出的人请举手?"这时候某人把手举得高高的,并且大声说:"我!"主持人问他:"你为什么觉得是你?"那人大声地回答:"因为我觉得我的歌唱得不错,长相虽不是最好看的,但是很有特色。"

看到这个人的表现,听到这个人的回答,我相信99%的人都会觉得"他是一个很有自信的人!"这就是"勇于表现即代表已具有某种程度自信"的证明。

懂得勇于表现的人,分为两种类型,一种是本身确实具备完全的自信,全身充满天不怕地不怕的能量;而另一种则是本身的自信并不如外在表现得那么惊人,但他却能很聪明地借由行动来推自己一把,让自己顺利晋升到自信一族的行列里去。

也就是说,勇于表现并不是要有过人的胆量,或是天生大胆的人才能享有的权利,而是每一个想拥有自信的人的最佳助力,你只要帮自己突破这一关,自信就会更靠近你一步。

(十五) 和自己说话

你曾经试着和自己说话吗?

你都在什么样的心情下和自己说话?

你觉得常常和自己说话,对自己会有什么影响吗?一项调查报告指出,79%以上的人,平时没有和自己说话的习惯,只有到了情绪低落、受到打击、心情沮丧的时候,才会和自己说话。而通常这时候说的又大多是一些负面的话,例如"我为什么这么笨?""为何我的命运注定是悲惨的?""我怎么会一直都那么倒霉?"虽然这么做,可能有某种程度的发泄作用,但却对于振奋人心一点帮助也没有,反而把自己搞得失魂落魄、毫无斗志。

心情不好的时候,会想到和自己说话来宣泄情绪,那么心情好的时候,为什么不如法炮制,还可以借此提振精神、重拾信心。

当你信心十足的时候,不妨练习和自己说话,例如"我是最棒的!""我一定能以无比的信心渡过各种难关!""我是一个对自己有信心的人!"这种激励作用是实际又有效的。不假手他人,完全源自于想让自己过得更好的心情。

从明天开始,你就规定自己要在一天之中找时间和自己说些鼓舞的话,即使只是短短的几句都好,尤其是若能在出门前对着镜子说,一定能让你拥有自信的一天。

(十六)不可一味地压抑

"我怎么会有这种邪恶的想法,怎么可以!"

"我不能整天唉声叹气,我应该表现得快乐一点,不让关心我的人担心。"

"我觉得好沮丧,但是却无法找人倾吐我心里的苦。"

"在这个世界上没有一个人了解我,我的忧虑又能说给谁听呢?唉——这就是我的宿命吧!"

有些人就是宁可一天到晚把负面的话语挂在嘴上,或躲在家里胡思乱想,也不愿意花时间找出问题的根源,想办法解开心中的结,实在是自作自受。当一个人的精神压力过大,又找不到途径宣泄而一味地压抑自我情绪时,早晚是会出问题的。

有些观念不正确的人总以为不打扰别人、不麻烦别人,才是有道德的表现,结果等到事情累积到无法控制的境地,或是发生剧烈的变化时,不但自己延误了解决的黄金时机,而且还让旁人花费更大的力气去处理善后,这不是很愚笨的行为吗?

想成为自信者,就不要做因小失大、因噎废食的蠢事,因为自信者都知道及早发现、及早治疗的道理,你也应该懂得!

(十七)重新再来

没有谁的一生能平静无波,所以你如果想要拥有成功的人生,重点并不在于你是不是够幸运、你的能力是不是高人一等、你能否抓到最好的时机,而是当你跌倒或失意时,你有没有让自己重新再来的勇气和力量?

重新再来所代表的意义则是先承认失败,然后痛定思痛,最后才能完成使命。这样的过程看来虽不简单,但却是你无法逃避的,因为不管一个人的计划怎么精确、能力怎么高超,都有失误的时候,何况对一般人来说,零失误率本来就是不可能的事,即使对自信者来说也是如此。

跌倒了就再爬起来,错误了就再改正过来,你不必因此有任何的心理障碍，觉得都是自己不好，才会造成这样不完美的结果，其实你若有心去问问大家，才会发现原来99.9%的人都和你一样，无一例外。

有自信的人根本不怕重新再来，对他来说，这反而是再一次表现的好机会，只要好好把握，就能再创佳绩。

(十八) 利用想象

你是想象力丰富的人吗？如果你的答案是肯定的，那么恭喜你，你将比别人更容易成为有自信的人。

每个人在一生的历程中，总要面对千奇百怪的考验，今天你可能因为得到一座奖杯而兴奋不已，明天你可能因为爱情不顺利而痛苦不已；这一秒你可能因为自己的努力而骄傲，下一秒你可能因为自己的失误而沮丧。

在这些喜怒哀乐交杂的过程里，你如何让自己一直保有自信的心态？最好的方法就是利用想象。

当你遇到不顺心的逆境而信心丧失的时候，你就想象在远方有一道正要升起的阳光等着你去欣赏，只要把眼前的障碍排除，你就会得到自己想要的，享受苦尽甘来的生命甘甜。当你遭到恶意的批评、毁谤而信心丧失的时候，你就想象自己正置身在一个百毒不侵的真空环境之中，它能隔绝所有的外力和声音，让你有安全的感觉，等到你离开这里之后，外面嘈杂的、不好听的话语早就烟消云散了。

想象力就是这么有趣，它可以把荒田变成福田，把废墟变成大厦，把黑白变成彩色，还能在你缺乏自信的时候给你勇气。

六、提高自信心的十二条建议

(一) 每天照三遍镜子

清晨出门前，对镜整理着装。午饭后，照一遍镜子保持整洁。就寝前洗脸并照镜子。这样你就不会为仪表担心，而可以一心一意的去学习和生活了。

(二) 不停地进行积极的自我暗示

积极的暗示会产生强烈的心理定势，会让你较少地利用意志力，而在自发的心理中实现自信心的增强。用主观、简洁、积极的语言坚持对自己进行暗示，你就会有意想不到的收获。比如：你不断暗示自己"我一定会把某某学科学好！"等。

（三）不要让人觉察你的窘态

你感觉明显的事情，其他人不一定注意得到，当你在众人面前感到面红耳赤的时候，听众可能只看到你两腮红润。所以，不要时时考虑"该说些什么"，张开嘴巴说出来就行，别人并不知道你心中的犹豫和紧张。

（四）不要过多地指责别人和无休止地批评自己

批评别人是缺乏自信的表现，而无休止地进行自我批评和否定，最终只能导致自己行为的失败。

（五）别人讲话时，你不必用插话来博取别人好感

只要注意听别人讲话，他们一定会喜欢你。不必用插话来博取别人的好感。

（六）为人要坦诚，不懂就是不懂

对别人的成就和魅力要勇于承认并给与适度欣赏，不能故作冷漠，更不要不懂装懂，否则，会让人觉得你心虚，对自己没有信心。

（七）要在身边找一个好朋友

在生活和学习过程中，要在自己身边找一个能与之分享快乐和承受痛苦的朋友，这样你就不会感到孤独。

（八）挑前面的位置坐

坐在前面会建立自信心，当然一开始你或许会感觉很不自在，不好意思，甚至有些心慌，这时你一定不能放弃。坐在前排是比较显眼的，但是要记住，有关成功的一切都是显眼的。

（九）训练正视别人

不正视别人通常意味着，在你旁边我会感到很自卑，事事处处都不如你，你是强者，我是弱者。而正视别人就等于告诉他，我很诚实，而且光明正大，相信自己在某些方面比他强大，每人都存在优势的一面，关键就看如何发挥自己的潜能。

（十）昂头挺胸向前走

昂头挺胸向前走，这是一个人有超凡信心的表现，他们的步伐好像在告诉整个世界，我很有信心，我要去做很重要的事情。试着昂头挺胸走快一点，你会感受到自信心在增长。

（十一）如果别人不理你，不要总觉得自己有错

当身边出现对你有敌意的人，你不要总觉得是自己有错，他不理你，你也不讲话，这是唯一的方法。

（十二）避免使自己处于一种不利的环境中

如果你总处于一种不利的环境中，虽然人们会对你表示同情，但他们同时也会感到比你地位优越而在心里轻视你。

下篇

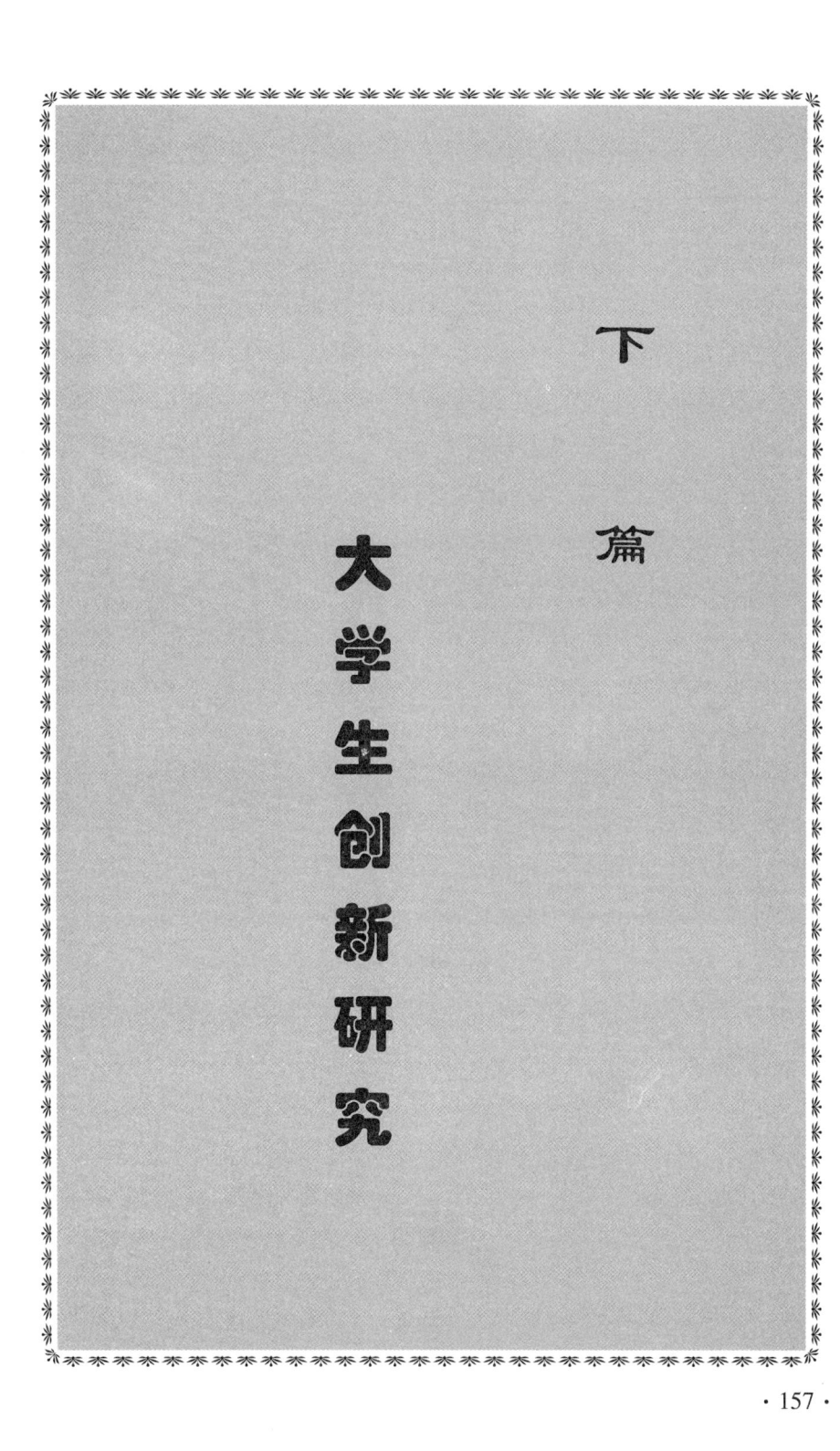

大学生创新研究

第五章

大学生创新概论

第一节 创新概述

"创新"是当今社会使用最频繁的词汇之一。但是,在国内外传媒和有关书籍中,创新又是一个模糊不清的概念。许多人认为,创新就是发明创造,也有人把创新等同于研究开发和科学发现。创新到底是什么?它的内涵和特性如何?下面针对这些问题进行阐述。

一、创新的概念与基本内涵

人类社会发展的历史就是不断创新的历史,但是人类有意识地以创新理论来指导创新实践则是从近代才开始的。1912 年,美籍奥地利经济学家约瑟夫阿罗斯·熊彼特在其德文版《经济发展理论》一书中首次使用了"创新"这一概念。他将创新定义为"新的生产函数的建立",即"企业家对生产要素之'新的组合'",也就是把一种从来没有过的生产要素和生产条件的"新组合"引入生产体系。按照这一观点,创新包括技术创新(产品创新与过程创新)与组织管理上的创新,因为两者均可导致生产函数的变化。一般认为,熊彼特的创新概念大致是:一项创新可看成是一项发明的应用,也可看成发明是最初的事件,而创新是最终的事件。在他看来,企业家的职能就是要实行创新，引进"新组合"，从而使经济获得不断的发展。熊彼特还认为，创新不是科学技术上的发明创造，而是把已发明的科学技术引入企业之中形成一种新的生产能力；创新是一个经济范畴，而非技术范畴。

但是，在熊彼特提出"创新"概念后不到 100 年的时间里，随着人们认识的深化，这一概念已经远远超出了经济范畴，被广泛引入到科学技术、文化教育、组织管理、社会制度等各个领域。并且有许多研究者对创新进行了新的定义，具有代表性的有如下几种：

(1) 创新是开发一种新事物的过程。这一过程从发现潜在的需要开始，经历新事物的技术可行性阶段的检验，到新事物的广泛应用为止。创新之所以被描述为一个创造性过程，是因为它产生了某种新的事物。

(2) 创新是运用知识或相关信息创造和引进某种新事物的过程。

(3) 创新是对一个组织或相关环境的新变化的接受。

(4) 创新是指新事物本身，具体说来就是指被相关使用部门认定的任何一种新的思想、新的实践和新的制造物。

(5) 当代国际知识管理专家艾米顿对创新的定义是：新思想到行动（New Idea to Action）。

从以上有关创新的定义我们可以看出，创新具有多个侧面：有的东西之所以被称作创新，是因为它提高了工作效率或巩固了企业的竞争地位；有的是因为它改善了人们的生活质量；有的是因为它对经济具有根本性的影响。创新并不一定是全新的东西，旧的东西以新的形式出现或以新的方式结合也是创新。

由此可见，创新概念包含的范围很广，可以说各种能提高资源配置效率的新活动都是创新。其中，既有涉及技术性变化的创新，如技术创新、产品创新、过程创新；也有涉及非技术性变化的创新，如制度创新、政策创新、组织创新、管理创新、市场创新、观念创新等。因此，我们可以把创新定义为：人们根据一定目的，针对所研究对象，运用新的知识与方法或引入新事物，产生出某种新颖的、有社会价值或个人价值的成果的活动。这里的成果是指以某种形式存在的创新成果，它既可以是一种新概念、新设想、新理论，又可以是一项新技术、新工艺、新产品，还可以是一个新制度、新市场、新组织。

这一定义是根据成果来判别创新的。判别标准有二，即成果是否新颖，是否有社会或个人价值。"新颖"，主要指对现有的东西进行变革，使其更新，成为新的东西，即革旧立新，不墨守陈规。"有社会价值"，是指对人类、国家和社会的进步具有重要意义，如重大的知识创新、技术创新和产品创新等。"有个人价值"则指相对于个体进步发展有积极意义。

二、创新的特征

概括起来，创新具有以下一些特征。

(一) 新颖性

创新是解决前人所没有解决的问题，不再是简单模仿、再造，而是继承中又有了新的突破，因而其成果必然是新颖的，其中必有过去所没有的新的因素或成分。

(二) 未来性

创新所要解决的课题都是前人所没有解决的，因而创新始终把目光放在未来。创新总是面向未来、研究未来、追求未来、创造未来的。

(三) 创造性

创新是多种复杂的创造性活动。这种创造性一是体现在新技术、新产品、新工艺的显著变化上，二是体现在组织机构、制度、经营和管理方式的创新上。这种创造性的特点是打破常规、适应规律、敢走新路、勇于探索。创新活动所具有的创造性最本质的属性就是敢于进行新的尝试，它包括新的设想、新的实验、新的举措等。

(四) 变革性

从创新成果的实质来看，都带有变革性，往往是变革旧事物的产物。《易经》中说："穷则变，变则通"。当我们没有办法解决问题的时候，就得考虑一下"变"，即改变结构、功能、方式、方法。这个由"变"到"通"的过程，就是创造和革新的过程。不破不立，破"旧"才能立"新"，推"陈"才能出"新"，这些都是指对旧事物的变革。

（五）价值性

从创新成果的社会效果看，都具有普遍的社会价值，如有一定的经济价值、学术价值、艺术价值、实用价值等等。不管是物质成果还是精神成果，没有一定的社会价值，创新成果就失去了它存在的意义。

（六）先进性

与旧事物相比较，创新的成果如果仅有新颖性、价值性而没有先进性，就不能战胜旧事物。以产品来说，不以先进技术武装产品，就很难在激烈的竞争市场中立足。

（七）时间性

对创新成果的确认与时间有着密切的关系。相同或相似的成果是否被确认，以时间的先后为界。假如我国发现一颗新星，仅比别国早几分钟，就可能以我国的名称命名。发明的专利权也以申请时间的先后为界。

（八）层次性

创新是有层次的，根据人们解决问题的新颖和独特程度不同，可以将创新划分为三个层次：

第一层次为高级创新。即经过长期的研究、艰巨的探索所产生的科学发现。它是一项从无到有、填补空白的创新活动，因此有可能为人类、国家、社会做出巨大贡献，甚至形成某一领域划时代的局面，如爱因斯坦的"相对论"。

第二层次为中级创新。主要是指经过改革或发明，在原有的知识和经验基础上重组材料，研制出有一定社会价值的产品发明和技术革新，这一层次创新已成为社会文化、科学和生产力发展的巨大力量。

第三层次为初级创新。主要是指在别人率先创新的基础上，通过引进技术和购买专利等方式，消化吸收而进行的一种创新，这是以跟踪当前国际先进水平并加以模仿为主的创新思路，跟踪和模仿为主的创新是工业后进国家缩短同发达国家差距的一条捷径，是实现跨越和赶超，尽快步入自主创新的必经之路。

三、创新与相关概念的比较

（一）创新与创造、发明

"创新"的英文为 innovation，起源于拉丁语"innovare"，释义为"更新、变革、制造新事物"。《现代汉语词典》对"创新"的解释是：抛开旧的，创造新的。

"创造"的英文为"Creation"，释义为"创作，产生，创作物"。在《现代汉语词典》中，"创造"的解释是：想出新方法，建立新理论，做出新的成绩或东西。

"创造"与"创新"含义基本相同。人们通常所说的创造，属于最高层次的创新。我国创造学家鲁克成在《创新：民族的灵魂——创造力开发与应用》一书中论述了创新与创造的关系。他认为，创新与创造有一致性或相同性，都可产生新颖的产品，在许多用法上，两者可以互相替代，至于使用"创造"还是"创新"，可以认为只是一种习惯和沿用而已。具体地说，两者有如下共性：

（1）创新与创造都是通过灵感而产生前所未有的新成果。

（2）创新成果和创造成果都是创造力开发的硕果。

（3）创新和创造都是国际和国内人才、市场、管理、技术、产品竞争中的必然趋势。

（4）创新成果和创造成果的获得非创造性人才莫属。

（5）创新活动和创造活动促使人们充分发挥想象力和其他创造性思维能力。

（6）创新和创造都是物质文明、精神文明建设的综合反映。但是，两者又有不同，在一些表述中不能互相替代，如管理创新、服务创新中的"创新"，就不可用创造来取代。

两者的主要区别如下：

（1）创新的特征是优化，创造的特征是新颖。

（2）创新实践富有有效性，创造实践富有首创性，创新更侧重于创造的某种实现。

(3) 创新具有相对性含义，其标志是进步；创造则有更多的绝对性含义，其标志是法律意义的专利和首创权。

(4) 创新的内容、形式相对地说比较具体，而创造的内容、形式就显得更原则。

创新比创造所涵盖的范围更广，创新的概念包含创造，但创新并不等于创造，创造更强调首创性和独特性。而创新并不都是要求首创性和独特性，它不仅包容了"无中生有"，也包容着"有中生新"。创新与发明既有联系也有区别。从广义来说，科学发现和发明都是创造的表现形式，也被称为原始创新。但是从狭义来看，两者又是有区别的。例如，熊彼特认为，有了发明不等于就有了创新。发明只是一种新设想或新物品，它还要申请专利，然后被企业家引入生产，产生新的经济效益，才成为创新。创新只是把发明引入生产系统，使发明运作到商业化应用并取得效益的过程。

综上所述，创造、发明、创新是一系列相互关联又有某些区别的概念。创造的内容很丰富，既可以是一种设想、一种行为、一种成果，也可以是一种事业、一种价值、一种意境。发明强调新成果，相对含义较窄。创新则是一个更为广泛的概念，具有更高的经济效益和社会价值。创新是人类的一种高级创造活动，是人在社会发展的实践中扬弃旧事物、旧思想或旧方法，把新设想或新成果成功实施并获得更高效益的运作系统。创新是由人、新成果、实施过程和更高效益四种要素构成的综合过程。

(二) 创新与研究开发

研究开发是科学研究与技术开发活动的统称，简称为 R&D（Research and Development）。它是指为了增加知识储备，包括关于人类、文化和社会的知识并探索其新的应用而进行的系统的创造性工作。经济合作和发展组织（OECD）对 R&D 的定义是："研究和实验开发是在一个系统的基础上的创造性工作，其目的在于丰富有关人类、文化和社会的知识宝库，并利用这一知识进行新的发明。"它是创新的前期阶段，是创新的投入，是创新成功的物质和科学基础。但常有人误认为，只要有研究开发活动，便有创新；研究开发活动越多，创新便越多，故把研究开发和创新看作是同一回事。其实，有研究开发并不一定有创新。创新也并不一定非要有研究开发活动。当然，研究开发活动总是有助于创新的。因为研究开发活动是创新的前期工作，前期工作做得越多，就越有利于后期工作。

（三）创新与模仿、扩散

创新、模仿、扩散这三个概念既相互联系又相互区别。

模仿，是指某个企业首先采用一种新技术之后，其他企业以它为榜样，也相继采用该种新技术的行为。在创新理论的创始人熊彼特看来，模仿不能算是创新。但是，后来人们渐渐发现，模仿是创新传播的重要形式之一。没有模仿，创新的传播可能十分缓慢，创新对社会经济发展和人类进步的影响将会大大减小。例如，大多数家用电器产品是欧美国家企业创新的产品，但日本企业通过改进型创新，使这些产品的经济性、适用性和可靠性等都得到了显著提高，受到了消费者的青睐。第二次世界大战后，日本经济的迅速发展与日本人善于模仿是分不开的。

模仿又分为创造性模仿和简单性模仿。前者是对原创新者的创新加以改进，后者则仅仅是简单的复制。由于在现实中大多数模仿不是简单性模仿，而是带有一定的创造性，所以希克斯认为"模仿者也应被看作是某种创新家"。

扩散，是指创新的产品、技术、方法和思想等被其他企业或集团通过合法手段采用的过程。扩散是一件对全社会都有益的事情。创新的潜在价值都通过扩散逐渐实现。正是因为有从创新到模仿再到扩散才引起了产业结构的改变。

第二节 创新型人才培养

一、创新型人才的主要特征

创新型人才有许多共性的本质特征，主要表现在以下方面：

（一）具有可贵的创新品质

从一定意义上说，创新型人才正以前所未有的时代需求承载着推进国家自主创新，在激烈的国际竞争中占据主动，实现中华民族伟大复兴的历史使命。因此可以说，创新型人才必须是有理想、有抱负的人，必须具备良好的献身精神和进取意识、强烈的事业心和历史责任感等可贵的创新品质。具备了这样一种品质，才能够有为追求真知和敢闯、敢试、敢冒风险的大无畏勇气，才能构成创新型人才的强大精神动力。

（二）具有坚韧的创新意志

英国生物学家达尔文曾经说过，天才只是成功的一半，另一半则是顽强的意志。创新是一个探索未知领域和对已知领域进行破旧立新的过程，充满各种阻力和风险，可能会遇到各种障碍和难以想象的困难、挫折甚至失败，不可能是一帆风顺的，这时候，创新意志所起的作用就特别重要了。对于每一个创新目标都是高强度的智力和意志的活动，创新者必须具备对该创新目标持久而专一的热情与百折不挠、锲而不舍的毅力和不达目标绝不罢休的决心，否则是不太可能有真正意义的成功创新的。因此，创新型人才大多具有"不管风吹浪打，胜似闲庭信步"的坚韧性。

（三）具有敏锐的创新观察力

历史上的科学发现和技术突破，无一不是创新的结果。从这个意义上讲，创新就是发现，而且是突破性的发现。要实现突破性的发现，就要求创新型人才必须具有敏锐的观察能力、深刻的洞察能力、见微知著的直觉能力和一触即发的灵感和顿悟，不断地将观察到的事物与已掌握的知识联系起来，发掘事物之间的联系，及时地发现别人没有发现的东西。创新型人才的观察力同时还应当是准确的，能够入木三分，发现事物的真谛，善于在寻常中求不寻常。

（四）具有超前的创新思维

创新人才应具有很鲜明的个性和独特的创新思维。创新思维有助于对科学方法的掌握以及创新活动的顺利开展，是创新的基本前提。创新型人才只有具备思维方式的前瞻性、独创性、灵活性等良好思维品质，才能保证在对事物进行分析、综合和判断时做到独辟蹊径。

(五) 具有丰富的创新知识

知识是形成创新能力的基石。创新是对已有知识的发展,在人类知识越来越丰富和深奥的今天,要求创新型人才的知识结构既有广度,又有深度。因此,创新人才应具有很强的创新性学习习惯,能善于获取知识,既要具有较宽的知识面,有深厚而扎实的基础知识,了解相邻学科和必要的横向学科的知识,又要精通自己的专业并能掌握所从事学科专业的最新科学成就和发展趋势,这是从事创新研究的必要条件。只有通过知识的不断积累才能用更为宽广的眼界进行创新实践。创新型人才拥有的信息量越大,文化素养越高,思路便越开阔。同时,完备的知识结构使他们具有科学综合化、一体化意识,有助于增强综合思维能力和创新能力。

(六) 具有科学的创新实践能力

创新的过程是遵循科学、依据事物的客观规律进行探索的过程,任何一种创新都不能有半点马虎和空想,因此,创新型人才必须具有严谨而求实的工作作风,严格遵循事物的客观规律,从实际出发,做到"知行合一""行胜于言",不搞纸上谈兵,不脱离实际,以科学的态度进行创新实践。

对于高校大学生创新型人才培养层面,普林斯顿大学提出了毕业生12项标准,哈佛大学文理学院也提出毕业生5项标准,概括起来无不蕴含了创新型人才所需要的知识、能力和素质结构,其基本要素为人格、智能、身心三个层面。

借鉴世界高水平大学的本科毕业生标准,我们认为,我国高等教育要培养的创新型人才,起码应该具备以下五项基本特征:

(1) 具有较强的好奇心和旺盛的求知欲望,能萌发强烈的创新动机。

(2) 具有良好的自主学习和探究能力,有较为明确的创新性学习目的。

(3) 具有较高的专业水平,在某一领域或某一方面具有广博且扎实的知识和技能。

(4) 具有良好的道德修养和奉献精神,能够与他人团结合作、友好相处。

(5) 具有健康的体魄和良好的身体素质，能承担艰苦的工作。

二、创新型人才培养的原则

原则是为达到一定的目的而制订的指导具体工作的基本准则（要求）。创新型人才培养的原则是人们对创新教育发展规律的认识和总结，也是我们在实施创新教育过程中必须遵循的基本准则（要求）。

(一) 普遍性原则

要面向全体学生，必须具有普遍性。对这一原则，可从两个层面来理解：从社会学层面来看，普遍性原则既是社会公正、教育公平的体现，又是教育要面向全体学生这一要求的体现；从心理学层面来看，每个人都具有创新的潜能，创新潜能并不是少数人或者少数尖子学生才具有的。教育的任务就是要发现和开发蕴藏在每一个学生身上潜在的创造性品质。因此，从这两个层面而言，创新精神和实践能力的培养必须要面向全体学生。

(二) 基础性原则

基础性原则，是指创新教育以培养人才的基础创新素质为主。它主要包括创新意识（使人们想创新）、创新思维（包括思维的敏捷性、变通性、精致性和独创性）、创新能力（包括一般创新心理活动能力和特殊的创造能力）等。就我国目前来说，它既是提高民族素质的教育，培养能创造美好生活的人才，又是为可持续发展做准备的奠基工程。一个人的成长需要一个过程，而过程总是要逐步进行的，由成人到成才是一个质的飞跃过程，要实现这个飞跃不能揠苗助长，急于求成，而需打好坚实的基础。

(三) 层次性原则

创新意识、思维、能力的培养并不能一蹴而就，必须分层次地确定不同的创新教育目标，设置不同的创新教育内容和途径。同时，注重学生的个体差异性，既要面向全体学生，又要因材施教；既要发展学生个性，又要使学生全面发展。

实施创新教育要求我们把握好层次性原则，是因为学习主体存在着不同的层次差异和个性差异。一方面是学生在不同的年龄段有不同的特点；另一方面学生之间也存在着个性差异，同一学习环境，同一年龄段的学生，其学习活动也因个性、兴趣、心理水平等方面的差异而不同。

（四）自主性原则

自主性原则，是指学生在学习过程中要独立完成一系列通常由教师安排引导的活动，如提出问题、确定方法、实施操作、找出答案和结果，等等。在整个教育过程中，始终把学生作为认识和发展的主体，充分发挥他们的主观能动性，是实施创新教育的最关键的要求。

（五）实践性原则

我国教学理论对于教学活动本质的观点是：教学从根本上是一种认识活动。教学是认识，这一观点从根本上和整体上说是正确的，但教学也应当是实践，在一定时间和条件下，有无实践以及实践活动的质量和效果，对于教学活动最终结果会产生极大的影响。因此，在创新型人才培养过程中，实践环节是不可缺少的。

（六）民主性原则

民主性原则是创新型人才培养中的一个重要的基本原则。没有民主性，没有融洽的人际氛围，缺乏人文精神和师生互动的教学，其效果是可想而知的。创新教育的民主性原则要求教师既要在课堂教学中起组织、引导、控制以及解答作用，形成以学生为中心的生动活泼的学习局面，激发学生的创新激情，尊重学生的个性，给学生以尽可能多的学习机会，为学生创设一个宽松自由的学习环境，又要改变教师集中过多、管理过死的现象，使教学活动成为名副其实的创新性活动。

（七）互动性原则

互动性原则主要包括两层含义：一是教学中学习者与学习对象的关系是彼此互动的，学生不只是一个知识的接受者，更是一个实践者，知识不再是以现成的必须接受的形式摆在学习者面前，而是要学习者通过探索、寻找、选择、加工等方法去获取；二是学习者之间的关系是彼此互动的，创新教育强调采用"合作配合"的教学手段。互动性原则要求教师在教学中要善于根据活动的具体内容和条件，根据学生的具体情况创造条件，促进学生多方位互动，如经常改变分组形式以扩大学生的接触面，经常改变学生的角色以使其获得多种学习经验和取得良好的效果。

（八）开放性原则

开放性原则体现在：教学内容具有时代性和新颖性；教育国际化；教育者、教育方式和教育途径的开放性，拓宽原有的教育、教学空间，真正建立起学校教育、家庭教育和社会教育相结合的教育网络。此外，还要求拓宽原有的教学途径，建立学科课程、活动课程和潜在课程相结合的课程体系。

（九）综合性原则

创新人才培养过程中的综合性包含对象的综合性、要求的综合性和教育功能的综合性。它的特点是在教学中综合利用各种教学条件和教学方法手段，使之相互配合、相互补充，克服各自的局限性；同时致力于探索和创造取得教学成功的新途径、新方法和新手段，开辟教学的"新疆域"，形成新的教学原则。

实施创新教育过程中，对象的综合性要求学生获取知识需要靠自己在实践过程中反复尝试，不断摸索。教学不是纯粹的某门学科的教学，总是要与其他知识发生横向或纵向联系。创新教育要求的综合性体现为：常用的记忆、理解、接受等学习方式虽然还会存在，但不再是主要的；分析、比较、演绎、归纳、想象、创造等高级思维活动成为经常的，甚至是必需的方式。教育功能的综合性主要体现在教师在学科教学中所关注和努力的根本对象，不是学生的学习成绩和学习效果，而是学生自主学习的过程本身，扩展学生的眼界和胸襟，丰富他们的体验和阅历，给予他们充分的尝试和实践的自由，提供足够的失败和成功机会，从而使得学生得到全面锻炼和提高，促进他们个性发展。现有的教学条件和教学方法手段，孤立地看未必是最好的，可能存在着许多局限性，但若综合起来利用，可能会产生互补优势，使各自的局限性减少到最低限度。

（十）评价多元化原则

创新教育的成果评价不是一张考卷和一个分数所能测量准确和评价完整的，它是一个培养学生创新意识、创新情感、创新人格、创新精神以及创新能力的整体活动与过程，所以对创新实施的结果必须坚持评价多元化原则。

多元化包括三个方面的含义：一是评价内容的多元化（学习的态度、方法；智力、情感的发展水平；创新的动机、举一反三、另辟蹊径的作风；团队合作精神和能力等）。二是评价主体的多元化（教师、学生、家长、同学、社区等）。三是评价方法的多元化（定性、定量相结合，反思等）。

三、大学生创新活动中存在的问题

大学阶段学生的智力因素得到快速发展，非智力因素也相应得到提高。随着大学生参与社会实践和创新活动次数的增多，其有关创新行为的心理特点也有一定的局限性。

（一）大学生思维敏捷，但不善于创新思维

大学生具有思维跨度大、思维转换快等思维敏捷性特点，并且具备较高水平的逻辑思维能力，习惯于对现有的知识进行归纳和总结。但由于受传统思维方式的消极影响，他们的思维方式常常是单一、直达或垂直的，考虑问题时缺乏灵活性和全面性，缺乏从实践中发现问题和解决问题的自觉性与能力，离创新思维的要求还有一定距离。

（二）大学生想象丰富，但不善于创新性想象

随着知识与经验的增多，大学生越来越喜欢以知识和经验为基点"浮想联翩"。与其他青年群体相比，大学生的想象力十分丰富，他们可以对历史进行追溯，对未来进行遐想，其想象上至天文，下至地理，无所不包。但大学生所进行的想象，受原有知识和经验束缚的程度较大，或者属于再造性想象，或者属于幻想性想象，很难独立产生出新概念、新理论、新方法和新形象。

（三）大学生富有灵感，但不善于捕捉创新机会

大学生具有较高的智力水平，又有较好的思维习惯，他们一般喜欢进行艰苦细致的独立思考。由于长时间的思考，灵感会时常"光顾"他们。但是，不少大学生既对灵感认识不足，又对灵感的出现毫无准备，因而当灵感出现时，往往不能察觉，不善于捕捉，致使灵感从身边溜走，白白失去了创新的大好机会。

有许多大学生经常抱怨自己运气不佳、没有机会，其实，运气和机会对

每个人都十分公平，关键在于是否能够提前做好准备，善于捕捉并牢固把握。

（四）大学生渴望创新，但不善于利用创新条件

大学生创新的欲望很强烈，这是值得称道的品质。但渴望创新并不等于创新。大学生具有较大志向和抱负，希望能在大学阶段有所创新、有所发明、有所成就。但他们往往是只凭主观愿望和个人力量，而忽略了对周围条件的有效利用。

和周围的环境互动少，与老师、同学的交流也不多，容易造成信息闭塞、资源短缺的弊病，不能充分利用创新的条件，妨碍他们创新行为的实施。

四、培养大学生成为创新型人才的对策

（一）树立创新教育新观念

传统教育是单纯的继承性教育，强调的是知识的积累过程，追求的是教学内容的稳定和专一，把掌握知识本身作为教学的目的，缺乏创新。这种教育不利于学生培养创新精神和创新能力。知识经济对人才的要求在内涵、规格、模式诸方面都将发生深刻的变化。创新是对人才素质的核心要求，我们要在继承性教育的基础上，加强创新教育，树立起新的教育观念。要在传授和学习已有知识的基础上，注意培养、实现知识创新，培养大学生具有自如运用这些知识的创新能力以及解决实际问题的能力。要把培养创新人才的重点工作放在培养大学生的创新精神和意识、创新思维和创新能力这几个方面。要把培养学生创新能力和激发发明创新作为教改目标。只有确立了创新教育观，创新型人才培养才有了明确的思想保证。

（二）优化创新型人才的成长环境

创新型人才培养环境应体现宽松、民主、自由、开放、进取的特点。一个良好的创新环境，不仅能为具备创新能力的学生提供施展才华的舞台，同时也可以激发学生潜在创新能力的发挥。

1. 优化硬环境

要加强创新教育的基地建设，可以以实验室、实习工厂、实训基地、图

书馆等为基础,适当配置现代化、高科技的技术装备,也可以利用或共享社会非教育资源来建设校外的创新教育基地,通过第一课堂与第二课堂的结合来培养创新人才。近年来,一些院校实验室的全面开发已成为学校教育、科研上水平的标志,它以精心设计的课题、良好的仪器设备、优质的管理和充裕的实验研究基金吸引教师、研究人员和学生参与,为大学生开展课外科技活动提供了良好的环境。

2. 优化软环境

要建立有利于人才培养的教育管理体制,改革教学内容、优化课程体系和人才培养模式,使学生形成良好的知识结构和能力结构,为发展学生的创新思维、为其成才奠定全面的基础。改革教学手段和方法,尽量采取现代化、高科技多媒体教学和网络教学等,为大学生创造良好的教学创新和知识创新环境。在考试评价上,取消百分制,实行等级制,把教师的积极性引导到教学改革上来。建立民主、平等、合作的新型师生关系,为学生创新能力的发挥创造自由、安全的心理环境。

(三) 构建多元化的知识结构

科学合理的知识结构是进行创新的重要前提,是形成创新能力的主要基础。高等教育必须根据创新人才的成长管理,研究建立创新型的知识结构。建立新型的知识结构要具有完整性和有序性,同时需要处理好以下几个关系:

1. 通识教育与专业教育的关系

高等教育应该是通识教育基础上的专业教育。通识教育与专业教育相结合,能为学生提供广博的知识平台,使学生具有进一步综合、选择和创新的能力。

2. 人文教育与科学教育的关系

人文教育注重培养人文精神,没有人文教育就没有灵魂,人类就没有前进的方向。科学教育有助于人们认识物质世界,没有科学教育,社会就难以进步。人文社会科学素养,对于激发人的创造性思维,把握科学技术的社会需求,增强研究活动中的协作能力,提高社会责任感和使命感,有着不可替代的重要作用和影响。我国高等教育长期文理、理工分家,人文教育与科学教育相割裂,给学生带来了思维方式的缺陷和知识面的偏颇,这样的人才毛坯要成为大师级、顶尖级创新人才有先天不足的地方。从事实上看,理工类的诺贝尔奖金得主很大一部分都在人文、艺术上有很高的修养,并且明显地感到这些为其获得重大的成就起着重要的作用。推进人文教育和科学教育的有机融合,是实施素质教育、培养创新人才和取得原创性科研成果的关键性措施。

3. 知识、能力和素质的关系

知识是能力与素质的载体,能力是知识和素质的外在表现,素质是知识与能力的核心。知识包括科学文化知识、专业基础与专业知识、相邻学科知识;能力是在掌握了一定知识基础上经过培训和实践锻炼而形成的。丰富的知识可以促进能力的增强,较强的能力可以促进知识的获取。能力主要包括获取知识的能力、运用知识的能力和创新能力。素质是指人在先天生理基础上,受后天环境教育影响,通过个体自身的认识和社会实践养成的比较稳定的身心发展的基本品质。较高的素质可以使知识和能力更好地发挥作用,并促进知识和能力进一步提升。因此,高等学校在教育中要把传授知识、培养能力和提高素质三位一体辩证统一起来,才能有利于创新人才的培养。

4. 智力因素与非智力因素的关系

培养创新人才,不能只重视学生的智力因素的作用,而忽视非智力因素的作用。心理学在研究创新活动的过程中发现,一个人的创新,除了必须具备智力因素的基础条件外,非智力因素往往起着重大作用。非智力因素包括智力以外的因素,诸如需要、动机、兴趣、情绪(情感)、意志、性格、态度和品德等,它虽不直接参与认识过程和智力活动,但它对人的创造活动有启发、引导、维持、强化和调节作用。科学研究表明,人的智力差异是很小的,能否成为创新人才不仅取决于广博精深的知识,更取决于是否对人类和社会具有高度的责任感,是否对真理具有强烈的追求,是否有克服困难的顽强意志和坚韧不拔的毅力等良好的非智力因素。一个人能否创新,固然有知识基础、技能、思维方面等智力因素的原因,但更有兴趣、情感、个性和信念等非智力因素的影响，非智力因素往往是创新最稳定、最持久、最巨大和最经受得住考验的驱动力。非智力因素在人才成长过程中起着极其重要的作用，它与智力因素相辅相成、相互促进，良好的非智力因素要以智力因素为基础，是智力因素的动力和灵魂。坚持智力因素与非智力因素并重共进，才能有利于创新人才的培养。

（四）完善创新人才培养的新机制

1. 树立多元人才观

改变过去那种统一教学、统一教材、统一学制、统一管理的整齐划一的人才培养模式，采取灵活多样的培养方式，实现培养模式多样化、培养方案个性化。培养方案个性化主要是指注重学生个性发展。没有个性的发展就没有创造力的产生，品质优良的个性是创造力的动力源泉。高等教育中要坚持全面发展与个性发展具有协同性的原则，在强调全面发展的同时，要注意学生的个性发展。因材施教，激发和培养学生的学习兴趣，保护和激发学生的好奇心和创造欲，挖掘学生的潜能和特长，使学生在获得基础素质、共性素质发展的同时，以个性为特色的个性素质也得到最大限度的发展和彰显，从而促进创新人才的培养。当然，这里所指的个性是一种健康、和谐的个性，而非一些不良个性。

2. 深化教学改革

要更新教学内容，改革教学方法。在现在的大学里，一些教学内容明显落后于时代要求，特别是一些高职院校，一些专业课教学内容明显滞后于新知识、新技术、新工艺。因此，应紧跟时代科技发展前沿，增加现代科技基本原理，介绍学科的新发展、新成果，扩宽专业面。在教学方法上，变"满堂灌"为"启发式"，调动学习的主观能动性。加大实践教学比重，有的高职院校根据专业特点，建立"前校后厂"式的实践基地，对培养学生动手能力很有帮助，调动了学生的创新积极性。

3. 建立有利于创新人才脱颖而出的评价指标体系

三好学生标准、优秀教师的评选标准、教育评价制度，都要综合考虑创新意识、创新能力等因素。

第六章

大学生创新原理与原则

第一节 大学生创新原理

所谓创新原理,就是最基本的创新规律,即能够演绎、推导出其他次一级或更次一级创新方法的创新规律。创新技法是从创新原理中最终派生出来的,只是相比较而言,由于这些创新技法与具体的创新实践结合得更紧密,其程序和步骤都非常明确,因而具有更强的可操作性。

为了很好地理解和把握创新原理,我们还应该清楚:发明,是创新的一部分,发明主要是指人们在技术上的创新。所有的发明都属于创新,但是创新却不都是发明。本书所述创新原理适用于所有的创新活动。

创新原理是创新技法之母。目前创新技法虽然多达数百种,但究其来源,创新原理并不是很多。下面主要介绍九种创新原理:组合原理、综合原理、还原原理、逆反原理、变性原理、移植原理、迂回原理、完满原理和群体原理。

一、组合原理

(一)组合原理的含义

所谓组合原理,就是依据一定的目的,将以前不在同一系统的元素,按照一定的方式，组织成为一个新的系统，从而获得创新。一项组合创新活动，一般包括三个基本要素：组合目的、组合元素、组合方式。所谓组合目的，就是通过组合所要达到的创新目标，以解决生产实践、科学实验或人们日常生活中所提出来的急需解决的问题。所谓组合元素，就是指构成一个新的系统的组成部分，如组合的材料、零部件、产品、技术、现象等。在选择组合元素时，丰富的想象力非常重要。所谓组合方式，就是指新系统内各元素的组织形式及元素间的关系。新系统不是元素的简单相加，而是按照一定组合方式将元素联结起来。组合原理的创新性，主要表现在组合方式上的突破，通过创新思维提出的组合概念和组合技术来实现。总之，组合创新活动是一个组合目的、组合元素、组合方式三者相互作用的过程。对这三者有了清晰的认识，有助于我们深入地把握组合原理。

通过组合可以获得构成元素所不具有的新功能，从而实现发明或产生新技术。正因为组合具有这样的功能，晶体管发明者肖克莱说，所谓创新就是把以前的独立发明组合起来。日本的磁半导体发明人菊池诚也讲："我认为搞发明有两条路：第一条是全新的发现；第二条是把已知其原理的事实进行组合。"曾完成多项发明的科学家范奇曾说："所谓创新，不过是已有的要素的重新组合。所谓创新性，乃是进行这种组合的能力。"大科学家爱因斯坦也说："组合作用似乎是创新思维的本质特征。"

组合原理直接衍生出组合创新技法。

应当指出，组合原理在运用中并不是简单的叠加，应满足两个条件。

(1) 不同技术因素构成具有统一结构与功能的整体。

(2) 组合物应该具有新颖性、独特性和价值性。

(二) 组合的类型

组合的类型是多种多样的。分类的依据不同，分类的结果也各不一样。

从组合机制的角度，可分为相加组合、杂交组合、替换组合、分割组合、系统组合；根据参与组合的组合因子的性质和主次以及组合的方式，组合的类型大体上分为同类组合、异类组合、主体附加、重组组合等。

(三) 组合原理中常用的组合方式

1. 材料组合

为了满足某种需要，人们通过不同性能的材料组合，可以开发出新材料。例如，为了获得一种坚固的建筑材料，人们将钢筋和水泥组合为钢筋混凝土，从而改变了人类的生活。

2. 元件组合

即将两件或两件以上的物品组合在一起，从而增加新的功能，形成新产品。例如，把温度计、湿度计、雨量计、风速机、风向计等组合成气象观测的百叶箱，这种组合中的物品都能发挥各自的功能。

3. 现象组合

即把不同的科学现象组合起来，会出现新的技术现象，对新现象加以研究，形成新的技术原理，从而获得创新成果。例如，日本索尼研究所的山田敏之把"霍尔效应"与"磁阻效应"两个现象组合后，取得了磁半导体的研究成果。

4. 增减组合

增减组合，是在原有产品的基础上，通过增减其中的元件，从而获得创新产品。这种组合可以让产品具有新的功能，形成新的产品。例如，潜水服加上加热装置，复印机加上翻译功能，净水装置加入高温处理过滤装置以杀死寄生虫卵等。这些在原产品上增加的元件，都使原产品增加了新的功能。

有些产品的结构，它们具有相同的部件装置，若把它们组合在一起，就可共用一个装置，从而减少零部件，降低成本。如把录像机和电视机组合成一台新机，共同使用一个接收系统；组合音响共同使用一套功放及声频系统。这些组合，大大降低了成本并减少了体积。

总之，组合创新在创新发明中的作用和地位日趋显著。有人在统计1900年以来的480项重大创新成果后发现：20世纪三四十年代的创新成果是以突破型为主而组合型成果为次的；五六十年代，两者大体相当；至80年代，突破型成果渐趋于次要而组合型成果则变为占主导。这一情况说明，组合创新已经成为当前发明创造的主要方式。

二、综合原理

（一）综合原理的含义

综合与组合不同。综合不是将研究对象进行简单叠加，它是首先将欲综合的各个事物因子进行若干分解，然后再根据需要将分解出来的有关部分进行组合。

综合原理的内在本质就是源于分析和综合这一基本的思维方法。要很好地理解和运用综合原理，就首先要把握好分析和综合的内在含意。所谓分析，是指在头脑中把复杂的事物分解为各个部分、方面，然后逐个地加以研究。所谓综合，是在科学分析的基础上择优而进行的组合，在组合中要着重体现组合部分的有机统一性。这种组合还要充分把握组合对象的特性，然后根据需要将它们相关的特性进行合理的组合，而不是随意选取特性进行组合。否则，综合就很难取得预期的成果，失去利用价值。

综合原理的本质要求：分析和综合的辩证统一。分析和综合并不是各自独立的，他们相互联系，相互补充，正如恩格斯在《反杜林论》中所说："思维既把相互联系的要素结合为一个统一体，同样也把意识的对象分解为它们的要素。没有分析就没有综合。"

在运用综合原理时，应该注意取自每一个方面或者是层次的综合因子，要尽量做到功能互补或功能放大，从而能够满足人们的需要，产生实用性。综合原理总是根据人们的某种需要而被采用的，无法满足人们需要和不能对社会产生某种促进和发展的综合创新，不应当是创新者的目标。

（二）综合原理的运用

综合原理的运用，可以从多个方面进行。

（1）综合已有的不同学科的原理可以创新出新的原理或者理论，如综合万有引力理论和狭义相对论，形成了广义相对论。

（2）综合已有的事物材料可以发现新的规律，如元素周期律的发现。

（3）综合已有的科学方法可以创新出新的方法，如由几何学和代数学方法综合产生的解析几何新方法。

（4）综合不同的学科也能创新出新学科，如环境生物学、医药生物工程等。

（5）综合不同产品的优点能创新出新产品，如日本松下公司综合世界上各个国家多种电视机的400多项技术特长创新生产出了名牌产品。

显然，综合可以使人的认识实现从个别到一般的转化，可以使人超越原有的认识水平而站得更高、看得更远、体会得更深刻，从而获得更具有普遍意义的新成果。有资料表明，在20世纪全世界的重大发明创新中，日本连一项也没有，但是它善于在别的国家先进技术的基础上搞综合，因而能够创新出许多世界上一流的新技术和新产品。

三、还原原理

（一）还原原理的含义

研究表明，任何发明创新都必定有其创新的起点和创新的原点。就某一个层次或水平而言，其创新的原点只有一个，因而是唯一的，而创新的起点则可以有很多。创新的原点可以作为创新的起点进行创新，但创新的起点却不能作为创新的原点使用。从一个事物的某一创新起点按人们研究的创新方向反向追溯到其创新原点，再以原点为中心进行各个方向上的发散并寻找其他的创新方向，用新的思想、新的技术在新找的思维方向上重新进行创新。这种先还原到原点、再从原点出发解决创新的问题，或者说是回到根本上去抓住问题的关键，往往能够取得较大的成功，产生突出的成果，这就是创新的还原原理。

（二）还原原理的操作过程

还原原理在操作中是一个程序化的过程，包括找出一个思维射线上的创新起点，然后提取出创新的原点，再以创新的原点为基点，向外发散，寻求解决问题的新思路和方法。

（三）还原原理在使用中需要注意的问题

（1）还原原理的创新起点可以有多个，不是说在多个思维方向上，而是指在同一个思维方向上，这些创新起点在本质上是一样的，差别在于对问题解决的程度不同，通常创新起点离创新的原点越远，其对问题解决的程度越高。

(2) 创新的原点只有一个。意思是说这个要解决的根本问题不是创新起点在解决问题上存在的不足与问题，而是创新起点要解决的根本问题，所以是唯一的。提取创新的原点可以通过分析创新起点的存在与设立是为了什么，这个"为了什么"就是创新的原点。

(3) 以创新的原点为基点发散并不是在一个二维的平面空间内发散，而是在一个三维的立体空间内发散。发散的方法，可以参照本书第三章创新思维中发散思维部分的内容。

四、逆反原理

(一) 逆反原理的含义

事物的属性是多种多样的。即使对于同一个事物来说，其不少属性也可能是截然相反的。人们往往习惯于识别事物的一方面属性，而不会想或不愿意去想其相反一面的属性，也就是说，大多数人喜欢从一个固定的角度或方向思考和处理问题。然而，如果人们有意识地从相反方面思考和处理问题，常常会获得意想不到的成功，产生出许多未曾见过的新事物，这就是创新的逆反原理。

创新的逆反原理与创新思维中的思维的逆向性密切相关，并直接衍生出了逆反创新技法。

(二) 逆反原理的运用

逆反原理在运用中通常包括以下几种类型：

1. 原理逆反

原理逆反指将事物的基本原理，如机械的工作原理、自然现象规律、事物发展变化的顺序等有意识地颠倒过来，往往会产生新的原理、新的方法、新的认识和新的成果，并进而导致创新，这便是逆反原理中的原理逆反。

如果我们不能很好地按照主观需要来灵活地运用原理逆反，可以采取如下几个步骤来尝试：

(1) 考虑与已知过程相反的过程。

(2) 思考与已知条件相反条件下的状况。

(3) 构思事物反作用的结果。

2. 属性逆反

一个事物的属性是丰富多彩的，有许多属性是彼此对立的，或者是成对的，比如，软与硬、大与小、干与湿、曲与直、柔与刚、空心与实心等。创新的属性逆反原理，就是有意地以与某一属性相反的属性去尝试取代已有的属性，即是反向改变已有的属性，从而进行创新活动。

要很好地利用属性逆反原理，关键是要抓住能满足我们新的需要的主体属性，然后对主体属性进行反向求索。如果没有抓住这些主体属性，我们就很难利用这样一个原理获得有分量的发明创新成果。

3. 方向逆反

完全颠倒现有事物的构成顺序、排列位置或安装方向、操纵方向、旋转方向以及完全颠倒处理问题的方法等，都属于创新的方向逆反原理范围。

4. 行为逆反

活动主体一改常规的行为方式、行为习惯，而采用一种与先前的行为完全相反的方式来处理问题，这就是行为逆反。

五、变性原理

(一) 变性原理的含义

这里所说的变性原理，就是"改变属性"原理。应该说，逆反原理是变性原理的一部分，只是由于逆反原理在创新发明具有突出的作用，我们就将逆反原理作为单独一个原理进行阐释。

我们知道，一个事物的属性是多种多样的，逆反原理强调的是一个事物所具有的成对相反的属性，如大与小、上与下、软与硬等。其实，对于事物其他一些非对称即是非相反的属性做若干个改变，也会导致发明创新，这就是变性原理。

变性原理的核心就是对属性做适当的改变。一方面我们这个世界并不完美，值得改变的东西很多，我们要改变这个世界并不难；另一方面，任何一个事物、产品总会有许许多多的属性，只要按照一定的程序改变其属性，按照人们的需要改变某些属性，那就不难发生发明创新。由变性原理可以导出许多具体的创新技法。

(二) 变性原理的运用

变性原理在运用中通常包括如下几种类型：①条件的改变；②作用的改变；③方式的改变；④位置的改变；⑤结构的改变；⑥过程的改变；⑦观点的改变；⑧原理的改变。

六、移植原理

(一) 移植原理的含义

"移植"这一概念最早产生于农业栽培技术，指将培育在苗床中的秧苗挖起，移到其他田地栽种。后来移植方法用于果茶的技术栽培，效果也很好。现代科学技术发展中，往往把一门学科的研究方法移植到另一门学科中去，既使该方法获得新的阵地，又使接受移植的学科得到新的发展。从思维方法角度看，移植可以说是一种侧向思考方法，它通过联想、类比、综合，力求从表面上看仿佛是毫不相关的事物和现象之间，发现它们的联系。这里的关键，是要发现不同问题之间类似的地方。

创新学中的移植，就是把一个对象中的概念、原理、方法、内容或部件等运用或迁移到另一个待研究的对象之中，从而使得研究对象产生新的突破而导致创新。

对于移植原理，科学家们是这样定义的：移植原理就是指人在解决问题的过程中，从某种事物内在的规律或机制中看出解决问题的可能性或途径的理论。其中，对解决问题起启发作用的事物称为"原型"。可以说，从很小的发明创新到重大的发明创新，移植原理的运用无所不在。所谓"联想发明法""移植发明法"等创新技法，都是源于创新的移植原理。

(二) 使用移植原理的三个步骤

(1) 仔细观察和分析已知事物（原型）的各种属性。

(2) 找出已知事物（原型）的关键属性。

(3) 研究怎样将已知事物（原型）的关键属性应用于研究的对象之中。

(三) 使用移植原理应注意的问题

1. 移植大多是以类比为前提的

类比，主要是对事物属性的类比。所进行类比的属性越接近待研究的事物的本质，移植成功的可能性就越大。因而，在使用移植原理时应做到：

（1）仔细观察和分析已知事物的属性。如卢米爱尔兄弟在解决电影机放映难题时，就仔细、认真地观察了缝纫机的结构和动作原理。

（2）找出关键性属性。如对于电影机来说关键是如何使得胶片动、停、动，于是便找出了缝纫机的动、停、动的结构原理。

（3）研究怎样将关键属性应用于要研究的对象之中。

2. 力求正移植

把其他事物的特长和功能合理地移植过来，达到创新的目的，这一过程便称合理移植，也称为正移植，或积极移植，就是说其他事物的特长和功能有利于现在问题的解决的迁移。事物都是普遍联系的，巧妙利用这种内在联系和直观联系，把现有知识成果引入新的领域，往往能促使人们以新的眼光、新的角度去发现新的事实，产生新的成果。

3. 防止负移植

把其他事物的特长和功能合理地移植过来，达不到创新的目的，这一过程便称非合理移植，也称为负移植，或消极移植，就是说其他事物的特长和功能不利于现在问题的解决的迁移。

（四）移植原理在运用中通常包括的类型

1. 技术原理的移植

即把某一特定领域里运用成熟的技术原理转移到另一新的领域中进行应用。

2. 技术手段的移植

即将某一领域的科学或技术方法及产品的制造工艺应用于其他领域的研制工作或产品制造。

3. 技术功能的移植

即将某产品的功能或结构移植到待发明的产品上，从而产生新的设计、新的发明。

4. 材料的移植

原来人们所称的"换元原理"实际上就是另一种情况下的移植原理。

（五）移植原理中常见的原型

从移植原理的定义中，我们不难看出原型在移植原理利用中的作用和地位。可以说，原型的寻求是移植原理利用的第一步，没有原型的启发，就不可能有移植原理的利用。比如，小提琴最初是人们受到龟壳的启示发明出来的。龟壳就是利用移植原理发明小提琴的原型。这就要求我们善于并细心观察周围发生的一切，从某种事物的性能或某一动植物的特性，得到创新启发——原型，从而解决实际问题。

大自然是第一造物主，大自然本身是一个了不起的奇迹，同时，大自然中的每一个事物都可谓是非常精美的"艺术品"。这些"艺术品"都会有启发作用，都可能成为原型。常见的原型有：动物原型、植物原型、机械零件原型、事物形状原型。

总之，大自然蕴藏着丰富的智慧，可以说，"处处留心皆原型"。而且原型与所要解决的问题越接近，你拥有的知识越丰富，思维越灵活，利用"原型"解决问题的可能性就越大，通过移植原理取得发明创新成果的几率就越高。所以，当我们在创新活动中冥思苦想找不到解决方法的时候，当我们陷入"山重水复疑无路"境地的时候，别忘了大自然是引导我们创新的最好老师。

七、迂回原理

在深入考虑某个问题时，有人总是死抱正面进攻的方法一味蛮干，丝毫不能解决问题，而有人则采用迂回战术，用意想不到的方法，轻而易举地获得成功。

创新发明活动并不是一帆风顺的，在很多的情况下人们常常会遇到棘手的难题。这里，创新学一方面鼓励人们开动脑筋、苦苦探索，另一方面又主张灵活运用迂回而取得成功。在创新活动中受到阻碍，必要时不妨暂且停止在该问题上的僵持，或转入下一步行动或从事另外的活动，带着未知问题继续前进，或者试着改变一下思路，不在该问题上钻牛角尖，而注意下一个或另一个与该问题有关的另一个侧面，其他问题解决以后，该难题或许就可以迎刃而解了。这就是创新活动中的迂回原理。

人们常说"欲速则不达""心急吃不了热豆腐"等等，其中就包含着迂回原理的成分。由于创新活动均具有新颖性的特点，因而创新活动经常不被人理解而难以得到支持，使创新活动处于困境。这时，创新者应当善于在困境中迂回，在不能直接达到目的的条件下做适当的"战略转移"，甚至"激流勇退"，就是为了最终能够达到既定的目标，在具体的前进过程中，在必要的情况下可以往相反方向走一段，以便在迂回中发挥自己的优势，在迂回中创造有利条件，在迂回中前进，在迂回中发现创新点，从而逐步接近目标而取得创新的成功。

由此我们可以看出，迂回原理是从旁侧开拓出解决问题的方法的一种理论。英国医生德博诺把这种利用迂回战术，通过"局外"信息来发现解决问题途径的能力，与人的眼睛的侧视能力相类比，故称为"侧向思维"。其实，迂回原理的思维实质就是侧向思维。中国古代《诗经》中的"它山之石，可以攻玉。"即是这种原理利用的写照。

八、完满原理

完满原理，是"完满充分利用原理"的简称。

人们总是希望能在时间和空间上充分而完满地利用某一事物或产品的一切属性，或者是让现有事物、理论更加完善或完备。由此而论，凡是在理论上看来未被充分利用的物品和场合，或虽得以充分利用但不够完善或完备，都可以成为人们创新的目标。这是提出完满原理的主要依据。创新学中的缺点列举法、希望点列举法、奥斯本"检查表法"中的主体内容以及"利用率列举法"等，都是源于创新的完满原理。

事实上，人们对于大多数创新发明产品的利用率都是非常低的，其完善或完备的程度都是有待于进一步提高的。因此，只要对现存的事物和产品做充分利用或完善的分析，一般总能找到许多未曾被充分利用或需要完善的地方，这些不尽如人意的地方就是创新发明的方向，针对这些不足之处进行提高利用率或把未被利用起来的地方进行充分利用的设计，就能导致创新发明。

九、群体原理

群体原理是使面对同一问题或难题的众人进行有效的合作，发挥群体的优势来进行发明创新，其核心是"集智"和"激智"。"集智"的基础是相信人人都有创造力。

"集智"就是把众人的智慧集中起来。个人的水平再高、知识再多，总是有限的，不可能什么都知道，样样都精通。众人的智慧一般总高于个人。其实，这个道理我们中国人早就懂了。诸葛亮就说过："夫参署者，集众思，广忠益也。"可见，他虽身居高位，但也十分清楚"集众思"的重要性。孔子说："三人行，必有吾师焉。"其所以必有吾师，就在于每个人的工作岗位、经验、知识、素质都是不同的，视角和思维方式也各不相同，因而每个人都各有所长，也各有所短；我之所短，可能正是他之所长。"集众思"之所以可贵，就在于可以弥补个人所思之不足，从而加以优化，这就是群体原理所以有效的根本原因。

然而，就事论事的"集智"还不够，还须"激智"，即把众人潜在的智慧激发出来，把他们的创新性设想充分挖掘出来。奥斯本在谈及这一原理时曾指出："最初的参加者把它们叫做闪电构思会议。这一名称相当确切。因为，在这种场合所说的闪电构思是针对突击解决独创性问题需要开动脑筋而言的，这就是说，每一个人都要像突击队员那样勇敢向共同的目标突进。"日本创造学家高桥诚也认为要使参加者"绞尽脑汁"。"绞尽"，这就要求把参加者潜在的智慧挖掘出来。群体原理要求的时间上的紧迫感、注意力的高度集中，以及相互平等、严禁批评、延迟评价等，这一切都是为了"激励"，都是为了打开每一个人潜在的"智慧矿藏"，特别是在"共振"中产生的新设想，往往是更宝贵、更成熟的创新设想。创新学中的智力激励法，就是依据这个原理而产生的。

以上介绍的创新原理，虽然说都是打开创新世界大门的"金钥匙"，但是并不是说一学就能达到熟练应用的地步。实践表明，形而上学地去死板地套用这些创新原理，还会在一定的程度上造成一种创新障碍。只有灵活而科学地去运用这些创新原理，才能真正地发挥出创新原理的导向、启发、创造性解决问题的良好功效。

第二节 大学生创新原则

原则,是指观察问题、处理问题的准则,是人类行为的准则,也是不容置疑的基本道理,历经考验而永垂不朽。创新原则,是指创新活动所依据的法则或标准。在创新活动和创新过程中要遵循的原则有六个:遵守科学原理原则,市场评价原则,相对较优原则,机理简单原则,构思独特原则,不轻易否定、不简单比较原则等。

一、遵守科学原理原则

创新必须遵循科学技术原理,不得有违科学发展规律。因为任何违背科学技术原理的创新都是不能获得成功的。比如,近百年来,许多才思卓越的人耗费心思,力图发明一种既不消耗任何能量、又可源源不断对外做功的"永动机"。但无论他们的构思如何巧妙,结果都逃不出失败的命运。其原因在于他们的创新违背了"能量守恒"的科学原理。为了使创新活动取得成功。在进行创新构思时,必须做到以下几点:

(1) 对发明创造设想进行科学原理相容性检查。创新的设想在转化为成果之前,应该先进行科学原理相容性检查。如果关于某一创新问题的初步设想,与人们已经发现并获实践检查证明的科学原理不相容,则不会获得最后的创新成果。因此与科学原理是否相容,是检查创新设想有无生命力的根本条件。

(2) 对发明创新设想进行技术方法可行性检查。任何事物都不能离开现有的条件的制约。在设想变为成果时,还必须进行技术方法可行性检查。如果设想所需要的条件超过现有技术方法可行性范围,则在目前该设想还只能是一种空想。

(3) 对创新设想进行功能方案合理性检查。任何创新的新设想,在功能上都有所创新或有所增强。但一项设想的功能体系是否合理，关系到该设想是否具有推广应用的价值。因此，必须对其合理性进行检查。

二、市场评价原则

为什么有的新产品上架后却渐渐销声匿迹了呢？创新设想要获得最后的成果，必须经受市场的严峻考验。爱迪生曾说："我不打算发明任何卖不出去的东西，因为不能卖出去的东西都没有达到成功的顶点。能销售出去就证明了它的实用性，而实用性就是成功。"

创新设想经受市场考验，实现商品化和市场化要按市场评价的原则来分析。其评价通常是从市场寿命观、市场定位观、市场特色观、市场容量观、市场价格观和市场风险观等方面入手，考察创新对象的商品化和市场化的发展前景，而最基本的要点则是考察该创新的使用价值是否大于它的销售价格，也就是要看它的性能、价格是否优良。但在现实中，要估计一种新产品的生产成本和销售价格不难，而要估计一种新发明的使用价值和潜在意义则很难。这需要在市场评价时把握住评价事物使用性能最基本的几个方面，然后在此基础上做出结论。

三、相对较优原则

创新不可盲目追求最优、最佳、最美、最先进。创新产物不可能十全十美。在创新过程中，利用创造原理和方法，获得许多创新设想，它们各有千秋，这时，就需要人们按相对较优的原则，对设想进行判断选择。

（1）从创新技术先进性上进行比较。可从创新设想或成果的技术先进性上进行各自之间的分析比较，尤其是应将创新设想同解决同样问题的已有技术手段进行比较，看谁领先和超前。

（2）从创新经济合理性上进行比较选择。经济的合理性也是评价判断一项创新成果的重要因素。所以对各种设想的可能经济情况要进行比较，看谁合理和节省。

（3）从创新整体效果性上进行比较选择。技术和经济应该相互支持、相互促进，它们的协调统一构成事物的整体效果性。任何创新的设想和成果，其使用价值和创新水平主要是通过它的整体效果体现出来。因此，对它们的整体效果要进行比较，看谁全面和优秀。

四、机理简单原则

在现有科学水平和技术条件下，如不限制实现创新方式和手段的复杂性，所付出的代价可能远远超出合理程度，使得创新的设想或结果毫无使用价值。在科技竞争日趋激烈的今天，结构复杂。功能冗余。使用繁琐已成为技术不成熟的标志。因此，在新创的过程中，要始终贯彻机理简单原则。为使创新的设想或结果更符合机理简单的原则，可进行如下检查。

（1）新事物所依据的原理是否重叠，超出应有范围。
（2）新事物所拥有的结构是否复杂，超出应有程度。
（3）新事物所具备的功能是否冗余，超出应有数量。

五、构思独特原则

我国古代军事家孙子在其名著《孙子兵法·势篇》中指出："凡战者，以正合，以奇胜。故善出奇者，无穷如天地，不竭如江河。"所谓"出奇"，就是"思维超常"和"构思独特"创新贵在独特，创新也需要独特。在创新活动中，关于创新对象的构思是否独特，可以从以下几个方面来考察：

（1）创新构思的新颖性。
（2）创新构思的开创性。
（3）创新构思的特色性。

六、不轻易否定，不简单比较原则

不轻易否定，不简单比较原则是指在分析评判各种产品创新方案时应注意避免轻易否定的倾向。在飞机发明之前，科学界曾从"理论"上进行了否定的论证；过去也曾有权威人士断言，无线电波不可能沿着地球曲面传播，无法成为通信手段。显然，这些结论都是错误的，这些不恰当的否定之所以出现是由于人们运用了错误的"理论"，而更多的不应该出现的错误否定，则是由于人们的主观武断，给某项发明规定了若干用常规思维分析证明无法达到的技术细节的结果。

在避免轻易否定倾向的同时，还要注意不要随意在两个事物之间进行简单比较。不同的创新，包括非常相近的创新，原则上不能以简单的方式比较其优势。不同创新不能简单比较的原则，带来了相关技术在市场上的优势互补，形成了共存共荣的局面。创新的广泛性和普遍性都源于创新具有的相融性。如市场上常见的钢笔、铅笔就互不排斥，即使都是铅笔，也有普通木质的铅笔和金属或塑料杆的自动铅笔之分，它们之间也不存在排斥的问题。总之，我们应在尽量避免盲目地、过高地估计自己的设想的同时，也要注意珍惜别人的创意和构想。简单的否定与批评是容易的，难得的却是闪烁着希望的创新构想。

在创新活动中要注意并切实遵循创新原理和创新原则，因为这都是根据千百年来人类创新活动成功的经验和失败的教训提炼出来的，是创新智慧和方法的结晶。它体现了创新的规律和性质，按创新原理和原则去创新并非束缚你的思维，而是把创新活动纳入安全可靠、快速运行的大道上来。在创新活动中遵循创新原理和创新原则是提升创新能力的基本要素，是攀登创新云梯的基础。有了这个基础就把握了开启创新大门的"金钥匙"。

第七章

大学生创新技法

创新技法是创新活动中至关重要的一环。学习和掌握各种实用的创新技法并加以综合运用，对开发人的创新力，促进创新活动的深入开展，具有积极意义和显著成效。创新技法虽然不能代替创新者去创新，但是它可以指导人们进行创新。作为创新理论与创新实践之间的一座桥梁，掌握了创新技法，创新者就可以少走或不走弯路，从而迅速有效地越过各种阻碍创新发挥的障碍，取得创新成果。

第一节 创新技法概述

一、创新技法的概念和特点

（一）创新技法的概念

创新技法，是指人们根据创新原理及规律总结出来的，解决创新问题、进行创造发明的技巧和方法。它是创造学家根据创新思维的发展规律，收集研究大量成功的创新事例后，而归纳总结出来的技巧和方法，以供人们学习、借鉴和仿效。

20世纪30年代，美国人奥斯本发明"头脑风暴法"，并成功应用于实践，成为创新技法的奠基人。创新技法是创新学理论体系中独具特色的方法论体系，美国称之为"创造力工程"，日本称之为"创新工作""创造工程学"，俄罗斯称之为"创造力技术""专家技术"，我国称之为"创新技法"或"创造技法"。

（二）创新技法的特点

创新技法具有以下三方面的特点：

1. 可操作性

创新技法将创造理论转化为明确具体的、规范化的、可掌握的操作规则和运行程序，人们通过学习能够掌握并运用于创新活动中。

2. 技巧性

创新技法通过多用、多练就会熟练而产生技巧。技巧是技能的熟练化，熟练的技巧会将一切多余不必要的操作省去，提高效率。

3. 多样性

不同创新领域、不同创新问题、不同创新者都有相应的创新技法。创新技法已被越来越多的人总结和完善。

二、创新技法的作用

众所周知，做任何事情，方法得当，事半功倍；方法不当，事倍功半。创新技法是创新理论和创新实践之间的一座桥梁，是创新能力最重要的组成部分。一个人有了很好的创新愿望、创新意识和创新精神，而没有正确的创新方法，也是不可能取得创新成果和创新方案的。因此，掌握正确的创新技法知识和技能，对于培养人们的创新能力具有重要的作用。创新技法的作用主要体现在以下三方面：

（1）创新技法可以启发人们的创造性思维。

（2）应用创新技法可以直接产生创新成果。

（3）创新技法能够提高人们的创造力和创造成果的实现率。方法就是力量，笛卡尔说，最有用的知识是关于方法的知识。

例如，宁波人魏山，运用重组组合创新技法发明了"变形金刚"式的"万能自行车"。只要凭一把扳手，不用任何附件，就能变换出108种各不相同的车型。据称这是目前世界上可变换车型最多的自行车，可广泛应用于代步、康复、娱乐、载货、车技训练等方面。骑着自行车踢足球、打篮球、打曲棍球，甚至左右开弓打马球等都成为可能。

三、创新技法的分类

据文献记载，目前世界上至少已有 340 多种创新技法，常用的有 100 多种。

创新技法种类繁多，可以从不同的角度对其进行分类。概括而言，对创新技法的分类有两种方式：一种分类方法是根据创新过程来对创新技法进行分类（见表 7-1）；另一种分类方法是按技法原理的相近程度对创新技法进行分类（见表 7-2）。

按创新过程对创新技法进行分类，有助于人们在应用创新技法时，针对不同的应用范围和应用阶段，选择最适宜的创新技法。

按技法原理进行分类有助于人们弄清相同或相近的创新技法之间的联系和区别，有利于对技法的全面掌握。因此，我们在进行创新技法训练时，需要同时采用两种分类标准。

表 7-1　　　　　　　按创新过程进行分类的创新技法

创新过程	常 用 技 法
确定问题	缺点列举法、希望点列举法、属性列举法、专利利用法、自然现象探求法、灵感密集法、联想类技法……
收集资料	专利利用法、情报整理法、调查研究法、KJ 法……
产生方案	输入输出法、关联推导法、形态学方法、要素组合法、信息交合法、综摄法、NM 法、KJ 法、等价变换法、逆向思维发明法、参数分析法、要素分解法……
方案评价	德尔菲法、创意评价技法、层次分析法、加权综合评价法……
构思原型	形态学方法、要素组合法、信息交合法……
原形改进	TRIZ 理论方法与工具、智力激励类技法、德尔菲法……

应当指出，创新技法种类繁多，限于篇幅，本章主要介绍实用价值较大、使用较多的六大类创新技法：智力激励法；组合型技法；设问检查型技法；联想类比型技法；分析列举型技法；卡片整理型技法。

表7-2　　　　　　　按技法原理进行分类的创新技法

类　别	创　新　技　法　细　分	
组合类	成对组合法	同向功能组合法、异向功能组合法、修正功能组合法
	内插组合法	原理内插法、技术内插法、构件内插法
	辐射组合法	技术辐射组合法、功能组合法、物体辐射组合法
	异类组合法	联想组合法、因果组合法、直接组合法、渗透组合法、互求组合法、成套组合法、过渡组合法、载体组合法
	主体附加法	更新附加法、合并附加法、移植附加法、附加附加法、换位附加法
	需求组合法	相似需求组合、配套需求组合、再造需求组合
	信息交合法	平面坐标组合、立体坐标组合
联想类	仿生联想、相似联想、逆反联想、易位联想、焦点法	
类比类	共性类比法、要素移植法、仿生再造法、综摄法	
转换类	功能转换法、结构转换法、用途转换法、缺陷逆用法、替代转换法	
列举类	特性列举法、缺点列举法、希望点列举法、要素列举法、成对列举法	
系统类	层次分析法、TRIz方法、输入输出法、形态学方法	
智力激励类	头脑风暴法、默写式智力激励法、集思广益法、灵感密集法	
设问类	德尔菲法、5w2H法、奥斯本检核表法、聪明十二法、调查研究法	
整理类	KJ法、NM法	
其他技法	理想天才法、贝利方法、参数分析法、专利利用法、创意评价技法	

四、创新技法的运用技巧

良好的创新技法能够更好地发挥创新力，掌握和运用好创新技法能促进发明创新活动顺利进行，达到和超过预期的目标。需要注意的是，创新活动是极大地发挥创新思维的工程，开放的思维是创新活动的保证。因此，创新技法应灵活运用，采用多种技法并用或交替使用往往会产生更好的效果。

（一）巧妙组合，综合运用

每一种创新方法只提供了一个大概的框架结构或模型，因而在具体应用中几乎不存在一个万宝全书式的典范，关键是要具体问题具体对待。在实际运用中，一个有效的方法是将各类创新方法看成是一个系统，在解决问题时将系统内各种技法综合考虑、综合运用、择优组合，实现创造资源的最佳配置。一种方法不够，可用两种方法；两种还不够，还可将多种方法穿插、搭配使用。关键在于巧妙组合，在于系统综合。

（二）联系实际，灵活运用

各类创新方法往往各有其适用的条件，因此应注意根据创新、创造对象选择方法，根据不同的对象选用不同的方法，海纳百川，不必师从一家。创新方法不能靠死记硬背、生搬硬套。实践告诉我们，人们的行动总是面向未来的，而经验却只属于过去，随着知识倍增周期的缩短，知识老化的速度也大大加快，认识事物和改造事物的方法也在不断地发生变化，因此不能将已有的创新、创造方法视为创造的"不二法门"。其实，若缺乏对于事物本质的洞察力，缺乏对创造对象内核的穿透力，再好的方法也只能事倍功半，甚至无济于事。因此，创新方法的应用必须联系实际，灵活运用。还要特别注意，创新、创造的方法同样要创造性地运用。

（三）用心领会，善于思考

创新方法的运用，在某种程度上要靠悟性。悟性是创新、创造、发明之源。悟性的高低是创新、创造中的大学问，但又是书本中绝对学不到的学问。悟性是一种高智慧的理解力，又是一种智能型的穿透力。我们在创新技法的运用中，应当培养独立思考的能力，要有自己的情感体验，要从"知"上升到"悟"，才能视人之未觉，想人之未思，创人之未有。用同样的方法解决同一个问题，不同的人，结果可能大相径庭，这里的关键是一个人的悟性。用心领会、善于思考的人，悟性自然会高，反之则低。只有领悟了，方法运用起来才能得心应手，达到"心有灵犀一点通"的境界。

（四）正确对待，学以致用

创新方法的核心，就是要冲破传统方法的束缚，冲破形式逻辑的思维边界，调动直觉，驰骋想象，捕捉灵感，在自由自在中创造。它不是提供一个或一些机械的方法，而是提供一种无数方法和观点可以自由发展的思路；不是追求创造技法的多少，而是追求创造境界的实现。创新方法再多也是有限的，而创造的潜能却是无穷的。因此要明确"创新有法无定法""万法自在我心中"。特别不能把创新方法当作一成不变、包能创造的"信条"，这种

"信条"对于创造是没有任何积极作用的。正如钱学森所说的那样:"如果创造方法真正成了一门死学问,一门严格的科学,一门先生讲学生听的学问,那么大科学家也可以成批培养,诺贝尔奖金也就不稀罕了。"

五、创新方法的创新

自然界在不断地进化着,社会在不停地向前发展着,人类的认识也在逐步深化着。新的现象、新的规律、新的事物也就在这进化、发展、深化的过程中不断涌现出来。因此,已有的创新、创造方法可能无法适应新形势的需要,这就需要创新。另一方面,根据创造学的基本原理,多次运用同一种方法,会使人们形成思维惯性,从而成为创造的障碍。因此,这也需要对创新方法进行创新。

对创新、创造方法的创新包括两种方式:①将已有的创新方法运用于新的专业领域和新的创造问题;②根据创造问题的需要,创造新的创新方法。总之,我们在创造过程中,要有高度的灵活性,不拘泥于任何程序、习惯和经验,因为过分强调程序、方法就有使思维陷入呆板、僵化的危险。在创造活动中,当陷入困境不得其解时,应不受既定思维和方法的束缚,进行立体的、全方位的思考,拿出新的招数来应付新的情况,以变化的方法对付变化的情况,才能确保立于不败之地。

创新、创造、发明的方法十分重要,十分可贵,它是人们用以开启智慧之门的钥匙。正确运用它,我们就能铲除层层障碍,打开座座宝库,在不断地实现自我和超越自我的同时,不断地改造客观并超越客观。一方面提升人生的价值,另一方面夺取丰硕的创新、创造成果。

第二节 智力激励法

一、智力激励法的特点

智力激励法,又叫头脑风暴法(Brain Storm),是指以小组讨论会的形式,让大家畅所欲言,群策群力,相互启发,相互激励,产生思维共振,引出更多新创意的创造方法。它原是精神病学中描绘精神病人不合逻辑的胡思乱想、胡言乱语的精神状态。1939年,美国人奥斯本将其用作开发创造力的技法,并撰写一系列著作将其推广普及到各类大学、产业界、联邦政府,应用于实践。目前在世界范围内,智力激励法是应用最广泛、最普及的创新技法。智力激励法具有以下几个特点:

(一) 思维开放,集思广益

奥斯本认为,社会压力对人们自由表达思想观点具有抑制作用。为了克服这种现象,应设置一些新型会议形式。会上,每个人都可以自由发表自己的任何想法,即使是听起来荒唐可笑的想法,也不当场评判。这种气氛可以激发大家寻求新颖独特甚至违反常规的新设想的强烈兴趣,最大限度地发挥创造力,开拓新思路。实践证明,智力激励会议所产生的设想比一般会议要多70%左右,其中不乏有创意的良策。

(二) 信息激励,联想反应

在小组讨论会上,任何一个人提出的新创意对其他人的想象力都会带来信息刺激和震荡,填补知识空隙,相互诱发激励。研究者测试表明,在集体联想时,成年人的"自由联想"可以提高65%~93%。

(三) 竞争意识,活跃思维

在小组讨论会上,每个人都被鼓励提出更多的创意,大家在集体活动情境下彼此互动、相互促进,无意中激起了争强好胜的心理,争先恐后地发表见解。心理实验证明,竞争意识可以使人的心理活动效率增强50%或更多。

(四) 无拘无束,热情感染

无拘无束的气氛,能激发人的热情,人人自由发言、相互影响、相互感染,促使参与者突破固有观念的束缚,最大限度地发挥创造性思维能力。

二、智力激励法的实施原则

(一) 自由畅想原则

要求与会者尽可能地解放思想,打破习惯势力和主观偏见的束缚,使思想保持自由驰骋的状态,不去顾虑自己的想法是否离经叛道、荒诞可笑,而力求与众不同、力求原创。

（二）延迟评判原则

要求与会者发言时，不要评价，既包括自谦式的表白，又包括对他人否定性的评价或肯定性的赞语，如"这不可能""这根本行不通""这个想法过时了""你的办法真好"等。这是因为，刚形成的新观念不成熟、不完善，甚至荒谬，但它可能启发了别人的设想，如果过早地进行评价、下结论，就等于把许多新观念拒之门外了。推迟判断在集体解决问题时可多产生70%的设想，在个人解决问题时可多产生90%的设想。

（三）以量求质原则

在有限的时间里，所提出的设想越多越好，有数量才有比较，才好优选。通常，一场智力激励会提出的一批设想，后半部分的价值要比前半部分高78%。

（四）综合改善原则

创造往往就在于综合。智力激励会上提出的设想大都未经深思熟虑，很不完善，要鼓励与会者对别人的设想进行补充、完善，提出新设想。会后还要对所有设想做进一步的精选和综合改善工作。

（五）限时限人原则

激励会通常限定时间为30~60分钟，人数为10人左右。限时限人是因为会议时间过长容易使人精神疲劳，思维迟钝麻木；人数太多容易出现分散注意力，相互抢话，有些人不能充分表达稍纵即逝的设想。而时间太短，与会者思路还未打开，信息激励联想反应不充分，难以引出最佳设想；人数太少，知识面窄，难以设想互补，提高设想质量。

三、智力激励法的组织形式

智力激励法是集体创造活动，须有一定的组织形式，主要包括主持人、参加人、记录员、会议地点等。

（一）主持人

理想的主持人要熟悉智力激励法，尝试了解所要解决的问题，能在必要时恰当地启发和引导大家。要求主持人具备以下五方面的素质：

（1）以平等态度友好地对待每一位与会者，促使会议气氛融洽。

（2）及时制止违反会议原则的现象，创造一种无拘无束、自由畅想的局面。

（3）保证讨论始终围绕中心议题，目标统一、发言集中，不跑题。

（4）时刻提醒记录员记下与会者提出的每一个设想，全面准确、清晰明了。

（5）对所要讨论的问题背景、内容及目的要有详细的了解及较专业的理解，以便在会议中能恰当地启示诱导。

（二）参加人

（1）人数：与会人数应以 5~15 人为宜。

（2）结构：与会人员专业结构要合理，既有对本议题深有研究的专家，又有相关专业的行家，还有思维活跃的外行，这样知识结构全面多样，便于突破专业束缚。

（3）水准：要尽量注意到同一会场的与会者身份地位、职务级别、知识水准及资历学历等大致相近，便于毫无顾忌地畅所欲言。

（4）核心：尽量选择一些对议题有实际经验的人为会议核心，再视情况配备其他人，有利于提高会议效果。

（三）记录员

（1）配备 1~2 名记录员，通常记录员不是正式的会议参加者。

（2）对会议提出的所有方案、设想，一视同仁，都要详细地记录。

（3）当有几个人同时提出多种新方案时，可请主持人做必要的归纳后记下。

（四）会议地点

会议地点应选在能避免干扰之处，必要时关掉通讯工具，使会议顺利进行。

四、智力激励法的实施步骤

（一）准备阶段

这一阶段主要包括提出议题、选择参加人、选择主持人、选择会议地点。在会议举行前两三天，主持人向与会者发出邀请函，通知会议内容、时间和地点，并附上一张备忘录，注明会议议题、具体内容及相关活动原则。

（二）热身阶段

会前，为使与会人员尽快进入"角色"，减少会中僵局冷场时间，需要进行一些小型热身活动，调节气氛，激活大脑思维。例如，可以播放音乐、品茶或喝咖啡、讲幽默故事、做简单有趣的游戏，形成热烈、轻松的良好气氛，使与会者很快忘掉自己的工作和私事。待大家全都积极地投入进来，主持人便可调转话题，切入正题。

（三）明确问题

（1）介绍问题。首先由主持人向与会者介绍议题，要简明扼要、通俗易懂，然后让与会者简单地讨论一下，以取得对问题的一致理解。介绍问题时，主持人切忌不能把自己的初步设想全盘托出，而只提供与议题有关的必要信息，以免形成框框，束缚思路。

（2）重新叙述问题。用不同方式来表达问题，目的是加深对问题实质的理解，使问题的重要方面不致被遗漏。同时，启发多种解题思路，为提出各种设想做准备。在此要鼓励与会者从多方面、多角度去审视问题，然后对每一方面都用"怎样……"语句来表达。例如，议题是"如何增加某商场的营业额"，则可重新叙述如下：①怎样降低成本；②怎样扩大货源；③怎样战胜竞争者；④怎样做广告宣传；⑤怎样完善售后服务；⑥怎样推销高档或滞销商品；等等。所有这些新的提问方式，都要由记录员记下，顺序编号，置于醒目地方，让与会者随时从中启发思路，全面考虑。执行此步骤时应注意两点：一是不要急于提出具体的设想；二是鼓励与会者尽可能多地对问题提出重述形式。

（3）选择最富启示性的重新叙述形式。

（四）自由畅谈

这是智力激励法的核心步骤，要求大家克服种种心理障碍，突破种种思维羁绊，任思想自由驰骋，通过联想和想象等思维形式并借助人们之间的知识互补、信息刺激和热情感染，提出大量创造性设想。

(五) 加工整理

畅谈会上提出的解题设想大都未经仔细斟酌，也未做认真评价，有待加工完善之后才有实用价值。会后必须要做的工作包括以下两点。

(1) 关键的第二天。在畅谈会的第二天，应由主持人或秘书以电话等方式收集与会者在会后产生的新设想。这是不可忽视的一步，因为通过会后的休息，思路往往会有新的转换或发展，又能提出一些有价值的设想。奥斯本曾引证有一次会议提出了百余条设想，第二天又增补了20余条，其中4条设想比头一天会议上的所有设想都更有使用价值。

(2) 评价设想和发展设想。委派专家（人数为奇数，5人为佳）或问题提出人对畅谈会记录下的设想做筛选判断，并做综合改善。为了便于评价，最好先据议题性质拟定一些评价标准，如设想的可行性、可操作性、合理性、环保性、节省费用等。

以上是运用智力激励法的一般步骤，具体实施时可据情况有所变化。

五、奥斯本智力激励法的派生技法

奥斯本的智力激励法20世纪50年代在美国推广应用后传到欧洲、日本，广泛应用于解决社会、经济、管理、教育、新闻、科技、军事、生活等多方面难题，并先后派生出了默写式智力激励法（"653法"）、"CBS"法、"NBS"法等多种类型的智力激励法。

（一）默写式智力激励法

默写式智力激励法是德国创造学家荷立根据奥氏激励法，结合德意志人喜欢沉思的性格而改革的创新技法，它运用特殊的会议形式，不通过口头表达，而是通过填写卡片的方法来实现智力互激和思维共振，从而达到获得新设想的目的。

默写式智力激励法规定，每次会议有6人参加，每个人在5分钟内提出3个设想，所以又称为"653法"。会议开始，由主持人宣布并解释议题，并为每位与会者发放若干张设想卡片。卡片上有1、2、3编号，编号间留有一定行距给其他人填写新设想。在第一个5分钟内，每人针对议题在卡片上填写三个设想，然后将设想卡片传给右邻的与会者；在第二个5分钟内，每个人从别人的三个设想中得到新的启发,再在卡片上填写3个新设想,然后再将卡片传给右邻的与会者。以此类推,半小时可以传递6次,一共能产生108个设想。

默写式智力激励法可以有效避免由于少数人争着发言,而使部分与会者失去发言机会,遗漏有创意的设想;或因某些与会者语言表达不清而影响灵感激励的效果。

(二)"CBS"法

"CBS"法是由日本创造开发研究所所长高桥诚根据奥氏智力激励法改良而成的创新技法,具体做法是:会前明确主题,每次会议由3~8人参加,每人持5张名片大小的卡片,桌上另放200张卡片备用。会议举行1小时左右,最初10分钟为"独奏"阶段,由与会者各自在卡片上填写设想,每张卡片上写一个设想。接下来的30分钟,由与会者按座位次序轮流发表自己的设想,每次只能宣读一张卡片,宣读时将卡片放在桌子中间,让到会者都能看清楚。在宣读后,其他人可以提出质询,也可以将启发出来的设想填入未用的卡片中。余下的20分钟,让与会者相互交流和探讨各自提出的设想。

(三)"NBS"法

"NBS"法是由日本广播电台开发的一种智力激励法。具体做法是会前必须明确主题,每次会议由5~8人参加,每人必须提出5个以上的设想,每个设想填写在一张卡片上。会议开始后,各人出示自己的卡片,并依次做出说明。在别人宣读设想时,如果自己发生了"思维共振",产生新设想,应立即填写在备用卡片上。待与会者发言完毕后,将所有卡片集中起来,按内容进行分类,横排在桌上,在每类卡片上加一个标题,然后再进行讨论,挑选出可供实施的设想。

第三节 组合型技法

组合现象普遍而又奇妙，大到宇宙小到分子、原子，从简单的数字排列到复杂的人体结构，到处都存在组合现象。而各种组合又千变万化，各不相同，同样是碳原子，既能组合成坚硬的金刚石，又能组合成脆弱的石墨。当前科学、技术、生产、管理都有一种从分到合的综合观念。

从本质上讲，世界上任何事物都是由较为初级简单的事物组合而成的，所以组合被认为是创造创新的重要方法。

一、组合型技法的特点

组合型技法，是指按照一定的技术原理或功能目的，把多项貌似不相关的科技原理、现象、事物做适当的重新组合，从而获得具有统一整体功能的新技术、新产品的创新技法。组合型技法具有以下三个特点：

（一）创造性

创造的实质最终可归结为信息的截取和再组合。近现代科学的三次大创造就是由知识体系的三次大组合带来的。第一次是牛顿组合了开普勒天体运行三定律和伽利略物体运动定律创造了经典力学，引起了以蒸汽机为标志的技术革命；第二次是麦克斯韦组合了法拉第的电磁感应定律和拉格朗日、哈密顿的数学方法创造了麦克斯韦方程组，形成了完美的电磁理论，引起了以发电机、电动机为标志的技术革命；第三次是狄拉克组合了爱因斯坦的相对论和薛定鄂方程，创造了相对量子力学，引起了以原子能技术和电子计算机技术为标志的新技术革命。

但是，组合并非简单的罗列、机械的叠加。够格称得上创造的组合有三个要点：第一，由多个要素组合在一起；第二，所有要素都为同一目的相互支持和补充；第三，系统的效果必须大于系统内各元素单独效果之和，亦即达到 $1+1>2$ 的飞跃。例如，把车床、钻床、铣床和圆锯装在一个机身底座上并没有带来使用上的新功效,所以算不上是创造。但是,如果通过巧妙的设计,使它们共用一个动力与变速机构,使原来车床的刀架可以夹持工件,原来的卡盘也可用来夹持钻头、铣刀或圆盘锯,使本来需要几种机床加工的活可以由这样一台占地少、使用方便的新机床来承担,这就是创造。

(二) 广泛性

1. 范围广泛

不同领域有不同层次的创新组合,从普通的日用品组合到尖端技术,从单纯的编辑到传世的艺术创作等处处都有用武之地。例如,"龙"作为中华民族图腾文化的结晶,就是华夏先民在洪荒远古与兽为邻的时代,集多种动物之精华部分而成,如鹿角、马脸、牛眼、虎嘴、虾须、蛇身、鱼鳞、鹰爪等,后经历代人民的不断美化和神化,终于演化成中华民族独特的徽记。再如,吴承恩先生在《西游记》里塑造的孙悟空、猪八戒的形象就是猴子与人、猪与人的某些因素加以艺术组合的结晶。

2. 易于普及

就技术上的创造发明而言,由于组合型技法是按照一定的功能需要去选择若干成熟的技术加以组合,不像原理突破型创造要求具备专深的理论基础,因而便于广大群众进行学习与应用。

3. 形式多样

组合的形式多种多样。一是近亲结合:橡皮+铅笔=橡皮头铅笔,裤子+袜子=连裤袜;二是远缘杂交:空气+煤炭=尼龙;三是跨越时空的联姻:如中西合璧、古为今用等;四是技术组合,如不少疗效奇特的电子装置就是传统中医与现代技术相结合的产物;五是艺术上的组合,如鲁迅先生说他小说里创造的人物是:嘴在浙江、脸在北京、衣服在山西——由此拼凑而成的角色。

4. 方法灵活

组合的方式可以是二元组合、多元组合、内插式组合、辐射式组合、综合性组合等,它们可随不同需要灵活选用。如果以推广新技术为目标,可用辐射式组合,即以该技术为中心,同多种传统技术进行组合,形成技术辐射。若以改进已有的特定技术对象为目标，则可用内插式组合，通过移植或插入新技术使产品革新。而"乱点鸳鸯谱式"的组合，可突破习惯思维的障碍，获得新奇的设想。

(三) 时代性

20世纪50年代以来，发明创新的性质和方式发生了重大变化，原理突破型创新成果（如内燃机代替蒸汽机、电力代替蒸汽动力、晶体管代替真空管等）的比例明显降低，而组合型创新升为主要方式。据统计，在现代技术开发中，组合型成果已占全部发明的60%~70%。如诺贝尔生理学和医学奖获得者豪斯菲尔德发明的CT扫描仪，是通过把X射线照相装置同电子计算机结合在一起实施的。而这两项技术本身都是成熟的技术，并无什么原理上的突破。但组合成一体后，便可诊断出颅内疾病及体内肿瘤，这一特殊功能是原来两项技术单独所没有的，因而成为一项重大发明。

组合型创新技法的时代性还表现在组合的思考方式已应用到许多现代设计方法中。如计算机绘图系统是先建立基本图库，然后按需要调用拼装。模块化设计，是把产品看成若干模块的有机组合，只要按照一定的工作原理，选择不同的模块进行组合，便可获得多种有价值的设计方案。其他如标准化设计、成组设计，计算机程序的模块化、结构化设计等均属组合的思想。

二、组合型技法的分类

(一) 同物自组

同物自组，是把同类物品组合在一起得到新的产品，其目的是取长补短。例如，在中国香港市场上，中国大米香，泰国大米嫩，澳大利亚大米软，三者各具特色，但都销路平平。一位米商突发奇想，将三种米混合起来煮着吃，味道极佳，他如法炮制，自己加工出"三合米"，赢得了市场。

同物自组的特点：①组合的对象是两个或两个以上的同一类事物；②组合的过程中，各个参与组合的对象在组合前后其基本原理、基本结构一般没有实质性的变化；③同物组合的产物，往往具有组合的对称性或一致性的趋向。例如，美国人把俄国的伏特加、法国的香槟、意大利的葡萄酒和德国的威士忌勾兑在一起称为鸡尾酒；好事成双，象征着浪漫爱情的配对商品，如

"情侣衫""情侣手套""情侣手表""情侣戒指""情侣伞""情侣饮料"等在市场上深得年轻人欢心；类似的有子母灯、双拉链、鸳鸯宝剑等，赫赫有名的日本松下电气公司就是靠发明了双插座发财起家的。

（二）异类组合

异类组合，是将不同领域的技术思想或不同功能的物品组合在一起产生新的事物。异类组合的特点是：①组合对象（思想或物品）来自不同的方面，一般无主次之分；②组合过程中，参与组合的对象从意义、原理、构成、成分、功能等任一方面或多方面互相渗透，整体变化比较显著；③异类组合是异中求同、异中求新，因此范围很广、创造性很强。根据参与组合的对象不同，异类组合具有以下六种情况。

1. 元件组合

元件组合，是指把本来不是一体的两种以上的事物适当安排在一起的组合。目前市场上有许多产品都属于元件组合的创造成果。如收录机、电子表笔、闪光装饰品、香味橡皮、音乐贺卡等皆是。当前，令人瞩目的"机电一体化"产品，就是传统的机械工程与新兴的微电子工程相结合的成果。如电子秤、自动照相机、全自动洗衣机、数控机床、工业机器人等，它们都以结构简单、体积小巧、性能优良、成本低廉而深受市场青睐。

2. 功能组合

功能组合，是将某一物品加以适当改变，使其集多种功能于一身的组合。例如，一金属片做适当加工后，可以代替多种不同的工具：小刀、开罐头刀、螺丝刀、开瓶器、扭转蝶形螺帽工具、锯、指甲锉、镜子等。许多实用科技设计竞赛中获奖的都是"多功能"作品，它们设计奇巧、使用方便、替代性强，可以少花钱、多办事，因而备受欢迎。

3. 材料组合

材料组合，是指将不同材料组合在一起达到取长补短的作用。大家知道，材料对产品性能有着直接的影响，而有些产品还要求材料具有相互矛盾的特性。对此，利用材料的组合便可解决这一矛盾。例如，钢筋混凝土、混纺毛线、玻璃纤维的制品、钢芯铜线电缆、塑钢门窗等均可达到不同材料取长补短的作用；划玻璃的刀具、机床加工的车刀、轧钢的复合轧辊等可使昂贵的材料用到最关键的部位以节省成本。

4. 方法组合

方法组合，是指在生产工艺和处理技术中，把两种以上独立的方法组合产生新方法。研究发现，当单独用激光或超声波对水做灭菌处理时，都只能杀死部分细菌。但要是两种方法同时使用，则细菌就全军覆没，这就是"声—光效应"。这种方法不仅在灭菌方面有效，在化学研究方面也有着潜在的巨大价值。

5. 技术原理与技术手段的组合

例如，弗朗克·怀特把喷气推进原理与燃气轮机相组合，发明了喷气式发动机；英国分子生物学家艾伦·克卢格把衍射原理与电子显微镜组合在一起，发明了晶体电子显微镜；我国西北工业大学青年教师熊小伟，把中医耳针的经络理论与现代电子技术相结合，发明了"速效止痛治疗器"，它集诊断与治疗于一体，被誉为"魔针""口袋里的医院"，在第38届尤里卡世界发明博览会上获得六枚奖牌。

6. 现象组合

现象组合，是指将不同的物理现象组合起来，形成新的技术原理，导致新的发明。例如，德国科学家发明的一种清除肾结石的方法，就是两种现象的组合：一个是"电力液压效应"——水中两个电极进行高压放电时，产生的巨大冲击力能把坚硬的宝石击碎；另一现象是在椭球面上的一个焦点上发出声波，经反射后会在另一个焦点上汇集。同时，利用这两种现象便可设计出击碎人体内肾结石的装置。治疗的时候让患者卧于一温水槽中，并使结石位于椭球面的一个焦点上，把电极置于椭球面的另一个焦点上。经过约1分钟的不断放电，分散通过人体的冲击波就可汇集作用于结石，将其粉碎。

（三）重组组合

在事物的不同层次分解原来的组合，然后再按新的目的重新安排，即重组组合。在商店的柜台安排、工厂的流水线布置中常用重组组合，不同的安排与布置会对销售额或生产率有重大影响。有的产品，通过重组就能形成不同形式型号的新产品。如真空吸尘器，它由三个基本部件组成：真空泵、储尘箱、软管及各种形状不同的嘴管。现将它们做各种可能的排列，如真空泵与储尘箱以并列结构、垂直结构、内藏结构、分离结构等方式，再加上吸尘器的不同连接便可组合成 15 种形式。

重组组合的特点有：①组合在一件事物上实施；②在组合过程中，一般不增加新的东西；③重组主要是改变事物各组成部分之间的相互关系。

（四）共享与补代组合

1. 共享组合

不同物品中常会有一些零部件完全相同，设法将它们组合集成，使其相同的部件共享共用，节省又方便，这就是共享组合。例如，市场上曾流行一种系列儿童玩具，设计者设计了一个共用的电动底座，让它可以同各种车身组装结合，于是便能同时拥有公共汽车、卡车、警车、翻斗车、吊车等儿童喜爱的多种玩具车；再如，手电筒、收音机、电动剃须刀、闹钟等物品都以干电池为动力源，电池长期不用便会自动放电变质，甚至损坏物品。从节约角度出发，有人设计了一种以手电筒为基础的多用小电器，其基础件和共用件是电池筒和开关，可与之灵活配装的有照明头、鞋刷头、微型风扇头、微型吸尘头、收音机头等，按需选用，非常实用。

2. 补代组合

补代组合，是通过对某一事物的要素进行摒弃、补充或替代而形成的在性能上更为先进、新颖、实用的新事物。例如，家庭卫士——门锁，其品种经历了从明到暗、从无声到有声、从机械到电子的变化，而这些变化是补代组合的创新成果。挂锁可以防盗，但却告诉小偷室内无人；于是将锁与门相结合，开发了暗锁——弹子门锁，并从单保险向双保险、多保险发展；将电子技术引入门锁便有了报警锁；而微处理器的介入更使门锁升级换代，出现了卡片锁、声控锁、指纹锁，甚至有可以用"眼睛"来控制的锁。目前，市场上各具特色的防盗门都是将门与锁更为有机组合的创新产物。

（五）概念组合

概念组合，是将若干个命题或词类重新组合从而产生新概念的组合方式。例如，绿色食品、阳光拆迁、母亲水窖等。概念组合有两种组合规则。

（1）如果两个命题中有能表示一定意义的连续相同的文字，那么，去掉相同部分，但不改变剩余部分的结构顺序，再结合在一起，就能得到一个新命题。例如，命题一：水壶盖在水蒸气作用下能连续做功；命题二：能连续做功的装置可设计成一种动力机。去掉两个命题中的重复部分"能连续做功"后再拼接组合，便得到一个新的结论：水壶盖在水蒸气作用下的装置可设计成一种动力机。显然，这是蒸汽机的原理。

（2）将选定的课题与尽可能多的一系列有关的动词相结合，以触发新的思想。例如，要设计一种运动类新玩具，那么就先列出各种动词。如牵、拉、拖、撞、挪、移、搬、转、滚、推、走、跑、震颤、波动、飘、散步、舞蹈、跳跃、流动、喷射、飞行、滑翔、滑动、飞奔、旋行等。然后，再将原来的设想或目标与这些词逐一组合，并仔细琢磨其中是否还包含值得进一步发展的内容，这样就很可能从中获得启迪，设计出新颖别致的玩具来。

（六）综合

（1）综合已有的不同科学原理，可以创造出新原理。例如，爱因斯坦综合了万有引力理论与狭义相对论，创立了广义相对论。

（2）综合已有的知识成果可以发现新规律。例如，门捷列夫从原子属性与原子量、原子价的关系入手，系统综合了从拉瓦锡到纽兰兹近百年中发现的元素周期变化的事实和论点，终于发现了元素周期率。

（3）综合已有的不同科学方法，可以创造出新方法。例如，笛卡儿引进了坐标系，综合几何学方法和代数方法，创造了解析几何的新方法。

（4）综合已有的不同学科能够创造出新学科。如信息科学、环境科学、生态科学、能源材料科学、海洋科学、空间科学、城市科学、决策科学等皆属综合性学科。

（5）综合已有不同技术，能够创造出新技术。例如，日本先后引进了奥地利的氧气顶吹炼钢技术、法国的高炉重油技术、美国和苏联的高炉高温高压技术、西德的熔钢脱氧技术、瑞士的连续铸钢技术和美国的带钢轧制技术，创造了先进的钢铁工业技术体系。

(6) 综合各种艺术手法，能够创造出新的艺术形式。例如，综合美术、音乐、舞蹈、文学、戏剧、摄影的艺术手法，创造出了现代影响最大的影视艺术。

综合可视为一种更高层次的组合，当代一切重大的科学技术项目都是综合利用各种不同门类的技术的结果。例如，美国的阿波罗飞船，它的全部构件有300多万个，调动了2万多家公司企业、120所大学、42万余名实验室研究人员，历经11年的艰苦工作，才把宇航员送到月球并返回地面。阿波罗登月总指挥韦伯指出："阿波罗飞船计划中，没有一项是突破性的新技术，关键在于综合"。

三、主体附加组合法

（一）主体附加组合法的特点

主体附加组合法，又叫内插式组合法，是指以某一特定的对象为主体，补充新的内容或增添新的附件，从而使原有物品性能更好、功能更强的组合创新技法。此法适用于对产品做不断完善、改进，附加与插入部分除了可更好地发挥主体的技术功能外，有时还可增加一些辅助功能，使之成为多功能用品。例如，对老人手杖进行主体附加改装，内插电筒、警铃、按摩器等就形成了集照明、按摩、磁疗、报警、健身防卫于一体的多功能拐杖；给冰箱加温度显示器、给彩电附加遥控器、给电风扇增加摇头、定时、变换风量等装置；给红绿灯加白杠便于有色盲的人分辨；在自行车上安装里程表、挡雨罩、折叠货物架、小孩坐椅等；在手机里附加相机、MP4、电子词典、录音、遥控器、计时器、游戏卡、闹钟等，使之用途更广。

需要注意的是，运用主体附加法既能产生有用的辅助功能，也可能带来无用的多余功能。所以设计多功能物品应全面考虑，权衡利弊，否则会事与愿违，费力不讨好。例如，学生文具盒本来是普通的学习用品，结果被不断地"功能附加"成了布满按键机关的"玩具"，既价格昂贵，又容易分散学生注意力、影响课堂秩序，以致学校明令禁止学生携带这种功能过多的文具盒进教室。

（二）主体附加组合法的实施步骤

（1）有目的地选定一个主体。

（2）运用缺点列举法，全面分析主体的缺点。

（3）运用希望点列举法，对主体提出多种改进方法。

（4）考虑能否不改变主体结构，通过增加附加要素来克服或弥补主体的缺陷。

（5）对主体的内部结构做适当的改变，以使主体与附加物能协调运行，实现整体功能。

例如，选电视机为主体，分析其缺点，其一就是电视机工作时，辐射超紫外线有害人体健康。于是，设计一种电视光栅过滤屏，在收看电视时将它置于荧光屏前，便可消除辐射，并吸收22.5%的可见光而减少图像的闪烁。

再如，手帕是绿色环保的生活必需品，运用主体附加组合法，使它与各类词组组合，进行新产品设计。

（1）棋盘帕：在手帕上印制各种棋盘，一物多用，绿色环保，方便娱乐。

（2）童话帕：手帕是儿童随身携带的必备生活用品，在手帕上印制童话故事连环画，开发儿童智力。

（3）智能帕：在手帕上印制各种智力开发题、脑筋急转弯，定会受小学生欢迎。

（4）字母帕：在手帕上印制英语字母表、短语、小故事，形成语言环境，加强英语学习和训练。

（5）地图帕：将各大城市交通图、铁路图、公路图、航海图、航空图印制在手帕上，既减轻外出旅游、办事行装，又环保耐用，一举多得。

（6）中学生帕：在手帕上印制对数表、函数表、历史年表、各科公式表、化学元素表、时差表、世界地图、中国地图、星座图等。

（7）香水帕：在手帕上注入高级香精。

四、二元坐标组合法

（一）二元坐标法的特点

二元坐标组合法，是借用平面直角坐标系在两条数轴上标点（元素），按序轮番进行两两组合，然后选出有意义的创新课题的组合方法。二元坐标法形式简捷而不单调，运用时不受任何限制，适宜于个人或集体的创造活动。需要注意的是，此法仅适用于技术创造活动的选题阶段，可行的课题一经确定，就完成了使命。作为二元坐标法的坐标元素所代表的事物，可以是具体产品，如衣服、床、灯具、机枪、蛋糕、汽车等；还可以是一些概念术语，如锥形、旋转、变色、空心、闪光、卧式等，然后通过"拉郎配式"的组合联想，突破习惯观念，克服惰性意识，促使其标新立异。

（二）二元坐标法的实施步骤

（1）参加人员以10人左右为宜，大家围坐成一圈，活动过程由指定的主持人负责。

（2）各自列举联想元素，联想元素最好取名词、形容词、动词等，如鞋、车、发电等。

（3）用联想线沟通各个元素绘制联想图。

（4）进行联想和判断：对于每一交叉点的元素做正反两方面的联想与判断。例如，"鞋"和"发电"构成"发电鞋"和"鞋发电"的联想。

（5）依次互换联想图，用自己的认识和观点分析别人的联想图。

（6）各自独立地对自认为有意义的联想点进行可行性分析，有无类似事物、有无社会价值、生产条件和技术水平是否适用等，列出可行的联想点。

（7）主持人收集所有的可行联想方案。

（8）由主持人逐项公布可行性联想，请原分析者（不一定是联想图编制者）向大家说明分析理由，集体展开评议。

五、焦点组合法

（一）焦点组合法的特点

焦点组合法与二元坐标组合法都是强制联想法。焦点组合法，是把要解决的问题作为焦点，依次与罗列的各元素一一组合并强制联想获得新设想、新方案的创造技法。而二元坐标则是各元素间的两两组合。

（二）焦点组合法的实施步骤

（1）选择焦点。把你希望创新的事物或准备推广的技术，填入一中心圆圈内。

（2）列举与焦点无关的事物或技术。尽量避开与焦点相近的事物，从多角度、多方面随意摘录罗列风马牛不相及的事物，逐一填入环绕焦点四周的小圆圈内。

（3）强行将中心圆与周围的小圆圈连接，得到多种组合方案。

（4）充分想象，对每种组合提出创造性设想。

（5）评价所有的设想方案，筛选出新颖实用的最佳方案。

六、形态分析组合法

（一）形态分析组合法的特点

形态分析法，是通过对研究对象相关形态要素的分解和重新组合，全面寻求各种解决问题方案的方法。它由美国加州理工学院兹维基教授发明。其思路是先把技术课题分解成为相互独立的基本要素，找出每个要素的可能方案（形态），然后加以组合得到各种解决技术课题的总构想方案。总构想方案的数量就是各要素方案的组合数。

例如，第二次世界大战期间，德国集中了一批科学家全力研究火箭，美国也不甘落后，奋起直追。1943 年，由瑞士来的天文学家兹维基在参加美国火箭研制过程中，为找出众多的方案。他巧妙地运用了数学中常用的排列组合原理，按照火箭各主要组成部件所可能具有的各种形态进行不同组合，居然在一周之内交出了 576 种火箭设计方案，其中不乏有创见的设想。特别有意思的是，在这些方案中，竟还包括了当时德国正在研制并严加保密的带脉冲发动机的 F-1 型巡航导弹和 F-2 型火箭。可叹如此重要的核心机密，无须假手于神通广大的间谍，而仅仅通过兹维基的"纸上谈兵"便洞若观火了。战后，苏联有人对兹维基的方案做了研究，认为只要补充一些被忽略的因素，便可获得 1 万~2 万种火箭结构方案。

（二）形态分析组合法的特点

（1）组合后的方案构想具有全解系列性质，包罗万象。

（2）此法具有形式化性质。它主要依靠发明者细致、严密的分析并精通与发明有关的专门知识，而不取决于发明者的直觉和想象。

(3) 当问题比较复杂，要素、形态较多时，组合的数目便会急增，因此要求使用者能抓住主要矛盾，选取基本要素，并具有敏锐准确的评价能力。

(4) 此法广泛应用于新技术和新产品的开发及技术预测等许多领域，实施时既可小组运用，也可个人使用。

（三）形态分析组合法的实施步骤

(1) 明确创新课题。首先必须明确所要解决的问题，这是有效运用形态分析法的前提。

(2) 基本要素分析。分析需创新的对象，确定它有哪些基本要素（参数），要求各基本要素相对独立并尽量全面考虑。

(3) 形态分析。寻找每个要素的可能解决方案（即形态），要求尽量全面。

(4) 形态组合和评价选择。根据上面的分析结果列出形态矩阵，一般为二维结构。"列"代表独立要素，"行"代表各因素的具体形态，组合后便得出各种方案设想。当然，这些方案要做进一步分析判断才能取舍。

第四节 设问检查型技法

创新的关键是能够发现问题，提出问题。爱因斯坦曾说过，提出一个问题往往比解决一个问题更重要，因为解决问题也许是一个数学上的或实验上的技能而已，而提出新的问题却需要有创造性的想象力，而且标志着科学的真正进步。设问法就是对任何事物都多问几个为什么。巧妙的设问可以启发想象、开阔思路、引导创新。

一、设问检查型技法的特点和适用范围

设问检查型技法，是以提问的方式对要改进创新的事物进行分析和综合，使问题具体化，以缩小需要探索和创新的范围，逐项对照检查，以期从各个角度较为系统周密地进行思考，探求较好的创新方案。

(一) 设问检查法的特点

(1) 以提问的方式寻找发明的途径。设问检查法的首要特点是抓住事物带普遍意义的方面进行提问，所以它的应用范围很广，不仅可用于技术上的产品开发，还可用于改善管理等范畴。

(2) 从不同的角度、多个方面来进行设问检查，思维变换灵活，利于突破框框。

(二) 设问检查法的适用范围

设问检查法几乎适用于各种类型与场合的创造活动，帮助人们突破思维与心理上的障碍，从多方面多角度引导创新思路，从而产生大量的创造性设想。设问检查法被誉为"创造技法之母"。

设问检查法非常适合于群众性的技术上的小发明、小革新，也可以与智力激励法等其他技法联合运用。如果要解决的问题较大，借助本技法也可使问题明确化，从而缩小目标，找到问题的关键所在，有针对性地解决。

具体应用时，要根据不同的工作性质将此法作适当的调整。如用于管理方面，则要注意明确问题的性质、程度、范围、目的、理由、场所、责任等；用于技术问题方面，则要注意明确产品的材料、结构、功能、工艺过程等。

当然，设问检查法也有一定的局限，它比较强调创造发明主体的心理素质的改变，借助克服心理障碍，产生更多的思路，而较为忽略对技术对象的客观规律性的认识。所以，在使用本技法解决较复杂的技术发明的问题时，仅能提供一个大概的思路，还需进一步与技术方法结合，才能完成有实际价值的发明。

目前，创造学家已经总结出了许多各具特色的设问检查法。在此主要介绍奥斯本检核清单法、和田十二法与5W1H法，重点掌握其设问的思路与技巧。

二、奥斯本检核清单法

(一) 奥斯本核检清单法的概念

奥斯本核检清单法 (A. F. Osborm check list technique) 又叫稽核表法、

对照表法、分项检查法等,是创造工程学的奠基人奥斯本提出来的,根据需要创新的对象列出有关问题,一个一个地核对、讨论,从中找到解决问题的方法或创新设想的设问检查型技法。此法属于发散性思维,或叫横向思维,在探讨解决方案之前,先多角度地考虑对问题的种种看法,不把注意力集中在问题的某一方面,而是突破旧框框大胆想象,借助各种思维技巧,诸如联想、类比、组合、分割、移花接木、异质同构、颠倒顺序、大小转化、改型换代等,以得到各种不同类型的答案。奥斯本创造的检核表原有 75 个问题,可归纳为六类问题的九组提问。

(二) 六类问题

(1) 由现状到目的(转用)。

(2) 由目的到现状(代替)。

(3) 质量的变化(改变)。

(4) 组合排列(调整、颠倒、组合)。

(5) 量的变化(扩增、缩减)。

(6) 借助其他模型(启发)。

(三) 九组提问

1. 能否他用

现有的事物(包括材料、方法、原理等)还有没有其他的用途,或者稍加改造就可以扩大的用途。例如,扫帚用来扫地、杯子用以盛水、书报供人阅读、砖头是建筑材料……但实际上这只是人们所习惯的常用的方面,其潜在功能远不止于此。在特定情况下,扫帚可作支撑物、扁担、武器;杯子可充当乐器、量具;书报可作包装纸、铺垫物、练毛笔字;砖头可当压载物、体育训练物,等等。具体创造时,可以从多个角度加以扩散思维。

(1) 思路扩展。例如,方便面以其不需烹调并且味道鲜美可口而深受消费者欢迎。触类旁通,许多企业沿着这一思路,开发出以"方便"为特点的方便米饭、方便米粉、方便蔬菜、方便啤酒、方便饮料等新食品。天津的"狗不理"包子也因其在"方便"上动了脑筋而走向世界。

(2) 原理扩展。例如,面粉经发酵产生小气泡使馒头松软可口。于是,发泡塑料、发泡橡胶、发泡水泥相继发明，它们不仅轻巧省料，而且具有更好的隔热、隔声性能。

（3）产品应用扩展。例如，拉链是美国人贾德森发明的，于1905年获得专利，用于代替鞋带。可是仅作为系鞋子用的拉链并不畅销，是个赔本的生意。而有位服装店老板首先认为拉链应该有更多的用途，他先在钱包上安上拉链，使钱包身价倍增；又用之于海军服装，销路很好；接着，美国彼得公司又在运动衣上装了拉链，使之大受欢迎。

（4）技术扩展。例如，激光技术发明之后，其应用扩展迅速，几乎遍及各个领域，如测量、基准、通信、特种加工、全息印刷、激光音响、激光武器、激光手术、激光麻醉等都有不寻常的应用。

（5）功能扩展。例如，枪原为军用之物，但其功能也可以有条件地转为民用，如救生枪，一种潜水员用的抢险、救难的工具，还可以修补船体或给失事潜艇供气；注射枪，用来给猛兽打针；建筑装修用的射钉枪，可以方便快捷地在木头、水泥上钉钉；种植枪，把"播种机枪"装在飞机上，向大片土地扫射，便大功告成了。

（6）材料扩展。例如，营养丰富的大豆，在我国人民的不断开发下已制成了多种食品：豆腐、豆浆、豆腐脑、豆腐干、千张、豆腐乳、豆奶、酱油、豆豉、豆酱、豆芽、豆油、人造肉、人造黄油、豆类小食品等。再如，橡胶的用处有成千上万种，可制成床垫、浴盆、车轮、人行道边饰、鸟笼、门扶手、墓碑、玩具、减震器、绝缘层、雨衣、皮筏等。

（7）系列配套。将产品按不同使用对象、使用场合来开发。例如，为便于幼儿正确握笔学写字，在铅笔笔杆上带上两个凹孔外套，制成学写铅笔；为方便伤残人而专门设计的独指书写铅笔；为适宜黑夜书写而设计的笔尖处带有小光源的照明铅笔；为便于徒手画线而设计的附加有划线导轮的直线铅笔；把刀片藏匿于笔套之中的带刀刃笔套的铅笔；笔杆上缠有纸带，便于随手记事的带纸铅笔；便于放在眼镜架上的铅笔；不用削的自动铅笔等。

2. 能否借用

移花接木，借月生辉，现有事物能否借鉴移植别的思路与技术，模仿别的事物。

例如，泌尿科医生引入微爆破技术而使体内结石得到粉碎清除，免去患者"开膛破肚"的手术之苦；再如在阿波罗登月计划中，偌大的宇宙飞船要灵活地在月球上安全着陆，在控制上要求很高，尽管技术上可以做到但花费巨大，有位专家在海边散步时看到巨型海轮停靠码头困难，就用驳船来过渡的，于是马上产生灵感——登月船的创意由此萌生。

3. 能否改变

现有的事物能否从形状、颜色、味道、结构等方面做适当的变化。

（1）形状变化。例如，漏斗下端一般都是圆形的，用来往同样是圆形的瓶口里灌装液体时，因瓶内空气的阻碍，液体不易流下。河南的小朋友王岩把漏斗下端改成方形，插入瓶口时便留出间隙，让瓶内的空气在灌液时能顺利溢出使灌液流畅了。

（2）结构变化。例如，为使书写流畅而在钢笔尖上开个小孔和小沟，仅这小小的一点结构改革就使美国的沃特曼成了钢笔大王。

（3）气味变化。日本最大的化妆品公司资生堂经过 10 年研究证明，柠檬能振奋精神，茉莉花能消除疲劳，薄荷能减少睡意，熏衣草和玫瑰花有镇静作用。香味还能降低计算机操作人员键盘操作差错率，茉莉花香可降低 30％差错率，柠檬味可降低差错 50％。据此，香味电话、香味闹钟、香味领带、香味袜子、香味皮鞋等产品应运而生，甚至还创造了香味管理法——在不同时间通过空调散布不同香味以提高工作效率。

（4）颜色变化。产品不仅要讲质量，还要讲美感，技术美学就是从产品的颜色、外观、包装着眼吸引顾客眼球。如传统的白色家电披上彩色盛装，彩色钢板、彩色棉花、彩色大米等"漂亮产品"都受到欢迎。据研究，在房屋装潢设计中，调整室内色彩，改善周围的环境色彩，有利于身心健康，提高学习、工作效率。

（5）声音变化。比香味更早应用于人类生活中的是音乐，科学已经证实了音乐的魅力。悦耳的音乐能够使人心旷神怡，激发创造力；轻松的音乐能提高人的学习效果，甚至能使乳牛多产奶、西红柿多结果。与之相反的噪音则会使人心烦意乱、血压升高，引起多种疾病，因而法律禁止噪声污染。

4. 能否扩大

现有的事物能否通过增加长度、价值、强度、速度或数量等得以扩大。巧妙地运用加法和乘法，能给探索提供大量的构思线索。

（1）强化技术。例如，对牛奶等食品进行强化处理，使其营养价值比更优。

（2）附加功能。例如，在两块玻璃中间加入某些材料，可制成防碎、防震、防弹的新型玻璃；在食盐中加入碘、铁、锌等微量元素制成健康食盐；在牙膏中掺入一些药物，可制成防酸、脱敏、止血、抗龋齿等具有治疗保健功能的牙膏。

（3）放大增多。例如，按内容或作者等分类标准将一些畅销作品集解成大成、大全、汇编或增补补注、详解、拾遗等，使出版物更受读者欢迎。

（4）感情投入。在管理中融入感情，就会沟通心灵，和谐融洽；在产品中赋以情感，必将以情动人，备受欢迎。例如，香港生产一种叫"椰菜娃娃"的玩具，其别出心裁之处在于玩具娃娃的面孔、发型和服饰都互不雷同，并由电脑赋予不同的名字，屁股上还打印上"出生年月日"，附有"出生证"，使之像真小孩一样。销售时竟然煞有介事地说不能"卖"，只能"认养"，声称至一周岁时厂方还会寄去生日卡，等等。经此拟人化后，使这种小布娃娃深受宠爱，价格大涨，供不应求，甚至掀起了集体认养、排队"领"小宝宝的热潮，开创了玩具产品销售的新纪录。

5. 能否缩小

能否取消现有事物中的某些东西，使之变小、变薄、变轻等。

（1）简单化。省略尽可能省去的部件、结构和使用手续，如一按即好的"傻瓜照相机"、省略换挡用油门调速的小汽车、一次成像照相机、即冲即饮的咖啡等都是很受欢迎的产品。世界名著的简写本、报刊文摘、海外文摘等都拥有大量读者。

（2）自动化。例如，全自动洗衣机、自动红绿灯、自动报警器、自动炊具等都是自动化的产物，高度自动化是现代技术努力的目标。

(3) 微型化。在琳琅满目的商品中，便携式商品备受青睐，如微型电视机、袖珍收音机、笔记本电脑、小轮折叠电动自行车等。

(4) 拆折化。通过折叠、弯曲、盘卷、放气、拆卸等方法，让产品在非使用状况下变小便于保管，如折叠的床、雨伞、卷尺、渔竿，以及充气筏或充气房子等，还有一种扣在手腕上的微型救生垫，当在水中遇险时，拉动引线，空气垫便自行弹出，几秒钟内自动充气，可浮起135千克的人。

(5) 短路化。从燃料到能量被利用，其间必定要经过若干中间环节，技术转化的环节越多，往往效率也越低，因而现代技术正向"短路化"进军。如煤在高温下与水蒸气、空气或氧气发生化学反应，便可产生可燃气体，经气化处理后煤的热值可提高1.5~1.9倍，但把煤开采出来，运往气化厂的过程是艰巨的。有人便研究发明让煤在地下直接气化的方法，显然，其效益是非常惊人的。

(6) 省力化。机器大多是为省力而设计的。面条机、洗衣机减轻了家务劳动；电动自行车用电力驱动使人们享受开车般的快感。

6. 能否替代

能否以别的原理、材料、工艺、动力、方法等来代替现有事物。语文中的"借代"修辞，就是运用替代的思考形式。聪明的曹冲就是运用替代法来解决称象难题的，他利用排水量与大象相等的石头替代无法称重的大象，然后分批称出这些石头的总重量即可。

(1) 材料代用。材料代用是以一般材料代替高级材料、以非金属材料代替金属材料、以人造材料代替天然材料等。例如，新颖陶瓷具有耐高温、耐磨损、耐腐蚀、耐冲击等特点，以陶瓷代替金属生产陶制锅炉构件，其价格可降低一半；用陶瓷制造发动机，可大幅度提高热效率、降低燃料消耗、减轻自重。纸重量轻、成本低、节省能源，以纸代布制成纸衬衣、纸领带、纸帽、纸制结婚礼服等"一次性产品"，造型别致、价格低廉。以纸代木制造家具，同样物美价廉。

(2) 能源代用。地球上的石油、煤炭等能源有限，所以要开发利用太阳能、风能、地热能、海洋能，乃至人体自身的能量代替石油、煤炭等不可再生能源。根据联合国教科文组织1981年出版物的估计数字，五种海洋能理论上可再生的总量为766亿千瓦。其中温差能为400亿千瓦，盐差能为300亿千瓦，潮汐和波浪能各为30亿千瓦，海流能为6亿千瓦。而一个人一昼夜浪费的能量若转化成热能，则可把与其身体等重的水由0℃加热到50℃。若将全球人类推门、走路等的能量利用起来，便相当于10座核电站的电力。

（3）食品代用。科学家称，海洋将成为21世纪人类的第二粮仓。试验证明，只要繁殖1公顷水面的海藻，加工后可获得20吨蛋白质、多种维生素及人体所需的矿物质，相当于40公顷耕地年产的大豆。位于近海水域自然生长的海藻，年产量相当于目前世界小麦总量的15倍以上。而海洋的"可耕"面积约为陆地的15倍。人类的另一重要食物是美味可口、营养丰富的昆虫，研究证明，昆虫体内的多种营养成分的含量结构比畜、禽肉类更为合理，其脂肪与胆固醇含量却较低。目前，用昆虫做菜，在世界各地已很盛行，如油炸蝴蝶和蝗虫、土豆烩蜻蜓、面团炸黄蜂、清炖甲虫、蚂蚁番茄汤、蛾子饼、蚂蚁奶油蛋糕、蝉肉蜜饯都成了美味佳肴。

（4）功能代替。失去双手的人以脚代手，吃饭、洗衣、游泳、写字、用键盘，甚至还能学会一些精巧的铜匠、木工等"脚艺"。双目失明者听觉敏感，双耳失聪者观察力强。

7. 能否调整

现有的事物能否做适当调整，如改变布局、改变型号、调整计划、调整规格等。重新安排，更换位置看似简单，只要运用得当，也会产生不同寻常的创新。例如，大家熟知的"田忌赛马"就是例证；飞机诞生初期，螺旋桨装在飞机头部，后来装到了顶部则是直升机；原来的汽车喇叭按钮装在方向盘的轴心上，每次按喇叭得把手移到轴心处，既不方便又不安全，后来有人将喇叭按钮改装在方向盘的下半个圆周上，只要在该区域任意处轻按就行，深受司机欢迎。

8. 能否颠倒

现有的事物能否从相反的角度重新考虑，能否正反颠倒、上下颠倒、主次颠倒、位置颠倒、作用颠倒等。火车的车窗原来都是由下向上推开的，这样在火车快速行驶时进风直扑人面，过于激烈，现在已改为由上向下开启，进风口在上面，避免直接对着人猛吹；有人建议将过滤嘴香烟掉过头来装盒，这样取烟时就不会触碰到海绵头，更"卫生"些。

9. 能否组合

现有的事物能否加以适当组合，诸如原理组合、方案组合、材料组合、部件组合、形状组合、功能组合、目的组合，等等。例如，磁性粉末与橡胶或塑料混合制成的"磁铁"便富于弹性，可弯可摔；有人设计了一种新型牙刷，其中心为硬尼龙毛，四周是软尼龙毛，使之兼有清洁牙齿、保护牙龈的好处。

奥斯本核检清单法是一种具有较强启发创新思维的方法，它强制人去思考，有利于突破一些人不愿提问题或不善于提问题的心理障碍。提问，尤其是提出有创见的新问题本身就是一种创新。它又是一种多向发散的思考，使人的思维角度、思维目标更丰富。另外，核检思考提供了创新活动最基本的思路，可以使创新者集中精力，朝提示的目标去构想、去创造、去创新。

三、和田十二法

(一) 和田十二法的概念

和田十二法，又称"聪明十二法"，是我国创造学者许立言、张福奎对奥斯本检核清单法进行改造、提炼之后，结合我国创造发明、特别是上海和田路小学创造教学的实际，与和田路小学一起提出来的。上海创造学会1991年正式命名为"和田十二法"。它为人们提供了一种老少皆宜、普及型的创造技法，也有利于推动我国广大群众参与发明创造活动。

(二) 和田十二法的具体内容

1. 加一加

即可否在原物上添加些什么？加时、加高、加厚、加宽、加重或组合在一起会有什么结果？

2. 减一减

即可否从原物上减去些什么？减时、降低、减轻或省略些什么会怎样？

3. 扩一扩

即使原物放大、扩展，会怎么样？

4. 缩一缩

即使原物压缩、缩小，会怎么样？

5. 变一变

即改变一下形状、颜色、音响、味道、气味、次序等会怎么样？

6. 改一改

即原物还存在什么缺点或不足之处需要加以改进？它在使用时是否给人带来不便和麻烦？有解决这些问题的办法吗？

7. 联一联

即某事的结果与它的起因有什么联系？能从中找到解决问题的办法吗？把某些东西或事情联系起来，能帮助人们达到什么目的？

8. 学一学

即有什么事物可以让自己模仿、学习一下吗？模仿它的形状、结构，会有什么结果？学习它的原理、技术，又会有什么结果？

9. 代一代

即有什么东西能代替另一样东西？如果用别的材料、零件、方法等，代替另一种材料、零件、方法等，行不行？

10. 搬一搬

即把这件东西搬到别的地方，还能有别的用处吗？这个想法、道理、技术、搬到别的地方，也能用得上吗？

11. 反一反

即如果把一件东西或一个事物的正反、上下、左右、前后、横竖、里外，颠倒一下，会有什么结果？

12. 定一定

即为了解决某个问题或改进某件东西，为了提高学习、工作效率和防止可能发生的事故或疏漏，需要规定些什么吗？

例如，篮球架高大，不适合年龄小的学生使用。上海市某小学五年级女生方黎从落地电风扇可调高度得到启示,想到把篮球架"缩一缩",发明了"多用升降篮球架"。先后在上海《少年报》"居里夫人奖"竞赛、"上海市中小学科学小发明作品竞赛"及"第一届全国青少年科学创造发明比赛"中获奖,并由上海、无锡等厂家投产,在上海、无锡、南京、苏州、徐州、长沙、广州等地畅销。

四、5W1H 法

5W1H 法由美国陆军首创,通过从客体的本质(What)、主体的本质(Who)、物质运动的最基本形式时间和空间(When、Where)、事情发生的原因(Why)和程度(How)等6个角度来连续提问,构成设想方案的制约条件,设法满足这些条件,便可获得创新方案。目前,5W1H 法已广泛应用于改进工作、改善管理、技术开发、价值分析等方面。

(一) 5W1H 法的实施程序

(1) 对某种现行的方法或现有的产品,从6个角度做检查提问,即,①为什么(Why);②做什么(What);③何人(Who);④何时(When);⑤何地(Where);⑥如何(How)。

(2) 将发现的疑点、难点列出。

(3) 讨论分析,寻找改进措施。

如果现行的方法或产品经此检查基本满意,则认为该方法或产品可取;若其中某些点的答复有问题,则就在这些方面加以改进;若某方面有独到的优点,则应借此扩大产品的效用。

(二) 问题提示

5W1H 法可视问题性质的不同,设问检查的内容也不同。

(1) 为什么(Why)?例如,为什么做成圆形?为什么漆成白色?为什么制造环节这么多?

(2) 做什么(What)?例如,条件是什么?目的是什么?重点是什么?功能是什么?规范是什么?要素是什么?

(3) 谁(Who)?例如,谁能做?谁做最合适?谁不宜加入?谁支持?谁决策?忽略了谁?

（4）何时（When）？例如，何时完成？何时安装？何时销售？何时产量最高？何时最切时宜？

（5）何地（Where）？例如，何处有资源？卖到何处？安装在何处最恰当？

（6）怎样（How）？例如，怎样做最省力？怎样做最快？怎样效率最高？怎样改进？怎样避免失败？怎样求发展？怎样扩大销路？怎样改善外观？怎样方便使用？

对于最后一问"How"，有时可扩展为两个问题：怎样（How to）与多少（How much），此即5W2H法。"多少（How much）"问的是功能如何？效果如何？利弊如何？安全性如何？销售额如何？成本多少？

例如，某航空公司在机场候机室二楼设小卖部，生意相当清淡。公司经理用5W1H法检查问题何在，结果发现问题出在Who、Where及When三方面。①谁是顾客（Who）？机场小卖部应当把出入境的旅客当主顾，而在二楼逗留的大部分是送客或接客的人，他们完全可以在市内大商场里挑肥拣瘦，不必到机场来买东西。②小卖部设置在何处（Where）？出入境的旅客经海关检查后，都从一楼左、右两侧直接走出去，根本不需走二楼。小卖部的位置没有设在旅客的必经之路。③何时购物（When）？出境旅客只有当行李经海关检查交付航空公司托运后，才有空闲光顾小卖部。因为，机场安排旅客临上机前才能将行李交运，这样就从时间上限制了旅客。

由此可见，小卖部生意不佳的原因是：①未把旅客当主顾；②小卖部的位置偏离了旅客的必经路线；③旅客没有购物的时间。针对这三点，研究改进措施：以旅客为主顾，调整海关检查的路线与行李交付时间。此后，小卖部的生意兴隆了。

第五节 联想类比型技法

一、联想类比型技法的特点

事物之间普遍联系。人脑借助已有知识和经验的启迪,通过两个或两类对象之间某些方面的相同或相近,推出其他方面的相同或相近的方法,叫联想类比型技法。此技法的显著特点是以比较为基础。人们在探索未知世界的过程中,可以把陌生的对象与熟悉的对象、将未知与已知相对比,许多现象在质上虽不同,只要它们服从相似的某些规律,就往往可以运用类比法来研究。这样,由此及彼,可以启发思路、提供线索、触类旁通。正如康德所说,每当理智缺乏可靠论证的思路时,类比这个方法往往能指引人们前进。

二、联想类比型技法的类比方式

类比,是指不同事物或现象在一定关系上的部分相同或相似。美国创造学家戈登对创造过程中常用的类比进行了分析研究,总结了最基本的四种类比方式,对创造学的发展产生了很大的影响。

（一）直接类比

直接类比,是指从自然界或已有成果中寻找与创造对象相类似的东西做比较。例如,古代巧匠鲁班发明锯子就是从草割破手指而得到的启发;武器设计师通过分析鱼鳃启闭的动作,设计成枪的自动机构;而农机师看了机枪连射发明了机枪式播种机。

（二）拟人类比

拟人类比,又称"感情移入""角色扮演",在创造发明活动中,发明者把自己设想为创造对象的某个因素,模仿人类自身的外形、结构、功能等进行创造。例如,人的手臂灵活自如,能够做出拉、提、伸、举、旋转、移动等各种动作,挖土机就是模拟人体手臂的动作进行设计的,它的主臂如同人的手臂，可以左右上下弯曲，挖斗好似人的手掌，可以插入土中，将土抓起；机械手、会说话的机器、机器人亦是如此。

（三）象征类比

象征类比，是借助具体的事物形象和象征符号来比喻某种抽象的概念或思想感情的类比。用具体形象的东西作类比描述，使问题形象化、立体化，为创新开拓思路。例如，"橄榄树"象征"和平"；"大炮"象征"强权、战争"；"森林火灾"象征"渐进的毁灭"；"化石"象征"远古"；"玫瑰"象征"爱情"；"玉兰"象征"纯洁"；"绿叶"象征"生命"；"日出"象征"新生"等。象征类比在绘画、雕塑、电影、建筑等领域中应用甚广。

（四）幻想类比

幻想类比，又叫空想类比或狂想类比，是利用幻想来启迪思路，变已知为未知的主要机制。例如，古代神话、童话、故事中的许多幻想，在技术逐步发展之后很多已变为现实。有人在4月1日"愚人节"这一天里，信口开河地取乐说"把牛的基因移植到番茄上，咬一口通红的番茄，就会有香喷喷的牛肉味。"猎奇的记者把这一"戏言"作为取悦人们的新闻报道出来。说者无意，听者有心。谁也没想到加拿大生物学家丹·莱弗伯夫博士经过两年努力，成功地把哺乳动物体内的基因移植到植物上，跨越了动植物之间基因移植的鸿沟。

在上述四种类比中，直接类比是基础，其他三种类比是由此发展而成的。这四种类比各有特点与侧重，它们在创造创新活动中相互补充、渗透、转化，都有着不可或缺的作用。

三、移植类比法

（一）移植类比法的特点

移植的原意，是指把播种在苗床的秧苗移至大田或它处栽种。而创造学中的"移植类比法"，是将某个领域中已经发展成熟的原理、技术、方法，引用或渗透到其他领域，用以改造或创造新的事物。作为创新者，如果善于异域走马，往往比局限在自己所处领域冥思苦想更能获得意想不到的收获。

在科学技术发明史上，移植创造法造就了大批"外行"发明家：液压变矩器和液压联轴节是船舶电气工程师发明的;汽油防爆添加剂四乙基铅是机械工程师发明的;现代复印技术由一位专利法律师发明;发明圆珠笔的是画家和化学家;莫尔顿式自行车发明者是航空发动机工程师,而最早的自行车是医生发明的……

(二) 移植创新的主要途径

1. 原理移植

不同领域的理论或技术,因为常有一些共同的基本原理,所以可根据不同的要求和目的做移植创造。例如,凡是绝对温度高于零度的物体,都有红外辐射。把这一原理移植到其他领域,可产生红外线探测、红外线遥感、红外线诊断、红外线治疗、红外线夜视、红外线测距等,在军事领域则有红外线自动导引的"响尾蛇"导弹,装有红外瞄准器的枪械、火炮和坦克,红外扫描及红外伪装等。

2. 方法移植

17世纪的笛卡尔把代数方法移植于几何领域,创立解析几何,成为科学方法移植的先驱;将心理学原理移植到企业管理中形成了现代管理方法中的行为学派;美国阿波罗号使用的"月球轨道指令舱"与"登月舱"分离方法移植于巨轮不能泊岸时用驳船靠岸的办法;照相技术被移植到印刷排字中便形成了先进的照相排版技术。

3. 回采移植

许多被弃置不用的陈旧事物,只要运用现代技术加之以新材料、新技术进行改造,往往会引出新的创造。例如,弩是古代技术的精华,在17世纪就趋于没落,而今天的箭镞是锌铬合金制成的,弩装备具有可变焦距瞄准镜,箭镞在50米内能洞穿汽车外壳,在300米内能像步枪一样准确地射杀目标,并且保留其祖先的优点:悄然无声;再如帆船是古代船舶的标志,而今仍有20多个海洋国家设有"风帆研究所"。现代风帆是以计算机设计,其制作材料已从尼龙发展到铝合金,帆的控制也是自动化的,具有最佳采风性能和推进性能,所以现代帆船并非"扁舟孤帆",而是万吨巨轮,加上节能、安全、无噪声、无污染等独特优点而深受市场的欢迎。

4. 功能移植

功能移植是指把诸如生物工程技术、激光技术、超声波技术以及其他信息、控制、材料、动力等一系列通用技术所具有的技术功能，以某种形式应用于其他领域。例如，电子计算机的应用使机械加工程序化、自动化；液压技术的采用较好地解决了远距离传动的问题，且操作方便。

四、综摄类比法

（一）综摄类比法的特点

综摄类比法，是以已知的东西为媒介，将毫无关联的知识要素、不同事物结合起来，激发人们潜在的创造力，产生更多创新设想。它是美国麻省理工学院的威廉·戈顿教授经过长期研究和实验于1952年提出的创造技法，又称提喻法、分合法、举隅法、集思法、群辨法、强行结合法。

综摄法是一种理论化程度高、技巧性强、效果显著的创造技法。通常此法以小组讨论会的形式进行，但也可以个人使用。

（二）综摄类比法的基本原则

（1）变陌生为熟悉（异中求同即异质同化）。戈顿认为，人的机体本质上是保守的，任何陌生的东西或概念对其都是威胁。当碰到陌生的事物时，人总是设法把给定的陌生事物与以前熟悉了解的事物进行比较，借此把陌生的事物转换成熟悉的事物。例如，计算机领域的术语"病毒""千年虫""黑客"等都是利用人们较熟悉的语言来描述计算机专业的事物或现象。

（2）变熟悉为陌生（同中求异即同质异化）。戈顿主张，为了摆脱旧框框的束缚，开阔思路，在探索新的设想时，要对已有的各种事物，选用新知识或从新的角度来观察、分析和处理，使看得习惯了的东西变成看来新鲜的东西，把熟悉的事物变成陌生的事物。例如，拉杆天线本来用在收音机上，将它换个新位置去应用便出现了可伸缩的教鞭、照相机的伸缩三脚架、可伸缩的旅行手杖等；将保温瓶缩小，改变瓶口，成为保温杯。

（三）综摄类比法的模拟技巧

为了加强发挥创造力的潜能，使人们有意识地活用异质同化、同质异化两大原则，戈登提出了四种极具实践性、具体性的模拟技巧。

(1) 人格性的模拟。这是一种感情移入式的思考方法。先假设自己变成该事物以后，再考虑自己会有什么感觉，又如何去行动，然后再寻找解决问题的方案。人格性的模拟一般不易做到，因此必须集中精力。以要改善机器的状况为例，通常人们无法将自己完全想成一台机器，更不用说用人的思想去感受机器的状况了。那么，如何才能真正地将机器人格化呢？首先，必须抛弃"人与机器不一样"的观点，而把机器的外壳想象成人的皮肤，去想象"这样它表面一定很痛"等新的创意出来。

(2) 直接性的模拟。即以作为模拟的事物为范本，直接把研究对象范本联系起来进行思考，提出处理问题的方案。

(3) 想象性的模拟。即充分利用人类的想象能力，通过童话、小说、幻想、谚语等来寻找灵感，以获取解决问题的方案。

(4) 象征性的模拟。即把问题想象成物质性的，即非人格化的，然后借此激励脑力，开发创造潜力，以获取解决问题的方法。

(四) 综摄类比法的实施过程

综摄法在以小组集体创新时，要求由不同知识背景、不同气质的人组成小组，相互启发，集体攻关。小组一般由 5~7 人组成。其成员特点是跨学科、超领域，广泛交叉渗透。这就是类比创造技法更好发挥作用的重要因素。戈登把实施综摄法的全过程分为九个阶段。

(1) 问题的给定。

(2) 变陌生为熟悉。

(3) 问题的理解（分析问题，抓住要点）。

(4) 操作机制（发挥各种类比的作用）。

(5) 变熟悉为陌生。

(6) 心理状态（关于问题的理解达到卷入、超脱、迟延、思索等心理状态）。

(7) 把心理状态与问题结合起来（把最贴切的类比与已理解的问题做比较）。

(8) 观点（得到新见解、新观点）。

(9) 答案或研究任务（观点付诸实践或变为进一步研究的题目）。

(五) 综摄法的特别提醒

(1) 模拟时要集中注意力。

(2) 综摄法的精髓是通过识别事物之间的异同，从而捕捉富有启发性的新思路，产生有用可行的创造性设想，并得出解决问题的方案。

(3) 要确定贯彻综摄法的两大原则。

五、仿生学法

(一) 仿生学法的基本原理

仿生学法，又称生物模拟法，是通过模拟生物的结构或功能原理而导致发明创造的方法。1960年，第一次仿生学会议在美国召开。今天，仿生学已成为现代技术发明的重要途径之一，生物原型成为现代发明的源泉。生物自身在亿万年的优胜劣汰进化中，形成了许多卓有成效的导航、跟踪、计算、生物合成、能量转换、运动力学结构等系统，其小巧性、灵敏性、快速性、高效性、可靠性和抗干扰性等，使人工创造的所有技术装置都相形见绌。

例如，人脑有100亿~150亿个神经元，但每小时约有1000个神经元发生障碍，一年之内就差不多有900万个神经元丧失机能。然而，令人惊叹的是，大脑并没有因此而丧失其各种机能。可是，电子计算机却不行，只要其中任何一个元件损坏或发生故障，便会影响整个系统的工作性能。在许多方面，电子计算机甚至不及昆虫之脑。螳螂能在0.05秒的一瞬间，计算出飞过眼前的小昆虫的速度、方向和距离，这是大型电子跟踪系统所望尘莫及的。随着科学技术的发展，自然界中生物系统的这些奇妙功能愈来愈为人们所认识和把握。

在科技史上，借助生物获得发明创造的例子不胜枚举。从"蜂鸟"到"直升机"、从"鱼鳃"到"人造鱼鳃吸氧器"、从"蛇的红外线定位器"到"夜视镜"、从"萤火虫"到"冷光源"、从"袋鼠"到"跳跃式极地汽车"、从"蚊子"到"测向器"、从"水母"到"风暴预警器"、从"沙蟹"到"制图机"、从"鳄鱼眼泪"到"海水淡化器"、从"鲸鱼脊背"到"水下破冰船"、从"蝙蝠"到"雷达"、从"犰狳"到"坦克"、从"飞鼠"到"降落伞"、从"乌贼"到"推进器"、从"蝎子"到"皮下注射"、从"鲍鱼"到"吸盘"等。

(二) 仿生学法的步骤

仿生技法的核心是研究对象（问题）与生物系统相关问题的类比，其实施大体分为三步。

(1) 根据生产实际提出技术问题，选择性地研究生物体的某些结构和功能，简化所得的生物资料，择其有益内容，得到一个生物模型。

(2) 对生物资料进行数学分析，抽象出其内在联系，建立数学模型。

(3) 采用电子、化学、机械等技术手段，据教学模型，最终实现对生物系统的工程模拟。

(三) 仿生学法的主要思路

向生物索取技术原理，前景广阔，内容广泛，大致有如下六个方面。

1. 信息仿生

信息仿生，主要是通过研究、模拟生物的感觉（包括视觉、听觉、嗅觉、触觉）、智能以及信息储存、提取、传输等方面的机理，构思和研制新的信息系统。例如，研究者根据蛙眼的视觉功能，研制成功了虫检测仪器模型；模拟猫脑视觉领域中的直线"检测器"，研制了用来对机器人眼送来的信息进行处理的特殊计算机；狗鼻子嗅觉比人灵敏一万倍，它能感觉200万种物质和不同浓度的气味，现在，人们以不同物质的气味对紫外线的选择性吸收为信息，研制成了"电子警犬"，用它来做检测，其灵敏度甚至可达狗鼻子的1000倍。

2. 控制仿生

控制仿生，主要通过研究模拟生物的反馈调控、运动控制、动物的定向与导航、生态系统的涨落及人机系统的功能原理来构思和研制新的控制系统。例如，人们根据昆虫楫翅导航的原理，研制成功了振动陀螺仪，广泛应用于高速飞行的火箭和飞机上；根据蜜蜂的复眼能够利用偏振光导航的原理，发明了用于航空和航海的非磁性"偏光天文罗盘"，对于不能使用磁罗盘的高纬度地区，显示出了极大的优越性。

3. 力学仿生

力学仿生，主要通过研究模拟生物的机械原理及结构力学和流体力学的原理，构思和研究机器、装置、力学结构以及人工脏器等的新系统。例如，人们根据鱼类、鸟类身体形状的流体力学特性，研制了各种船舶和空间飞行物；根据蛋壳、乌龟壳、贝壳等弯曲表面，发明了建筑物上的薄壳结构；人体的大多数肌肉都是以"颉颃肌"的形式成对地排列的，模拟颉颃肌，利用两个产生拉力的"单向力装置"组成的双向运动机械系统，圆满地解决了各种"机器人""步行机"等的行走机构的设计，远优于工程技术上惯用的推拉"双向动力装置"组织的系统；钢筋混凝土的发明者法国的约瑟夫·莫尼埃是与建筑材料无关的园艺师，而他模仿的是植物根系的盘根错节、交叉成网能使松软的泥土坚实牢固的生物现象，用铁丝织成网状构架，用水泥碎石浇制成了钢筋混凝土。

4. 化学仿生

化学仿生，主要是通过研究模拟生物酶的催化作用、生物的化学合成和能量转换等，来构思和创造高效催化剂等化学产品、化学工艺以及新材料、新能源等。例如，人们为宇宙飞船设计的"宇宙绿洲"——生态循环系统，就是通过模拟生物"电池"、光合作用转换的原理以及自然生态系统所创造出的。此外，在通过化学途径的人工模拟酶、人工模拟生物固氮、人工模拟光合作用等方面，也正在酝酿着新的重要突破。

5. 技术仿生

技术仿生，主要是通过模拟生物的独特功能进行技术上的创新。例如，"构盾施工法"在隧道工程中被广泛使用，它就是以生物学为基础做出的发明。1820年，英国要在泰晤士河底建造隧道，由于河底松软、渗水易塌方，用传统的支护开挖法，施工极为困难，工程师感到一筹莫展。一天，布鲁内在室外无意中发现有只蠕虫在其外壳保护下使劲地往坚硬的橡树皮里钻。这使他恍然大悟：河下施工也可以像这种小虫找个保护壳——用空心钢柱打入河底，以此为"构盾"，边掘进边延伸，在构盾的保护下进行施工，由此产生了"构盾施工法"。

6. 原理仿生

原理仿生，主要是模仿动物的运动原理而设计出新型产品。例如，前苏联科学院动物研究所研究了地球上许多动物的运动后，模仿其运动原理设计研制了各种新颖的交通工具：按蜘蛛的爬行原理设计出军用越野车；根据蛇的爬行原理设计并改善了履带车的噪声；利用企鹅奔跑的原理设计了雪地汽车，甚至还准备参照袋鼠的运动方式来设计一种可以跳越障碍的越野车。

六、动作类比法

（一）动作类比法的特点

动作类比法是中国同济大学副教授王滨提出来的，是先以某些事物完成的共同动作为线索，在能够完成相同动作的事物之间进行类比，从而导致侧向移人或侧向外推等创造性设想产生的技法。

动作类比法具有以下几个特点。

（1）动作往往能反映出某一事物或技术装置的本质，有些事物在外形上、使用目的上和使用领域上相差很大，却都以同一动作为基础。例如，拉链和插销不是同类产品，但其本质都是实现"开合"动作；气球和收音机天线是风马牛不相及之物，但两者都可以"伸缩"。

（2）抓住事物能共同完成的动作，以动作为类比基础，向各个领域、各个方面去寻找所要借鉴的原型，为创新提供思路。例如，创新议题是"为房子寻找代替门窗的办法"。首先，可将问题重新表述为："寻找与'开、关'动作有关的事物。"于是列出：照相机的快门、花朵、嘴巴、锅盖、窗帘、思想、手、夹子、书、贝壳、抽屉等。之后，再分析这些事物实现"开、关"动作的原理是什么，能否借鉴。如，花朵在阳光下开放，在阴暗处凋谢，由此联想到能否借助光控制开关门窗。

（3）动作类比技法的要领是，问题的提出者一般不直接如实的描述问题，而是抽象出其中带有普遍性的"动作"，将问题转化，以求开阔思路。

（二）动作类比法的实施步骤

（1）提出创新议题。

（2）抽取关键动作，这是开拓思路的关键。要提出解决此问题的关键动作或关键方式，通常以一个动词或动宾词来表述。对同一问题可以抽象出几个不同的动词，并分别对应一种手段，以便有更多的类比结果。

（3）搜索能实现这一动作的各种装置。搜寻时可以凭个人经验或查资料，也可以小组讨论，相互启发。

（4）选出最合适的一个。从装置或物质中逐项进行评价，选出最为合适的一或多种类比原型。

（5）技术处理。根据发明物的具体要求，将原型的结构做适当调整。

（6）制作模型，反复试验与试用，修改完善成为一件创新产品。

例如，运用动作类比法进行公共汽车报站器创新。首先，找出关键动词是"报站"，即"显示"站名。然后，找出尽可能多的能实现"显示"动作的装置：①以书写、印刷方式显示的路标、广告板、球赛记分牌、标语、横幅、海报等；②以电力或电子方式显示的电视、电脑显示屏、交通岗红绿灯、霓虹灯、电梯的楼层显示等；③以光学方式显示的幻灯机、投影机、走马灯、皮影戏、信号弹等；④以机械方式显示的钟表指针、汽车表盘指针、液位显示器等。再然后，选出最合适的一个进行技术处理和修改完善，例如，选"电梯的楼层显示"为原型，对原型做适当调整，在车内设置若干显示面板，上面按行驶路线标上各站站名，每到一站便有小灯显示。

第六节 分析列举型技法

一、分析列举型技法的特点

分析列举型技法要求人们以一丝不苟的态度，将一个熟悉的事物进行重新观察、分析而列出其各方面的特性，从中发现存在的问题，提出改进意见和希望，进行新创造。它有利于克服人们因对周围事物熟视无睹而造成的感知障碍，全面深入地考察问题，防止遗漏。分析列举型技法中最基本的一种

是特性列举法,在它的基础上又发展出缺点列举法、希望点列举法、成对列举法等。几种列举法各有千秋,但有些共同特点:

(1) 强制性地分析。分析就是把整体分解为部分,把复杂事物分解为简单要素。一般分析方法只抓主要方面或特殊点,忽略了次要因素或普通点,因而可能抛弃了某些重要的线索或途径。分析列举型技法带有一种强制性,必须分析罗列所有的因素,要求制定规则,将事物各个特性所包含的每一个子因素全部列举出来,然后逐个分析,以促使人们全面考虑问题。

(2) 一览表式的展开。一览表能有效地帮助人们思考、记忆及安排工作。分析列举型技法以带有比较性的一览表的形式帮助人们发现问题、明确目标、解决矛盾。特性列举法使用的是特性一览表,对事物特性的逐步分析,潜藏的创新可能性就会显现出来。缺点列举法使用的是缺点一览表,分析缺点,找出改进的方法。希望点列举法是使用希望点一览表,对此判断,发现最可能的希望实现性,并设法实施。成对列举法使用的是物质组合一览表,促使突破传统的新奇设想大量涌现,有力地促进新产品的开发。

二、分析列举型技法的作用和局限性

(一) 分析列举型技法的作用

1. 有助于克服感知觉不敏锐的障碍,把思维从僵化、麻木的状态下解放出来

感知觉不敏锐的主要原因是感觉处于饱和状态。人们在初次接触某事物时,会有新鲜感或不习惯,容易发现问题,但时间一长,便会习以为常、熟视无睹了,感知觉饱和,有用的信息就输不进去了。古希腊哲学家柏拉图曾说道,经验使人失去的东西往往超过给人带来的东西。

列举法的首要贡献就是有利于克服这种习惯惰性的障碍,以全面搜索、不断挑剔、大胆幻想的思路获得创造发明的目标。

2. 促使人们全面感知事物,防止遗漏

每个人的思维方式不尽相同,感知方式也各具特色,有人注重视觉,只注意外形、色彩,有人则惯用听觉(或触觉、味觉、嗅觉),只迷信于广告介绍,不重视实际的适用性等。因而,一旦要求对某种产品做改进时,头脑

中便无法调动出全面的信息，也就局限了对问题的分析。借助于列举法，可深入到事物的方方面面。如应用特性列举法时，就要求将事物所有属性全部列出，不许遗漏，这样就必然有利于全面分析，产生较多的设想。

3. 有利于克服感情障碍，客观地判断

判断是从一个问题的几种答案中选择一种答案的方法。判断对于解决问题是必要的，但一般人的通病是善于做判断而不善于产生新观念，这是创造力的克星。与智力激励法的大胆设想、推迟判断原则相类似，列举法首先强调的是尽量全面地列举，避免过早地下评语结论。

4. 适用于改进老产品，开发新产品

列举法有效地运用分析列举、组合、替代、综合等方式，使思维流畅、精确、灵活、独特。特性列举法和缺点列举法着眼于改进老产品，希望点列举法和成对列举法重点是开发新产品。

（二）分析列举型技法的局限性

（1）列举法分析问题要求全面、精细，甚至比较繁琐，所以较适于小的、简单的问题。

（2）此法不能最终解决问题，它基本上只是一个提供思路的方法，进一步的实施还需要借助其他技法与手段才行。

三、特性列举法

（一）特性列举法的特点

特性列举法，是通过对需要革新改进的对象做观察分析，尽量列举该事物的各方面特征或属性，然后确定改善方向及相应措施。此法是美国布拉斯加大学教授R. 克劳福特发明的，适用于革新或发明具体事物，特别是轻工业产品，此法也适用于行政措施、机构体制及工作方法的改进。一般说来，要解决的问题越小、越简单，特性列举法就容易获得成功。此法既可个人使用，也可集体使用。

（二）特性列举法的实施步骤

（1）将对象的特性或属性全部列表写明。如果对象繁复，则应先将对象分解后选一个目标较为明确的发明或改进课题，课题宜小不宜大。

(2) 从三个方面进行特性列举。名词特性包括整体、部分、材料、制造方法；形容词特性包括颜色、形状、感觉、性质、状态；动词特性包括功能、作用。

(3) 在各项目下试用可替代的各种属性加以置换，引出具有独创性的方案。进行这一步的关键是要力求详尽地分析每一特性，提出问题，找出缺陷，再试着从材料、结构、功能等方面加以改进。

(4) 提出方案并对方案进行评价讨论，使产品能符合人们的需要和目的。

（三）特性列举的其他形式

在运用特性列举法时，除了分析名词、形容词、动词特性，还可以选用以下特性。

(1) 物理特性，如软、硬、导电、轻、重等。

(2) 化学特性，如怕光、易氧化生锈、耐酸等。

(3) 结构特性，如固定结构、可变可拆结构、混合结构等。

(4) 功能特性，如能吃，可玩，还可当礼品等。

(5) 形态特性，如其色、香、味、形方面的特点等。

(6) 自身特性，事物本身的结构、形状、感观方面的特性。

(7) 用途特性，事物可以用于哪些方面。

(8) 使用者特性，可以适合哪些人使用，有何特征。

(9) 经济性特性，其生产成本、销售价格、使用成本等。

例如，以圆珠笔的设计为例，借助特性列举法进行创新思考。圆珠笔的特性列举结果如下。

感观特性：银灰色，无声，无味。

外观特性：圆柱形，细长，重量轻。

用途特性：办公，学习，美术，书写，绘图，复写，送礼，装饰。

使用者特性：青少年，中老年……各类职业。

据此，可以得到以下的新思路：

(1) 将笔杆颜色改为流行色，或配上时尚图案；在塑料笔杆内添加香味；生产12种颜色的油墨笔芯，每支笔都配有一套12色笔芯，供随意选用。

（2）在笔杆上按手指形状做出压痕，书写时握笔牢靠不打滑；笔杆上雕饰立体图案；将圆柱形笔杆改为六角形；把笔帽形状卡通化，适合小朋友用。

（3）儿童写字时常有姿势不正的毛病，加上校正器有利于儿童保健；老年人用的笔头可做成按摩器、痒痒挠的形状。

（4）从不同职业考虑，结合其工作方便增加相应的功能。

四、缺点列举法

（一）缺点列举法的特点

金无足赤，世界上没有十全十美的东西，它们或多或少有这样或那样的缺点。然而，由于人有惰性，"初看是个疤，久看成了花"，对于习惯了的事物，人们往往不容易，甚至不愿意去发掘它的缺点。相反，如果对产品"吹毛求疵"，故意去找毛病，然后用新的技术加以改革，就会创造出许多新的产品来。

缺点列举法是抓住事物的缺点进行分析，以确定发明目的创造技法。此法与特性列举法相比，有其独到之处。特性列举法列出的特性很多，逐个分析需要花很多时间。缺点列举法的特点是直接从社会需要的功能、审美、经济等角度出发，研究对象的缺陷，提出改进方案，因此显得简便易行。此法主要是围绕着原事物的缺陷加以改进，一般不改变原事物的本质与总体，属于被动型的方法。它一方面可用于老产品的改造上，也可用在对不成熟的新设想、新产品做完善工作，另外还可用于企业的经营管理方面等。

（二）缺点列举法的实施步骤

（1）尽量列举一事物的缺点，需要时可事先广泛调查研究，征集意见。

（2）将缺点加以归类整理。

（3）针对所列缺点逐条分析，研究其改进方案或能否缺点逆用、化弊为利。

例如，应用缺点列举法，对平时用的普通曲柄雨伞做改进创新。先列举其缺点：伞尖容易刺伤人；拿伞的人不便再拿其他东西；乘公共汽车时雨伞上的水会弄湿别人的衣服；开收不方便；伞骨容易折断；伞布透水；模样单调、不美观、不易互相识别；晴雨两用时，式样不能兼顾；收藏携带不方便，等等。为此，便研制出了种类繁多的新品种，可折叠伸缩的雨伞；伞布经防雨处理的雨伞；各种花型色彩的伞；伞顶加装集水器、上车收伞时雨水便不会滴在车内；伞骨不用铁制，避免生锈；能开收自如的自动伞；甚至还有两人共用的椭圆形情侣伞；可兼作手杖的手杖伞；有照明功能的夜行伞；伞面用透明塑料布可不挡住视线；伞布做成可卸式易于洗涤，等等。

（三）缺点列举法的具体应用形式

在具体运用缺点列举法作创造发明时，可以是个人进行思考，也可集体研究，还可借助调查等方式。

1. 会议法

开缺点列举会，由 5~10 人参加，会前由主管部门针对某项事物，选择一个需要改革的主题，主题宜小不宜大，让与会者围绕此主题尽量列举各种缺点，越多越好。安排一人及时记录与会者提出的缺点，在一卡片上编号，之后从中排选出主要缺点，并针对这些缺点制订出切实可行的革新方案。一次会议的时间 1~2 小时。

2. 用户调查法

"用户是上帝"。可以通过销售、售后服务、意见卡等渠道广泛征集用户意见，并结合使用缺点列举法对产品进行改进。

3. 对照比较法

俗话说："不怕不识货，就怕货比货。"将同类产品集中在一起，从比较中找缺点，探寻可以改进之处。用这种方法开发新产品起点高，容易一举成功。

五、希望点列举法

（一）希望点列举法的特点

希望点列举法，是发明创造者从广泛收集的他人愿望或个人愿望出发，通过列举种种需求和希望，确定发明目标的创造技法。希望点列举法不同于缺点列举法。后者是围绕现有物品找缺点提出改进设想，这种设想不会离开物品的原型，故为被动型创造技法。而希望点列举法是发明者提出的新设想，它可以不受原有物品的束缚，所以是一种积极主动的创造技法。

例如，人们希望冬暖夏凉，就发明了空调；人们希望能留住自己的声音，就发明了留声机；人们希望像鸟儿一样飞翔，就发明了飞机；人们希望打电话时能看到对方的形象，就发明了可视电话；人们希望能登上其他星球，就发明了宇宙飞船；等等。

（二）希望点列举法的实施方法

1. 希望点列举会法

召开5～10人的小型会议，会议时间1～2小时，由主持人就革新项目或产品开发征集意见，激励与会者开动脑筋，互相启发，畅所欲言。

2. 书面搜集法

设计卡片，向用户、中间商和本单位职工征求意见和各种想法。

3. 访问谈话法

派人直接走访或电话询问用户或商店等，倾听各类建议与希望点。

六、成对列举法

（一）成对列举法的原则

成对列举法，是把任意选择的两个事项结合起来，成对列举其特征，或者把某一范围内的事物一一列举，依次成对组合，从中寻求创新设想的技法。此法既利用了特性列举法务求全面的特点，又吸收了强制联想法易于破除框框、产生奇想的优点，因而更能启发思路，收到较好的效果。使用成对列举法要遵循以下两个规则。

（1）必须十分明确所要解决的问题，这样可以确定所列举事物的类别。

（2）研究所列事物的所有组合，包括一些莫名其妙的组合也不要舍弃。这是与智力激励法中的延迟判断相似的原则，因为乍看起来是荒唐的想法可能会随时间而成熟，或者能据此启迪另外的思路。

（二）成对列举法的实施步骤

（1）列举，把某一范围内所能想到的所有事项依次列举出来。

(2) 强迫联想，任意地选择其中两项依次组合起来，想象这种组合的意义。

(3) 对所有的组合做分析筛选。例如，要设计新式多功能家具，首先，列举各种室内用具：床、桌子、沙发、椅子、茶几、书架、台灯、衣柜、衣架、镜子、花盆架、电视、音响、梳子……然后，两两配对组合：床和沙发、灯和衣架、桌子与书架、床和箱子、床和灯、镜子与柜子、电视与花盆、音响和台灯等。最后，对所有方案进行分析，发现有些方案已经成为新式家具，如床和沙发组合成的沙发床、镜子和柜子组合成的带穿衣镜的柜子、床和箱子组合成的箱床等。有些方案则还未见有人尝试过，如茶几与电视结合、茶几与镜子结合、电视与镜子、椅子和灯，等等。分析这些设想中的组合能否构成可行的方案。如书架与椅子相组合，在书架旁设计安装几块自动折叠的板条，既可坐人，又可临时放书或当踏板。不用时，可以折叠或插入，不占任何地方。

第七节　卡片整理型技法

加工整理信息资料是创新的重要环节。卡片整理法，是以卡片为工具，将创新议题的有关信息或设想记入卡片，然后排列卡片以寻找逻辑关系，最后形成比较系统的创新方案的创新方法。此类方法通常与智力激励法相结合，把信息或设想的搜集与整理工作结合在一起，既直观方便又灵活有效。此类技法中最常用的是 KJ 法、德斐尔法等几种卡片整理技法。

一、KJ 法

(一) KJ 法概述

KJ 法是以其创始人川喜田二郎的姓名命名的。他在多年的野外考察中总结出一套科学发现的方法，即把乍看上去根本不想收集的大量事实如实地捕捉下来，通过对这些事实进行有机的组合和归纳，发现问题的全貌，建立假说或创立新学说。后来他把这套方法与头脑风暴法相结合，发展成包括提出设想和整理设想两种功能的方法，这就是 KJ 法。这一方法自 1964 年发表以来，成为日本最流行的一种创造技法，可由个人进行，也可以集体讨论。

(1) KJ 法的主要特点。在比较分类的基础上由综合求创新。

(2) KJ 法的适用情况。问题复杂，起初情况混淆不清，牵涉部门众多，检讨起来各说各话时特别适用。例如，公司营运不善、供产销不协调、市场占有率节节败退等。

(3) KJ 法的优点。解决问题过程可以促进团队学习，开阔视野，突破部门藩篱，并获得整体的观点，有助于减轻内部矛盾，并将精力集中于解决问题，而不是内部耗损。

(4) KJ 法的困难。需要较有经验的主管引导，才能有效地促成坦诚与开放的态度，并在分类与归纳过程中形成合理的答案。

(二) KJ 法的实施步骤

(1) 准备。主持人和与会者 4~7 人，准备好黑板、粉笔、卡片、文具等。

(2) 头脑风暴法会议。主持人请与会者提出 30~50 条设想，依次写到黑板上。

(3) 制作卡片。主持人同与会者商量，将提出的设想概括成 2~3 行的短句，写到卡片上。每人写一套。这些卡片称为"基础卡片"。

(4) 分成小组。让与会者按自己的思路各自进行卡片分组，把内容在某点上相同的卡片归在一起，并加一个适当的标题，用绿色笔写在一张卡片上，称为"小组标题卡"。不能归类的卡片，每张自成一组。

(5) 并成中组。将每个人所写的小组标题卡和自成一组的卡片都放在一起。经与会者共同讨论，将内容相似的小组卡片归在一起，再给一个适当标题，用黄色笔写在一张卡片上，称为"中组标题卡"。不能归类的自成一组。

(6) 归成大组。经讨论再把中组标题卡和自成一组的卡片中内容相似的归纳成大组，加一个适当的标题，用红色笔写在一张卡片上，称为"大组标题卡"。

（7）编排卡片。将所有分门别类的卡片，以其隶属关系，按适当的空间位置贴到事先准备好的大纸上，并用线条把彼此有联系的连接起来。如编排后发现不了有何联系，可以重新分组和排列，直到找到联系。

（8）确定方案。将卡片分类后，就能分别地暗示出解决问题的方案或显示出最佳设想。经会上讨论或会后专家评判确定方案或最佳设想。

二、德斐尔法

（一）德斐尔法概述

德斐尔法是在20世纪40年代由赫尔默（Helmer）和戈登（Gordon）首创，1946年，美国兰德公司为避免集体讨论存在的屈从于权威或盲目服从多数的缺陷，首次用这种方法用来进行定性预测，后来该方法被迅速广泛采用。德斐尔是古希腊地名。相传太阳神阿波罗（Apollo）在德斐尔杀死了一条巨蟒，成了德斐尔主人。在德斐尔有座阿波罗神殿，是一个群神聚会、预卜未来的神谕之地，于是人们就借用此名，作为这种方法的名字，借喻"群体智慧"之意。

德斐尔法采用匿名发表意见的方式，团队成员之间不得互相讨论，不发生横向联系，只能与调查人员发生关系，以反复地填写问卷、集结问卷填写人的共识及搜集各方意见，来构造团队沟通流程，应对复杂任务难题的管理技术。

德斐尔法最初产生于科技领域，后来逐渐被应用于任何领域的预测，如军事预测、人口预测、医疗保健预测、经营和需求预测、教育预测等。此外，还用来进行评价、决策、管理沟通和规划工作。

（二）德斐尔法的实施程序

（1）向团队成员发出第一份初始调查表，收集参与者对于某一话题的观点（注：德斐尔法中的调查表与通常的调查表有所不同，通常的调查表只向被调查者提出问题，要求回答，而德斐尔法的调查表不仅提出问题，还兼有向被调查者提供信息的责任，它是团队成员交流思想的工具）。

（2）向团队成员发出第二份调查表（列有其他人意见），要求其根据几个具体标准对其他人的观点进行评估。

（3）向团队成员发出第三份调查表（列有第二份调查表提供的评价结果、平均评价、所有共识），要求其修改自己原先的观点或评价。

（4）总结出第四份调查表（包括所有评价、共识和遗留问题），由组织者对其综合处理。使用德斐尔法进行团队沟通可以避免群体决策的一些可能缺点，声音最大或地位最高的人没有机会控制群体意志，因为每个人的观点都会被收集，另外，管理者可以保证在征集意见以便做出决策时，没有忽视重要观点。

（三）主持人小组的组成要求

主持人小组成员，除需要具备开发创造力的基础能力之外，特别需要有创意解释能力和创见甄别能力。同时还应具备综合概括能力、详略驾驭能力、主次分辨能力、真伪识别能力等。因为无论是创新主体的拟定，或是每次函询表的编制，都需要导向型的创新活力和启迪性的思维技巧，而最后的创新方案形成，更是集体创造的升华，是集体智慧创新的结晶。

三、其他几种卡片整理技法

（一）ZK 法

1. ZK 法的特点

ZK 法，是从各种已知信息出发，把产生思想联想的心理过程与实现这个思想的手段统一起来的开发创造性的方法。ZK 法由日本人片方善治所创，故又称作"片方法"，ZK 是片方善治的首字母的缩写。ZK 法是一种基于系统观点的创造性开发法，它首先从集体观察开始，找出混在大量事物中的目标，接着要求每人按照自己的特点加以思考，然后又观察事物，再按照个人特点思考……这样反复进行，使这些思想观点相互交流，最后在实践中归纳整理。

2. ZK 法的思考过程

ZK 法思考过程主要有三种途径：

（1）由感觉而产生思考。主要指由感觉器官受到实际感受的事物或氛围的激发而引起的思考。

(2) 由想象而产生的思考。这是为了摆脱现实的束缚或对抗现实贫乏而采取的思考方式，目的是闯入想象世界，以触发新思想的萌生。

(3) 由现实而产生的思考。这是为了把某种新的思想具体化和把新触发的想象实际化而采用的思考手段，它基于现实考虑以实现其创新价值。

采用上述三种思考方式，没有严格的时间顺序排列。第一种和第二种方式常交错采用，两者结合起来是为了"产生思想的联想"。第三种方式实际是"实现思想的手段"。因此，这三种思考系统地反映了ZK法的两个应用阶段，说明这是把产生某种创见的联想心理过程与实现某种创见的手段统一起来的开发创造性的创新技法。

3. ZK法的特点

ZK法的特点是使解题信息按"启、承、转、合"的线索发展，由此找出最佳解决方案，所以又叫启承转合法。该法可一人用，也可多人用。若多人以开会方式进行，则需要参考以下步骤。

(1) 启。议题提出后，与会者各自搜集有关资料和信息。

(2) 承。根据信息和资料，按自己的思路，将解决方案写到纸上。每人就其方案发言。在此期间，可巧妙利用他人方案，思考新方案。

(3) 转。各人把所写的东西张贴在墙上，必要时关掉灯光，进行默想，对各自的方案进行反省和推敲，加以增删或修正。

(4) 合。各自宣读修正后的观点，再默想、反省和推敲，将最后方案写到黑板上，大家对各方案进行比较，找出最优方案。

(二) NM法

NM法是由日本学者中山正和提出的构思技巧。它是从寻觅"发现的瞬间"之谜出发，试图说明科学家的发现、技术家的发明、艺术家的创作、禅宗的顿悟等是怎样"一下子"产生的，是如何从"孕育"中突然不期而遇或意外领悟的，进而研究能不能运用理性思维的方式，如借助知识反复进行归纳和演绎，来诱发、加速这种"一下子"式的"发现"与"醒悟"。

根据中山正和的著作《构思的理想》一书所说，NM法着眼于人类具有的记忆本领，通过记忆的展开，可以了解自由联想性的构思具有哪些特色。

记忆分为线性记忆和点性记忆。线性记忆是以意志、理论为契机产生的关系性联想。点性记忆是在断断续续中联想出意想不到的结果。NM法通过对第一信号体系的"线性记忆"展开构思,称为T型展开(具有比较抽象的特点),后者是适合于线索清晰、逻辑性较强的构思方法,被称作H型展开。

1. T型展开

设定一个关键词,然后用类比或联想的手法,进行阶段性的构思。

(1) 了解有关问题。设定一个关键词以易于进行类比和联想,关键词不用名词,而用动词和形容词,然后再写在卡片上。

(2) 从该关键词开始询问"联想什么?""比如像什么一样"一类问题。

(3) 将被问者得出的类比和联想记在卡片上,排列在关键词的下面。接着再对其中一个成员发问,"在那里发生了什么?""那个怎么样了?"这一阶段提出的问题没必要全做笔记。

(4) 对联想产生的回答发问"那个回答对问题意味着什么?"。

(5) 把自由的线性联想产生的这些构思的卡片弄乱,然后,依靠想象力重新组合起来,引入到明确构思的道路上来。

2. H型展开

"从逻辑性、理论性的记忆"中引出资料。

(1) 明确需要了解的问题,将其记录在一张卡片上,放置在右面。

(2) 有关这一问题设立几个关键词。这些按逻辑产生的提示,能够激起类比和联想。把这些排列在问题的左面。

(3) 针对这些被排列出来的卡片,要求进行类比和联想,将类比和联想的结果排列在各张卡片的下面。

(4) 对类比与现实问题的关系加以分析。这能作为进一步探索的线索。

(5) 分析后将现实性构思和可能性联想排列在下面。这样集中起来的构思,依据中山正和的第二信号体系,是以意志的理论性的记忆来处理的。

(三) SKS法

SKS法,是一种通过在讨论中反复试验而找到解决问题线索的方法。它由日本小林末男发明。SKS法与智力激励法不同的是,只在充分讨论和理解后才进入下一步,所有设想都要用 KJ 法汇总。与 KJ 法不同的是,在整理汇总过程中,对每个卡片组加权,用百分比表示其重要程度。恰当地确定重复程度,是运用此方法获得成效的重要环节。此法的作用在于从与问题有关的杂乱无章的现象或设想中找出主要矛盾,发现解决问题的线索和方案。此法的缺点是时间长,带有主观性,SKS 法的操作程序如下。

(1) 准备。主持人 1 人,在会议一周前给与会者 5~7 人发出议题,在会前征集设想,并制成卡片。

(2) 召开会议。用智力激励法宣读设想,以征求联想和补充意见,填入新卡,并使每个人理解全部设想的内容。

(3) 集体按 KJ 法整理卡片,对每张卡片统计赞成人数,并对各个设想及其小组、中组、大组由表决做出重要程度的评价。

(4) 按重要程序排列,并形成总的设想方案。

(四) 7×7 法

7×7 法的发明者是卡尔·格雷戈里,旨在克服 KJ 法中智力激励过程不充分的弱点。智力激励法所提设想的质量依赖于数量和足够的持续时间,而 KJ 法整理卡片的方式决定了它不宜整理数量太多的原始设想,这可能造成高质量设想尚未出现就被停止的情况。7×7 法允许首先尽情畅想,然后通过按重要程度分组和限制卡片数量(不超过 49 张),来消除智力激励法中提出的那些初步、粗浅、抽象的设想,既保证了智力激励过程充分进行,以便得到质量较高的设想,又克服了 KJ 法不宜整理过多卡片的局限。其缺点是重要程度难定,如果主观性太大,则会影响质量。7×7 法操作程序如下。

(1) 宣布议题,用智力激励法提出尽可能多的设想,并记入卡片。

(2) 按内容把所有卡片分成 7 组,标上组名,按顺序排列。

(3) 在每组卡片中确定每张卡片的重要程度,并按重要程度从高到低,只取 7 张,其余舍去。

第八节 常用的创新技巧

一、颠覆常识

常识,一般是指日常知识、众所周知的知识、约定俗成的无须证明的知识,或者本能的学习和判断能力等。

常识在日常生活中具有非常重要的作用,可以帮助人们对事情或问题进行初步判断。但它也会束缚思维,让思维陷入僵化,不利于创新。

(一) 常识对创新的阻碍

1. 权威误导

常识一般是指已经约定俗成被大家认可的知识,因而具有一定的权威性。人们在接受和认可这些常识时,一般不会进行过多的思考或质疑,从而限制了创新。

2. 经验误导

常识也是日常经验的积累,而且这些经验曾经给人们帮助。因此,人们会信任常识,轻易不会质疑常识。

3. 习惯误导

常识形成后,人们会习惯性地运用常识来解答某一问题,因此容易陷入惯性思维。

(二) 颠覆常识的技巧

为了更好地创新,人们应当勇于颠覆常识。颠覆常识的技巧,见表7-3。

(三) 颠覆常识的误区

1. 全盘否定常识

人们也许会认为颠覆常识就是全面否定常识,但颠覆常识其实是跳出常识的束缚,选择新的角度和方式来审视问题。

2. 反方向寻找

人们也可能会认为，颠覆常识就是沿着与常识相悖的方向寻找灵感和顿悟。

表7-3　　　　　　　　　颠覆常识的技巧

序号	技巧	说明
1	不急于认同	不盲从常识，先经过思考再选择是否认同
2	辩证思考	从正反两面思考某一事物，不片面定性
3	左右脑并用	左右脑结合使用，不仅使用一种思维
4	回到原点	回到事物本身进行思考，不用经验思考
5	不盲从他人	有自己的独立思考意识，不盲从他人

二、消除偏见

偏见，一般是指人们由于一贯的错误认识或受事物表面现象蒙蔽、只看到事物的一面所引起的对事物的片面认识。

人们想要创新，就应学会消除对事物所持的偏见。只有这样，才能正确认识事物，全面评价事物，也才能更好地掌握事物特性，获得灵感。

（一）偏见的形成

1. 受个体经验左右

人们常常倾向于用以往的经验和态度去看待某事物，形成刻板印象和认识，且难以改变。

2. 受个体人格和心理影响

例如，傲慢自大、固执己见、具有权威主义倾向的人容易对事物产生偏见。

3. 受"首因效应"影响

人们容易对事物产生先入为主的判断，通过"第一印象"最先输入的信息对以后的认知会产生深刻影响。

4. 受个人利益左右

人们以个人利益为出发点，对有利于自己的人或事持友好态度；反之，则持不友好态度。

(二) 如何消除偏见

1. 多角思考

即看待事物不能只看事物的一面,要全面思考。

2. 换位思考

即站在不同的立场思考事物,抛弃自我中心主义。

3. 反向思考

即从事物的反面思考,立体化地把握事物。

4. 归零思考

即清除对事物的原本认识,重新定位事物。

三、挑战权威

权威,一般指人们自愿服从和支持的权力,也指使人信服的力量和威望。它在某些情况下是正确的,但它不等于真理。人们可以尊重权威,但不可以迷信权威。"长江后浪推前浪",人们想要创新,就必须具有敢于挑战权威的勇气和信心。只有这样,才能不断除旧革新。

(一) 不敢挑战权威的原因

1. 权威力量强大

权威具有很普遍、很强大的基础,一般难以动摇。

2. 盲目信奉权威

认为权威是真理,是不可挑战和动摇的。

3. 害怕挑战失败

害怕挑战失败后引来麻烦和嘲笑。

(二) 如何挑战权威

1. 敢于质疑

古人云:"小疑则小进,大疑则大进。"质疑是发现问题、挑战权威的第一步。

2. 相信创新的力量

相信创新终究能够战胜已经落后的权威,能够改变人们对权威的迷信。

3. 相信小人物也能创新

不要被拥有权威的代表人物吓倒,要相信小人物也有能力改变一切。

4. 实践出真知

想要创新,人们就必须在基于事实的基础上,付出努力和汗水,在实践中检验创新的力量。

四、打破规则

规则给人们提供了一定的依据,能够指导人们的思想和行为,但它在一定程度上也束缚了人们的思想和行动。

"规则是用来打破的。"当一种规则不适应新事物的发展时,我们要勇于打破规则,创立新规则。打破规则的方法,如表7-4。

表7-4　　　　　　　　打破规则的方法

序号	方法	具体解释
1	转换视角	从不同的立场出发,往往能得出不同的结论和规则; 想要打破规则,便要学会转换视角,从不同的角度来评判规则
2	突破传统	敢于质疑传统规则的适用性和效用性
3	挑战权威	要敢于向权威挑战,不能盲信权威,要培养独立思考的意识
4	关注变化	密切关注行业的新动态,学会抓取具有变革意义的信息,并和旧信息、旧规则相比较
5	接受新思想	积极接受新思想,有新思想作为理论武器,才能看清旧规则的局限性
6	寻找新点子	打破权威需要新点子,有了"立"才能"破",有了新想法才能批判旧规则
7	突破行业限制	想要打破规则还需突破行业限制,站在新高度看待旧规则
8	不排斥外行	很多规则都是被外行人打破的; 要学会从外行人身上汲取新想法、新观点

五、领先时间

(一)领先时间的重要性

"得时间者得天下",这个世界不再是大吃小,而是快吃慢。因此,创新要抢在第一时间,要敢为人先,和时间赛跑。

新时代的特征是加速度和非稳定,这就要求人们抓紧时间,在有限的时间内做更多的事。

(二) 如何领先时间

1. 树立时间意识

龟兔赛跑,兔子输在轻敌,也输在忽视时间的重要性上。因此,心中要长存"时间就是生命"的意识。

2. 树立竞争意识

如果没有竞争,便谈不上创新和领先。因此,想要领先时间,就要和时间赛跑、和别人赛跑。

3. 设定目标和计划

有了目标和计划,才能按照目标和计划一步步去实现,才可避免方向不明所引起的时间浪费。

4. 设定时间节点

在每一项任务和计划上都设定时间节点,既可以给自己提示,也可以监督自己。

5. 把每一天当成最后一天

把每一天都当作生命的最后一天来度过,这样便能最大限度地珍惜时间。

6. 借助时间管理工具

时间管理主要有四大工具,即时间管理矩阵、时间记录表、每日事项清单、时间管理审查表。

六、否定自我

否定自我,是指人们勇于承认自己的不足,不满足已有的成绩,并勇于挑战自己的优势、敢于自我突破,最终实现自我超越。

否定自我是一种方法和手段,也是一股动力、一次人生的跳跃。它能帮助人们突破固有的思维习惯,从而获得新点子和新方法,继而实现创新。

(一) 否定自我的特点

1. 否定自我不是自卑

否定自我是不满足已有优势,自主寻找自身的弱点和局限,并非是对自身的全盘否定。

2. 否定的目的是发展

否定的目的是为了发展，通过否定自己让自己进入新的阶段或境界。

3. 否定的实质是扬弃

否定自我不是全盘否定自己，而是既变革又继承，既克服缺点又保留优势。

（二）否定自我的方法

1. 自我诊断

全面分析自己，并进行自我评价和自我鉴定，可借助一定的工具，如九型人格分析、星座分析、血型分析等。

2. 对比他人

以他人为参照物，对照自己身上的优劣势，并借鉴他人的好的思维方法。

3. 听取意见

寻求他人的意见，以便更客观地看待自己。

（三）九型人格

相传九型人格源于中东地区，据说是2000多年前，印度苏菲教派的口口相传的灵修课程理论，但实际源自何时何地，已无从考究。20世纪20年代，一位神秘主义和灵性的教师古尔捷耶夫将它传到欧洲，一直以秘密教学方式流传。直到20世纪60年代，在智利公开举办一个灵性心理训练班，才掀开了九型人格论这套学问的神秘面纱。20世纪70年代，九型人格正式传入美国，这一古老的理论既简单精确又深刻，它和现代的人格论述竟然不谋而合，引起广泛关注。1993年斯坦福大学率先正式开办这一课程。

如果你对自己够坦诚，学习完九型人格，通过自我探索，你就可以真正认识自己、了解别人，找到那条人生中暗自牵引你的命运之线。九型人格论今天已被演化成一种人际沟通的管理工具，广泛应用在企业管理的各个领域，见表7-5。

表7-5　　　　　　　　　　　九型人格

序号	类型	具体特点	代表人物	适合工作领域
1	完美型	重原则，不易妥协，黑白分明，对自己和别人均要求高，追求完美	包公	适合需要坚持原则与公正的所有领域，如法官、医生、质量检查、纪律检查、安全检查、财会等
2	助人型	渴望与别人建立良好关系，以人为本，乐于迁就他人	雷锋	在营销推广的领域中拥有非比寻常的优势，如保险行业等；所有跟人打交道的工作都能发挥其天赋与才能，如客服、教师、护士、工会主席、推销人员等
3	成就型	好胜心强，以成就去衡量自己价值的高低，是一名工作狂	武则天	充满弹性、擅长说服别人，又很有目标性，在具有挑战性和说服别人的工作中尤其能发挥天赋与才能，如在推销、保险、演讲等领域尤其容易成功；给他一个团队也能充分发挥其才华
4	感觉型	情绪化，惧怕被人拒绝，觉得别人不明白自己，我行我素	林黛玉	适合从事各类要求高度创意的工作，所有涉及美的工作都能发挥他们的天赋与才能，如美术、音乐、艺术、时装、戏剧、文学、装潢、广告、产品设计等领域；幻想力丰富，对不同角色扮演的适应力强，亦可担任如律师、医生、工程师等；富有同情心，凭着丰富的创意和与人为善的交际能力，也将成为优秀的市场策划和推广人员
5	思想型	喜欢思考分析，求知欲强，但缺乏行动，对物质生活要求不高	爱因斯坦	擅长将大量数据有条不紊地分门别类，有过人的洞察和分析能力，会成为某个特定领域的专家，适合科学家、咨询顾问、决策分析、数据分析整理、研究等岗位；亦适合执行侦察、刺探情报等任务
6	忠诚型	做事小心谨慎，不易相信别人，多疑虑，喜欢群体生活，尽心尽力工作	曹操	在需要细心、耐心、警惕、忠诚的岗位上能发挥他们天赋的才能，如策划、规划、警察、情报人员、保卫人员等
7	活跃型	乐观，喜新鲜感，爱赶潮流，不喜承受压力	老顽童	一切能吸引这一型兴趣的岗位，尤其是公关、社交、计算机等需要创意的工作
8	领袖型	追求权力，讲求实力，不靠他人，有正义感	乔布斯	在需要勇气、智慧面对冲突时最能够展现天赋的才能，做领导者，带领一个团队，或作为创业者
9	和平型	需花长时间做决策，怕纷争，难于拒绝他人，祈求和谐相处	拉·甘地	不需要面对冲突的、和人打交道的工作，最能发挥第九型天赋的能力，如教师、护士、咨询师、治疗师、服务人员等

七、扩展视角

视角是人们思考问题的角度、立场、方式、路线等。视角不同,得到的结论也不同。因此,想要创新,我们就应该扩展视角,学会多角度思考。视角的类型,见表7-6。

表7-6　　　　　　　　视角的类型

序号	类　型	具　体　解　释
1	时间视角	对待时间的不同视角,影响着人们的思维; 可分为过去思维视角、当下思维视角、未来思维视角
2	立场视角	立场视角可分自我、他人、群体立场,即看待事物和世界是从自我立场出发、他人立场出发、全局立场出发
3	认知视角	可分为感性视角(看待事物以感知为标准)和理性视角(看待事物以理性判断为标准)
4	评判视角	评判事物的一种态度,包括肯定(从事物的优点出发)、否定(重在批判事物缺点)、存疑(先质疑事物,经过思考和判断后确认对事物的态度)
5	对比视角	看待事物时不但会观察事物本身,还寻找其他参照物,对比事物之间的异同,即求同或求异视角

八、解开枷锁

思维枷锁,一般是指随着经验的逐渐积累和思维方式的逐渐固定而形成的一种思维习惯,见表7-7。它使得人们倾向于按照常规思维去思考和行动。

常见的思维枷锁有以下几个:

(1)"要最完美的"。即追求完美,总想着要思考出最完美的方法。

(2)"不能想太多"。即当自己往别处想时,告诫自己不能想太多,从而停止继续思考。

(3)"大家都这样想"。即把大家的标准当作自己的标准,随波逐流。

(4)"要符合规矩"。即凡事都想着要符合规矩,不敢越雷池一步。

(5)"不能让别人笑话"。即怕别人笑话,不敢多想多做。

(6)"我不擅长"。即以自己不擅长、不具备天赋为由拒绝思考。

表 7-7　　　　　　　　思维枷锁的类型和解锁方法

序号	枷锁类型	具体解释	解锁方法
1	自我中心型	坚持自我立场的正确性，排斥他人的思想	跳出自我主义，从他人和全局角度思考
2	一根筋型	不懂得拐弯和迂回，缺乏想象力	不钻牛角尖，学会变通，进行辩证思考
3	随波型	随波逐流，以大众看法为准，没有自己的想法	学会独立思考，不盲从他人
4	权威型	盲从于权威，不敢挑战权威，缺乏质疑精神	培养质疑精神，敢于挑战权威
5	经验型	一味盲从于以往的经验，不肯改变	跳出经验主义，寻找新方法
6	定势型	习惯性地运用一种思维习惯进行思考	打破惯性思维，学会逆向思考
7	本能型	只按照自己本能思考，凭感觉进行判断和思考	养成多思考、多动手的习惯，学会理性分析

主要参考文献

1. 王言根. 学会学习 [M]. 北京：教育科学出版社, 2003.
2. 王秀芝. 大学生学习指导读本 [M]. 北京：中国文联出版社, 2000.
3. 李明. 大学学习学 [M]. 开封：河南大学出版社, 2004.
4. 郝生贵. 大学生学习理论与方法 [M]. 北京：人民出版社, 2001.
5. 姜来. 现代学习方法与技巧 [M]. 北京：金盾出版社, 2003.
6. 陈晶等. 大学生学习管理与辅导 [M]. 北京：北京师范大学出版社, 2010.
7. 刘智运, 刘永红. 大学生学习素养 [M]. 北京：清华大学出版社, 2014.
8. 徐立言, 张福奎. 创造学研究 [M]. 上海：上海科学普及出版社, 1987.
9. 刘志光. 创造学 [M]. 福州：福建人民出版社, 1988.
10. 温元凯. 创造学原理 [M]. 重庆：重庆出版社, 1988.
11. 肖云龙. 创造学基础 [M]. 长沙：中南大学出版社, 2001.
12. 石元明. 实用创造学 [M]. 长沙：中南大学出版社, 2002.
13. 孙秋柏, 唐志丹, 王忠伟. 创新技法 [M]. 北京：中国经济出版社, 2002.
14. 王岳森, 李惠军. 创造学教程 [M]. 成都：西南交通大学出版社, 2003.
15. 倪峰. 创新学基础 [M]. 南昌：江西高校出版社, 2002.
16. 匡长福. 创新原理及应用 [M]. 北京：首都经济贸易大学出版社, 2004.
17. 彭宗祥. 大学生创新创造读本 [M]. 上海：华东理工大学出版社, 2003.
18. 徐方瞿. 创新创造教育 [M]. 上海：上海教育出版社, 1998.